21世纪新闻传播学系列教材·传播学系列

北京市哲学社会科学规划办“社会转型期的危机传播与社会认同”项目成果

危机传播管理

第三版

胡百精　著

中国人民大学出版社
·北京·

总序

PREFACE

中国人民大学出版社策划出版的“21世纪新闻传播学系列教材”，是一套在新闻传播学领域内，皋牢百代，卢牟六合，贯穴古今，笼罩中外，密切联系新闻传播工作的实际，广泛吸收新闻传播学的最新研究成果，高掐遐揽，取精用宏，供新世纪的高等院校新闻传播院系教学使用的系列教材。

20世纪初以来的100年，是世界新闻传播事业飞速发展的100年。这100年来，随着科学技术的不断发展，继报纸、期刊、通讯社之后，广播、电视、网络和多种新媒体相继问世，新闻传播的媒介日趋多元化，新闻传播的手段日趋现代化，“地球村”变得越来越小，新闻传播事业对世界政治、经济和文化的影响则变得越来越大。

这100年，也是中国新闻事业飞速发展的100年。其中最近的30年，即中国改革开放以来的30年，发展得尤为迅猛。

进入新世纪以后，中国新闻事业发展的势头更为迅猛。报纸、期刊、通讯社、广播电台、电视台的数量在宏观调控下，虽无大变化，但软硬件的实力都有了很大的提高。据2011年12月出版的《中国新闻年鉴》的最新统计数字，2010年全国共出版报纸1 939种，平均期印数2.14亿份。共出版期刊9 884种，平均期印数1.63亿份。全国共有广播电台227座，电视台247座，广播电视台2 130座，教育电视台44座。广播综合人口覆盖率为96.78%，电视综合人口覆盖率为97.62%。

另据2012年1月中国互联网络信息中心（CNNIC）发布的《第29次中国互联网络发展状况统计报告》显示，截至2011年12

月底，中国网民规模已达到5.13亿，互联网普及率达到38.3%。其中，手机网民数量为3.56亿，博客和个人空间用户数量为3.19亿，微博用户数量为2.5亿，社交网站用户数量为2.44亿，网络视频用户数量为3.25亿。中国居民中具备上网条件和技能的人已经基本转化为网民，大专及以上学历人群中互联网使用率已达96.1%。中国网站总数为230万个，网页数量为866亿个。

这样大的发展规模，这样快的发展速度，在世界和中国新闻事业史上都是空前的。回顾既往，盱衡未来，新闻传播事业在21世纪还将会保持旺盛的发展势头。新闻传播，作为上层建筑和意识形态的一个重要组成部分，在全面准确地宣传党的基本理论、基本路线和基本方针以及各项决策，反映人民群众的伟大业绩和精神风貌，以及推动改革开放和社会主义现代化建设等方面，必将继续发挥重要的作用。

与新闻传播事业的发展相配合，这100年来，为中国的新闻战线培养和输送人才的中国新闻教育，也有了相应的发展。中国的新闻教育起始于20世纪初，迄今有近90年的历史。新中国成立前的30年，虽然先后在个别院校中设立了新闻系或新闻专科，但规模都不大，设备也不够完善，在校学生人数，最多的时候不超过400人，30年间累计培养出来的毕业生还不到3 000人。新中国成立后，为了给新中国的新闻事业培养人才，新闻教育有了新的发展，但到20世纪60年代中期为止，全国的新闻教育机构也还只有14家。当时全国只有343家报社、78座广播电台和13家电视台，革命老区来的新闻工作骨干正当盛年，足以支撑大局，新闻系和新闻专业的学生统招统分，基本上能够满足中央和省市以上新闻单位梯队建设方面的需要。“文化大革命”爆发后，新闻事业进入低谷，新闻人才的培养也被迫中辍。拨乱反正之后，新闻事业有了飞速的发展，但新闻工作的人才却出现了断层，明显供不应求，因而极大地推动了新闻教育的发展。中国的新闻教育得以重振旗鼓并得到空前迅猛的发展，主要是改革开放以来的这30多年的事情。30多年来，中国新闻教育和中国新闻事业同步发展。截至2011年，全国设有新闻传播学类院、系、专业的高校已由改革开放之初的两三所增加到800所以上，各种类型和层次的专业教学点已不下1 000个。新闻专业的教学已从单一的大学本科教育，发展到博士生、硕士生、本科生、大专生、成人教育、函授教育等多层次的格局，不少院系还设置了新闻传播学方向的博士后流动站。改革开放之初，全国在校新闻系科学生总共只有500来人，现在仅在校本科生就有16万人左右，硕士和博士研究生3万人左右，办学层次、办学规模、办学水平都有了很大的提高。进入新世纪以后，随着新闻传播事业的加速发展和新闻战线人才需求的不断增加，中国的新闻教育还将会有更大幅度的发展。

一般说来，新闻教育质量的高低，起决定作用的主要是两个因素：一个是师资，一个是教材。两者之间，教材的作用更大。这是因为，师资的多少和良窳，往往受办学主客观条件的限制，而教材一旦完成，就可以直接嘉惠于学子，风行四海，无远弗届。进一步说，一部好的教材，不仅可以满足教学的需要，培养出一大批人才，而且还可以同时拥有一定的学术含量，推动新闻传播学研究的发展。1919年出版的徐宝璜的《新闻学》，1927年出版的戈公振的《中国报学史》，就是这方面的很好的例子。这两本书都是作者在高等学校从事新闻学理论和新闻史教学时作为教材编写出来的，出版之后，立即引起世人的关注和推崇，一再重版，历久不衰，至今仍然是公认的新闻学理论和新闻史方面的传世之作和经典之作。正因为这样，新闻教育的前辈们，历来十分重视教材的建设。新中国成立初期的十来年，坊间出版的新闻学方面的书籍，绝大部分都是教材。改革开放以后，新闻传播学研究空前繁荣，新闻学方面的书籍大量问世，但教材仍然在其中占了很大的比重。这些教材，覆盖了新闻传播学的方方面面，经过出版家和众多作者们的长期努力，门类和品种基本配套齐全，曾经为同时期的新闻教学做出过重要的贡献。但是，随着时间的推移和新闻工作实际的飞速发展，这些教材的体例日显陈旧，观点和内容也亟待调整和更新。一些属于学科前沿和科技含量较高的新开课程的教材尚付阙如，使现有的教材出现了不少缺口。在新世纪已经到来之际，集聚力量，重新编写出一套体系完整，门类齐全，能够为新世纪的新闻教育和新闻人才培养服务的新闻传播学的系列教材，已经成为人们的共识和新闻业界与新闻教育界的迫切需求。

呈现在读者面前的，就是应这样的需求产生的一套系列教材，它将涵盖新闻学、传播学两个二级学科的方方面面内容，满足新闻、广播、电视、广告、媒体经济、新媒体等多个专业的教学需要。负责这些教材编写工作的，是中国人民大学、复旦大学、北京大学、清华大学、中国传媒大学、中国青年政治学院等多所著名院校长期从事新闻传播学方面教学与研究工作的专家学者，其中有相当大的一部分编写者都是相关学科的国家级的学术带头人，堪称一时之选。收入本系列的教材中，既有国家级重点教材，也有部级重点教材，其他的也都是经过严格筛选的精品，所以，本套系列教材的质量是有保证的，其权威性也将会得到社会的认同。

21 世纪是一个高度信息化的时代，是信息经济和知识经济占主导地位的时代。信息经济和知识经济有两大支柱，一是以高科技为代表的传播技术产业，二是从事新闻和信息产品生产的媒体产业。新闻传播学作为将这两大领域有机联结的桥梁，在今后的国家建设和社会发展中必将发挥越来越重要的作用。中国人民大学出版社经过精心策划，隆重推出这套系列教材，是具有高度的前瞻性和战略眼光的。在这里，我谨代表编委会和全体作者向中国人民大学出版社表示由衷的感谢。

这部系列教材开始策划于上个世纪的最后一年，本世纪初起陆续问世，迄今已编写出版了 50 余种。在体例和内容的创新和开拓等方面，远远超过同时期出版的同类教材。其中的有些教材，还根据整个新闻传播理论与实践的发展和新闻传播学教学与研究的发展，陆续作了必要的补充和修订，重新出版，实现了内容的与时俱进。

这批教材的问世，将会为新闻传播事业和新闻教育事业的发展和繁荣、为新世纪新闻传播人才的培养做出它应有的贡献。这是出版者和全体作者共同的一点希望。是为序。

方汉奇

2012 年 3 月 15 日

于中国人民大学宜园

传播学系列

序

PREFACE

如果把1982年北京第一次传播学研讨会看成是传播学正式引进中国的话，到今年正好是25年。如果把1997年传播学和新闻学一起被教育部列为国家一级学科看成是传播学的重要性被正式承认的标志的话，到今年正好是10年。在很短的时间里，传播学在中国从无到有，由弱到强，成为国内近年来发展相当快的学科。这样一个历史时刻，正是我们盘点和思考中国传播学发展的良机。

从教材建设方面看，传播学的引进，有赖国外（主要是美国）教材的逐译。大量具有一定学术品牌的外国传播学教材的译介对促进中国传播学教学和研究功不可没，可是另一方面，中国传播学研究和教学面临的问题和环境有一定特殊性，国外成果的引进不能代替我们自己的课程和教学体系的建设。从20世纪80年代初传播学重新引进至今的这20多年中，国内的传播学教材出版从无到有，从1983年一本薄薄的《传播学（简介）》到现在书店里满满几书架的传播学教材，在教材建设上取得了巨大的进步。但是我们也要清醒地看到，在传播学教材建设的表面繁荣之下，也存在着一些泡沫的成分。国内不少传播学教材存在内容重复、观点陈旧、结构体例单一、缺乏系统性等问题。因此，在经过了自发的、初级的引介和吸收阶段之后，我们有理由期待中国的传播学更上层楼，进入一个系统深化的研究与创新阶段。

中国人民大学出版社现在出版的这一套"传播学系列"教材，就是力图在有中国特色的传播课程和教材体系建设上做一些尝试。这套教材第一批书目包括《传播学纲要》、《大众传播学研究方法导论》、《大众传播理论》、《组织传播》、《人际传播》、《跨文化传播》、《网络传播学》、《视觉传播概论》等。今后本教材系列还将继续加入其他具有前沿性的、具有现实意义的传播学课程的教材，将涉及政治传播、宣传传播、广告传播、公关传播、影像传播、全球传播、文化研究、修辞与演讲、女性与传播等更具有专业性、前沿性的题目。

承担本系列教材第一批教材写作任务的，主要是中国人民大学新闻学院长期从事以上课程教学和科研的中青年教师，同时我们也期待着其他新闻传播院系和研究机构的学者加入到本系列教材的编撰工作之中。

这套教材的编撰，主要有以下几个目标：

一是扩大目前传播学教学的视野。除了传统的大众传播理论外，增加研究方法、人际传播、组织传播、跨文化传播、网络传播、视觉传播等分册，力求使传播专业的学生能够适应多样的社会需求。

二是拉开本科和研究生教学的层次。本套教材中既有针对大一新生的《传播学纲要》，也有针对本科高年级或研究生阶段的研究方法和各个不同领域的传播理论。每个领域独立成书后，可使教学内容更加充实，同时深度上也有明显增加，力求培养学生的独立思考与科研能力，适应目前不断发展的传播学硕士培养阶段的教学要求。

三是更强调系统性。目前的本科阶段，许多学校仅开设传播理论概论一门传播学课程，研究生阶段的课程也不系统。本系列教材既可作为本科高年级的课外阅读或选修课教材，也可作为研究生低年级的必修教材，帮助学生系统地掌握传播学各领域的主要内容。

四是突出研究能力的培养。目前的传播学教材比较简略，多停留在知识传授上。本系列教材力求在介绍理论的同时，突出对研究方法的讨论，同时对许多前沿问题和有争议的问题也力求能够作全面客观的介绍，让学生及时抓住学科发展的脉络，引导他们对前沿问题展开自己的思考。

本系列丛书虽然以教材的形式出现，但是由于国内可以参照的现成教材不多，写作者基本都是把它当成专著来创作的。他们不仅对国内外有关领域的文献进行了整理，而且结合教学和实际中的问题，有针对性地对那些与我国当前实际最贴近的理论问题进行介绍和讨论，在表述上也更贴近中国使用者的习惯，这一优势是由国外著作翻译而来的教材所不具有的。

我们是第一次编撰这样大型的传播学系列教材，在选题和具体内容上肯定还存在着不足，希望社会各界在使用过程中，及时地提出批评意见，以利于我们将来的修订。本系列教材在撰写过程中，得到了中国人民大学新闻学院985项目的资助和中国人民大学出版社的支持，特此表示感谢！

希望这套“传播学系列”教材的出版，能够为我国21世纪传播学的学科建设添砖加瓦！

郭庆光

2007年6月

前言

PREFACE

《危机传播管理》这本书最初起心动笔，是在2003年。“非典”把“危机”这个词汇从媒体讲述的某个倒霉蛋的离奇故事中拉到寻常现实，让每一个体、族群和整个社会都感受到了迫近的不确定性、焦虑和恐惧。彼时，我们站在新千年新世纪的起点上，有关进步和繁荣的宏大叙事壮盛、美好。直到“非典”打开风险社会之门，我们才获得对现代性和现代化进路完整而真切的理解力：繁荣与危机乃是现代社会的“一体两面”。也正因为如此，一个应对危机和创造财富同等重要的时代到来了。

本书第一版写了两年，由中国传媒大学出版社于2005年6月出版。在那两年，国内危机管理研究尚处“强调重要性”阶段，理论资源和实践素材严重匮乏。翻译成中文的两三本海外危机管理著作提供了必要的概念和知识，却也充满了难以消化的“洋化”观念、原则和路径。本土研究也推出了两三本著作和若干论文，多从公共管理和商科切入，注重危机管理的流程控制和制度设计，而对危机情境下的核心问题——沟通则缺少一种深入的观照。互联网上的学术资源稀薄且雷同。事实上，“危机传播管理”在当时还是一个让人觉得拗口、陌生的词语组合。

第一版的部分书稿是用小学生的作文纸写的，已然散佚。我还记得开篇写道：上古的恐龙，偶尔咀嚼落在身边的紫罗兰。这句话是从王小波的《白银时代》里化来的，我当时大概想通过描述恐龙世代的迁转幻灭，说明危机的“常”与“无常”。而在本书出版后，现实提供了太多关乎得失兴替、盛衰荣辱的危机例证，无须我再拿“即若恐龙，亦有覆灭”来说事了。“非典”之后十年，我们亲证了如下危机：各类公共卫生事件、生态环境危机、能源危机，地震、海啸、泥石流等天灾，技术、产品、市场、资本、管理危机，拆迁、征地、民生未济、社会保障缺位等因素引发的大规模、常态化群体性事件，民主、法制、公平、正义诸领域关涉政治信任和决策合法性的公共危机，道德理想、人文教化和精神信仰危机，以及持续不断的国际经济、政治、文化、宗教和军事冲突。

现代性的每一个关键范畴都制造了自己的反面，并在“自反”中生成了风险社会。在风险社会语境下，危机既是一种日常化、公共化的客观存在，也是一种主观性的认知框架和价值想象，即我们认为自己生存“在危机中”。无论是客观存在还是主观建构，“在危机中”深度融入了我们的在世状态和命运感。2008 年，在南方严重冰雪灾害、拉萨“3·14”事件、北京奥运火炬海外传递遭遇袭扰、汶川大地震、贵州瓮安“6·28”事件、“三聚氰胺事件”等重大危机的刺激下，我决定以“在危机中”为主题修订本书。2009 年 4 月，中国人民大学出版社出版了本书第二版，书名在第一版《危机传播管理》的基础上增加了“流派、范式与路径”字样。但是，由于沟通和技术上的原因，修订版未注明“第二版”，连作者“前言”竟也漏印了。

第二版比第一版增加了大约 12 万字，除补充了一些经典案例外，主要拓展了四个论题。一是危机管理的流派——管理流派与传播流派，在相关章节还详细介绍了传播流派的危机公关与危机修辞两个研究和实践取向。二是危机传播管理的范式，这是第二版的核心内容或曰原创性价值，主要体现在危机传播管理对话范式与“事实—价值”模型的构建上。我将危机传播管理定义为对话以在事实层面还原真相、补偿利益，在价值层面成就信任、重构意义的过程。三是基于对话范式，并充分借鉴国内外同行的经典研究成果，第二版更细致地分析了危机情境下的传播策略选择和实践路径。四是立足而又超越具体危机情境，在哲学和社会学层面探讨了“在危机中”的时代精神、社会性格和文化图景。

新世纪开元的第一个十年倏忽而过。被诅咒的 2012 年并未洪水滔天，太阳照常升起。然而，前述自然与社会诸危机大有愈演愈烈之势，人类应当反思和审判自己。在现代性及其主导的现代化——特别是工业化、城市化的驱动下，人与自然、人与社会、不同利益族群、共同体内部成员之间的疏离与对立持续加剧。进步与美好不是一回事。在进步中扰乱人天秩序和人人关系，失去安宁、和谐、德性、灵韵和信仰，乃是不幸且不堪的。中国的情况则更为复杂，譬如，文化上的前现代、现代和后现代并置于同一时空语境，政治经济改革不均衡且步入剧烈的“转型期”和攻坚克难的“深水区”，公共讨论、社会对话的价值理性和程序理性缺失。

2013 年春夏，我着手本书第三版的修订和写作。原本只想增加一些“新知识”、“新状况”，未想竟是一项重建工程。第三版删减约 9 万字，多为过时、空泛、不确切的内容，新增内容近 6 万字。第二版的第十章完全撤下，核心观点嵌入相关章节；一至九章的内部结构也多有调整，几乎全部文字都经过修改；新增“新媒体与危机传播”一章，列入第三版第九章；全书替换、新增了大量经典案例；各章之后保留思考题，新增了延伸阅读文献。

第三版是基于我主持的北京市哲学社会科学规划办基金项目“社会转型期的危机传播与社会认同”进行修改和写作的。这一版着力解释和解决五个问题：一是还原危机传播的社会历史语境——世界性的风险社会和中国自身的社会转型，进而从宏观语境返照危机传播管理的方向和方法；二是扩充对新媒体与危机传播关系的论述，新媒体呈现、放大、制造了危机，同时也蕴含着借由多元对话克服危机、再造契约的潜能。三是基于过程论视角，深化危机管理流程中战略规划、风险管理、危机预警、应急处置、恢复管理等关键节点的研究；四是基于结构论视角，提出危机传播管理的“3F”假设——干预信息流、引导影响流、消解噪音流；五是基于功能论视角，提出危机传播管理的“3C”假设——重构信息共同体、利益共同体和价值共同体。如是，危机传播管理的核心价值在于对话以重构共同体。此中，对话不只是一种手段，也自足为德性和目的。

在第一版前言和第二版未能刊印的前言中，我郑重地感谢了很多师长、同事、同行，尤其是一届又一届的学生。今天，我更加感恩所有人，不矫情，更真挚。需要“指名道姓”感谢的是本书第一版责编阳金洲老师、第二版责编司马兰和李学伟老师、第三版责编田淑香老师。

感恩之外，我更常怀惭愧之心。在每一版修订、重写的过程中，我都为此前一版的粗糙、疏漏、虚妄深感不安，甚至到了寝食难安的地步。知我者谓我心忧，亦谓我何求。

胡百精

2013 年 10 月 5 日

于芝加哥大学

目录

CONTENTS

案例索引

REFERENCES

第一章 危机与危机管理

CHAPTER 1

“在危机中”实际上是人类生存的基本调性，正如我们总是发现自己“在路上”或者“在边缘”。历史之所以在前进，不过是因为和谐、发展的力量在同危机、破坏的力量博弈、冲抵的过程中取得了相对优势地位。

每个词汇皆有其命运。譬如“危机”，它在20世纪末21世纪初成为最流行的词汇之一。危机话语的流行至少表征了如下社会发展趋势：一是在事实层面，我们的确遭遇了越来越频繁、剧烈、复杂的危机；二是在对社会现实的主观理解上，危机成为一种认知框架、思维定式和价值想象，我们认为自己生存在一个充满不确定性的危机时代，并以应对危机的方式运行社会系统、打理日常生活。第一种趋势意味着危机日益常态化和公共化；第二种趋势使危机管理成为具有优先性的社会治理方案，政治、经济和文化皆按照“应急”观念和危机哲学设计路线图，进步和发展甚至会让步于应急和危机管理。

在危机成为一个流行词之前，我们更习惯使用“事故”或“灾难”等词汇指称那些突发的意外、异常或者行将坍塌的秩序，它们往往被视为外部强加的威胁和挑战。而危机既可能由外部因素引爆，也可能源自社会系统、组织和个体的“内生性”风险和破败。外在的危机际遇与内在的危机想象、外源性危机与内生性危机共同考验着人类的勇气、德性和智慧，并确立了风险社会、危机时代的历史展开方式和基调。这个基调就是：

人类应对危机的能力和创造财富的能力同等重要。

第一节　什么是危机？

怎样认识危机，归根到底是一个人类怎样认识自己的问题。倘若跳出个案式的检讨，将“非典”、禽流感、甲型流感等公共卫生危机，水污染、空气污染、核辐射等生态环境危机，地震、海啸、泥石流等天灾，技术、产品、市场、资本等领域爆发的管理和财经危机，拆迁、征地、民生未济、社会保障缺位等因素引发的大规模、常态化群体性事件，民主、法制、公平、正义等领域关涉政治信任和决策合法性的重大危机，道德心灵、人文教化和精神信仰危机，以及国际经济、政治、文化、宗教和军事冲突，皆视为一个呼应性的整体，那么“在危机中”便具有了法国社会学家涂尔干（Emile Durkheim）所谓“社会事实”的意涵：它作为共同体成员的集体意识而存在，显现出人们如何想象自己及其生存处境。①

我们如何理解作为一种社会事实、集体意识和生存处境的危机？

> 怎样认识危机，归根到底是一个人类怎样认识自己的问题。

英国文化学者威廉斯（Raymond Williams）认为：“（定义）不是必须学习的传统，不是必须接受的共识，不因为它是‘我们的语言’而具有天然的权威性。在现实生活中，在各方不同的学说中，它是一种形成和重塑活动；我们应用一套词汇来寻找出路，并在我们创造语言和历史的过程中，对它进行必要的修改。”② 按照威廉斯的主张，概念界定是知识整理与社会、历史现实相联系的过程，是历史与逻辑的统一。

从威廉斯的主张出发，我们首先来考察一些有代表性的危机定义，再以社会和历史的眼光检验其准确性、适用性和完整性：

赫尔曼（Charles F. Hermann）将危机定义为一种形势，形势的发生出乎决策者的意料，决策者的根本目标受到威胁，做出反应的时间有限。③

福斯特（Foster Rogers）认为危机具有四个显著特征：急需快速做出决策，严重缺乏必要的训练有素的员工，严重缺乏物质资源，时间极其有限。④

罗森塔尔（Uriel Rosenthal）将危机界定为：对一个社会系统的基本价值和运行架构产生严重威胁，并且在时间紧迫、不确定性很强的情况下必须作出关键性决策的事件。⑤

巴顿（Laurence Barton）提出危机是一种会引起潜在负面影响的具有不确定性的大事件，事件可能对组织及其员工、产品、服务、资产和声誉造成巨大的损害。巴顿明确将危机的影响扩大到组织及其员工的声誉和信用层面，并认为组织在危机中的形象管理是非常

---

① 参见［英］帕特里克·贝尔特：《二十世纪的社会理论》，6页，上海，上海译文出版社，2005。

② 转引自［加］文森特·莫斯可：《传播政治经济学》，2页，北京，华夏出版社，2000。

③ See Charles F. Hermann, *International Crisis: Insights from Behavioral Research*, New York, New York Press, 1972.

④ 参见［美］罗伯特·希斯：《危机管理》，北京，中信出版社，2001。

⑤ See Uriel Rosenthal & Michael T. Charles, *Coping with Crisis: The Management of Disasters, Riots and Terrorism*, Springfield, Charles C. Thomas, 1989.

必要的。[①]

班克斯（Kathleen Fearn Banks）对危机的定义与巴顿有相似之处，认为危机是对一个组织、公司及其产品或声誉等产生潜在负面影响的事故。[②]

里宾杰（Otto Lerbinger）提出危机是对企业未来的获利能力、可持续增长乃至生存根基产生潜在威胁的事件。[③] 他认为，一个事件发展为危机，必须具备如下三个特征：一是该事件对企业造成了显在或潜在的威胁，管理者确信这些威胁会阻碍企业目标的实现；二是倘若企业无所作为，那么局面会持续恶化且企业无力回天；三是该事件具有突发性。里宾杰的定义尽管是针对企业提出的，但实际上对各类组织都具有一定的借鉴意义。

斯格（Matthew W. Seeger）等人认为危机是一种带来高度不确定性和严重威胁的、不可预测的、非常规的特殊事件。[④]

国内研究者刘刚在综合国外研究成果的基础上，将危机定义为一种对组织基本目标的实现构成威胁、要求组织必须在极短的时间内做出关键性决策和进行紧急回应的突发性事件。[⑤]

上述定义存在两个共性：危机具有不确定性、紧迫性、威胁性和破坏性等属性；除赫尔曼外，其他研究者都把危机定义为一类特殊“事件”，或可称之为“事件说”。问题正出在后者上：

危机是一类特殊事件，还是一种特殊状态抑或结构？

“今天人们已经不大能够记得，铸造‘危机’（crisis）这个词，原是为了表示决断之时刻。”[⑥] 古希腊医生希波克拉底（Hippocrates）基于动词“决定”创造了作为名词的“危机”，意指体液的上升趋势。在他看来，体液涌动未衰之际，正是医生做出决定、改善病患的最佳时刻。可见，在西语词源中，危机乃是“决定以求转机之状态”。在中文语境下，危机也可以理解为危险与转机互生的关键时刻、情境或状态。

抛开词源不谈，以社会和历史的眼光看，危机亦应被理解为一种特殊状态、结构而非单纯的冲突性事件。理由分说如次：

第一，从社会实践层面看，“事件说”未能揭示危机的本质，缺少对危机的整体观照和全面分析。诚然，危机往往由特定事件引爆，其表现形式也主要是威胁性、冲突性事件，人们总是能在危机中清理出一条或几条事件线索。然而，危机的发生是组织的构成要素、运作规则和生存环境由常态变异，进而陷入不确定性形势或威胁性局面的过程。危机的冲击力和破坏力并非单纯来自一个或多个威胁性事件，而是源于多元权力主体的博弈、冲撞和脱轨，源于复杂利害关系的断裂和重组，源于时间紧迫、资源匮乏、沟通失序情境下决策和行动的局限性。与之相应，危机管理也不单纯是事件处理，而是系统性地修复和再造组织生存和发展的环境、秩序、规则与契约。在很多情况下，事件已然尘埃落定，而

① See Charles F. Hermann, *International Crisis*: *Insights from Behavioral Research*, New York, New York Press, 1972.

② See Kathleen Fearn Banks, *Crisis communications*: *A Casebook Approach*, New Jersey, Lawrence Erlubaum Associates, 1997.

③ See Otto Lerbinger, *The Crisis Manager*: *Facing Risk and Responsibility*, New Jersey, Lawrence Erlubaum Associates, 1997.

④ 参见［美］提莫斯·库姆斯：《危机传播与沟通》，114页，台北，台湾风云论坛出版社，2003。

⑤ 参见刘刚：《危机管理》，3页，北京，中国经济出版社，2004。

⑥ ［英］齐格蒙特·鲍曼：《寻找政治》，113页，上海，上海世纪出版集团，2006。

危机造成的伤害和损耗却仍在持续。因此，危机不只是一类特殊事件，而且是一种威胁性的形势、情境或状态。此论姑且称之为“状态说”。

以社会和历史的眼光看，危机应被理解为一种特殊状态、结构而非单纯的冲突性事件。遭遇危机、应对危机是人类的基本在世状态。

与“状态说”相比，“事件说”窄化了危机管理研究的学术视域，在实践中也极易走向褊狭、功利主义和投机主义。譬如，上述定义基本上都站在组织的一端看问题，而非公众或曰利益相关者的立场上理解危机。这必然导致一个结果：它们更强调危机“事件”所造成的利益损害，而“人”及其心灵、信念问题则往往被忽略。一些学者意识到这种片面的“组织本位主义”的危险，皮尔逊（Christine M. Pearson）和克莱尔（Judith A. Clair）即提出，应当获得一种来自组织外部的视野，从而在整体上把握危机，因为“危机往往造成利益相关者、群体共享的经验、信念和价值的破灭”①。

第二，从人类文明的历史进路看，遭遇危机、应对危机可谓人类的基本在世状态。德国哲学家哈贝马斯（Jürgen Habermas）认为，所谓危机来临，是指寻常、普通、合理的状态消散了，任意、混乱和漂浮压倒了规则和秩序。在这种境况之下，事物一反常态，顺理成章的行动不再带来习以为常的结果。事情变糟了，始料未及，茫然无措，这几乎是所有人在生命旅途中的普遍感受。如是而观，文明始终与危机相伴，或者说危机从来就是文明的必然组成部分。英国社会学家鲍曼（Zygmunt Bauman）认同哈贝马斯的观点，并强调应将“危机”概念置于“常态”概念之前，“我们正是通过特殊认识普通的”②。在鲍曼看来，如果说危机是指常态方式和工具的失效，或者发展的确定性的瓦解，那么危机实际上是“人类社会的常态”。社会是以持续打破平衡，而非固守平衡的方式存在的。

因此，“在危机中”实际上是人类生存的基本调性，正如我们总是发现自己“在路上”或者“在边缘”。历史之所以在前进，不过是因为和谐、发展的力量在同危机、破坏的力量博弈、冲抵的过程中，前者取得了相对优势地位。正是这两种相反相成的力量，共同建构了历史、文明和我们自己。

第三，何以“危机”在 20 世纪末 21 世纪初成为一个流行词，进而成为一种集体意识、社会事实和结构性的社会安排？按照德国社会学家贝克（Ulrich Beck）、英国社会学家吉登斯（Anthony Giddens）等人的观点，自启蒙和工业革命以来，现代社会于二三百年间实现了前所未有的进步和繁荣，也逐步走向了更加复杂、充满不确定性的发展阶段——风险社会。实际上，现代社会的每一个关键范畴都制造了自己的反面，或者说酝酿了冲抵、湮没自己的风险。譬如，科技进步、经济发展极大缩短了社会变革周期，变革使社会结构持续处在漏洞百出的不确定和失序状态。“科技—经济”发展为人类提供的最后一把钥匙，未必能打开新的知识和财富宝库，反而可能成为触发文明自毁的旋钮。“我们越是想拓殖未来，未来便越可能给我们带来意外。”③

---

① See C. M. Pearson, J. A. Clair, “Reframing Crisis Management,” in *Academy of Management Review*, 1988, 23 (1), 59-76.

② ［英］齐格蒙特·鲍曼：《寻找政治》，134 页，上海，上海世纪出版集团，2006。

③ ［德］乌尔里希·贝克、［英］安东尼·吉登斯、［英］斯科特·拉什：《自反性现代化》，75 页，北京，商务印书馆，2001。

现代社会制造了人与自然、主体与客体、精英与大众、物质与精神、利益与意义、工具理性与价值理性等错综复杂的矛盾和对立。风险和危机越来越强势地介入、干预社会发展，乃至使自身成为一种社会结构，生成了风险社会。在风险社会中，核弹与战争危机、环境与能源危机、经济危机、政治危机、文化认同危机、道德理想危机、精神信仰危机等日益成为人类社会的普遍焦虑和个体的贴身恐慌。中国也不例外。自20世纪后期以来，中国在改革和发展中实现了繁荣和进步，享受了现代化成果，自然也难以绕开现代社会的通病。“非典”爆发乃是中国步入风险社会的一个标志性事件，而今执政党、政府、企业和社会公众普遍且深切地感受到了我们面临的风险挑战前所未有。①

> 现代社会的每一个关键范畴都制造了自己的反面，或者说酝酿了冲抵、湮没自己的风险。
>
> 风险和危机越来越强势地介入、干预社会发展，乃至使自身成为一种社会结构，生成了风险社会。

综上，我们把危机界定为：

危机是由组织外部环境变化或内部系统失常造成的可能破坏正常发展秩序和目标，要求组织做出紧急决策、响应和行动的威胁性事件、状态或结构。

这一定义包含了如下几个要点：“外部环境变化”和“内部系统失常”指明了危机发生的根源；“可能破坏正常秩序和目标”强调了危机对组织自身的发展目标、对组织与利益相关者关系的潜在破坏性；“紧急决策、响应和行动”突出了危机的紧迫性、不确定性，以及危机管理工作的重点——基于良善价值观和清明心智的决策，言说与行动并重的响应和解决方案；“威胁性事件、状态或结构”明确了危机的定位。

2008年爆发的“三鹿问题奶粉危机”即是诠释这一定义的典型事例：它由一家企业的产品质量危机升级为一个行业的危机，进而演化为国家形象危机，使消费者、奶农、企业、相关政府部门乃至整个国家都卷入了危机情境。

> 危机是由组织外部环境变化或内部系统失常造成的可能破坏正常发展秩序和目标，要求组织做出紧急决策、响应和行动的威胁性事件、状态或结构。

案例1—1

石家庄三鹿奶粉危机

2008年9月，盛大的北京奥运会期间，一场由石家庄三鹿乳业集团公司（以下简称三鹿公司）引发的危机将人们从狂欢的巅峰拉了下来。

早在5月21日，网友“789oo88oo88”便在天涯社区发了一篇题为“这种奶粉能用来救灾吗?!”的帖子，质疑三鹿奶粉质量，但此帖迅速被封。后来，有人证实发帖人被三鹿公司以4箱新款奶粉“封口”。

8月1日，三鹿公司内部检测结果出炉，发现部分产品含有化学物三聚氰胺，易引起肾结石等病症。8月2日下午5点，三鹿公司将检测情况上报政府部门，有关部

① 参见《坚定不移沿着中国特色社会主义道路前进 为全面建成小康社会而奋斗》，载《人民日报》2012-11-09。

门敦促三鹿公司召回产品，却未制定和启动全面的危机管理方案。

9月8日，三鹿公司外资股东将三聚氰胺问题上报新西兰总理海伦·克拉克，并以外交照会的方式直接通知了中国政府。

9月12日，自称“一个负责三鹿公关的普通员工”在网上发布题为“三鹿集团公关解决方案建议”的文件和照片，披露了三鹿公司所雇用的公关公司提出的危机解决方案：“安抚消费者，1至2年内不让他们开口”，花300万“与百度搜索引擎进行媒体合作，拿到新闻话语权”。

该帖当时未辨真假，却全面引爆了危机。传统媒体和各大网站纷纷报道，加之知情人爆料、受害者揭露、医生指证，一时舆论沸腾，举世哗然。舆论的矛头不但指向了三鹿公司，而且把蒙牛、伊利、光明等国内著名乳品企业都推向了前台，行业危机全面爆发。

9月13日，国务院启动Ⅰ级响应机制处置三鹿奶粉事件引发的乳业危机。及至11月，全国范围内含有三聚氰胺的奶制品全部被召回，一些大企业的“中国名牌”产品称号被撤销。

据统计，全国共有29万儿童食用问题奶粉，住院治疗的婴幼儿达2 390名，有3例无辜婴儿逝去。乳品企业股价狂跌到底。奶农倒奶杀牛损失巨大。

同时，因成功举办北京奥运会而广受赞誉的中国，再次陷入形象危机。食品安全、公共管理、产业治理、“中国制造”乃至包括儿童健康权益在内的人权状况一度遭到质疑。

第二节　危机的特征与类型

我们在第一节已经初步论及诸如紧迫性、威胁性和破坏性等危机特征。事实上，这些特征皆属动态、相对的概念，危机本身即意味着盛衰、枯荣、生灭的呼应和轮转。因此，对危机特征的考察，应重点把握几个动态转化、相反相成的矛盾关系。一是从生成论看，危机的发生和发展是必然性与偶然性的统一；二是从结果导向看，危机可谓破坏性与建设性兼而有之；三是从管理和控制层面看，危机总是由特定的社会主体来承受，同时又处于普泛、热切的公众关注之下，因而具有明显的情境性和公共性特征。

1. 必然性与偶然性

几乎所有哲学和宗教的智慧、几乎所有组织和个体的生存经验都告诉我们，危机的形成是必然的，这是自然界和人类社会无可改变的规律。凡可生的，必会逝去；凡可建造的，必会毁灭。自然界的无常和灾变总是给人类带来危机，而人类对自然的过度介入和改造，又必然加剧自然环境危机。就人类社会自身而言，一个组织遭遇危机的必然性，来自组织内部环境和外部环境的双重复杂性和组织自身的局限性。随着社会发展和文明进步，组织赖以生存的外部环境越来越复杂，政策变革、技术创新、价值兴替和极限竞争等因素都会影响组织兴衰；组织内部的人财物要素、运作规则和文化也越来越复杂，而组织所拥有的心智、能力和资源却永远是有限的。仅以心智论，当一个组织的性格和灵魂为财富的欲望所支配时，倾覆和幻灭的宿命之网便张开了。

与此同时，危机往往又是由特定的偶然要素促发的。“导火索”和“燃点”是危机爆发的重要诱因，而两者的出现大多是偶然的。2004 年北京密云县的元宵节踩踏事件、2005 年吉林石化爆炸事件、2006 年重庆开县的天然气井喷事件、2010 年英国石油公司（BP）的墨西哥湾泄油事件，都肇始于难以预见的突发事故。偶然性是危机管理的主要挑战之一，要求组织在生存链条的突然裂变中，迅速寻找修复和弥合之道。

> 当一个组织的性格和灵魂为财富的欲望所支配，倾覆和幻灭的宿命之网便张开了。

危机的必然性与偶然性紧密关联，必然性会遭遇偶然性，偶然性则使必然性成为现实。危机发生的必然性要求组织将危机管理战略纳入整体发展战略之中，将危机管理制度化、日常化；危机引爆的偶然性要求组织学习和积淀丰富的危机应对经验，掌握和运用成熟的危机管理技能，以求做到化险为夷、转危为机。

以下引入 2008 年贵州瓮安“6·28”群体性事件和 2000 年爱立信火灾事件两个案例，以考察危机爆发的必然性与偶然性。在瓮安事件中，时任贵州省委书记石宗源认为少女投河是偶然的，而危机的发生是必然的，政府管理不善是主因，群众不过是就势而起；在爱立信火灾事件中，雷击引发工厂火灾是偶然的，而爱立信应对不力则使手机业务遭受重创成为必然。

案例 1—2

贵州瓮安“6·28”群体性事件

2008 年 6 月 22 日，贵州省瓮安县少女李树芬投河自杀。由于当地政府未及时、公开地处理此事，民间谣言闹得瓮安满城风雨。6 月 28 日，6 000余人发起街头骚乱，他们用铁棍、木棒殴打警察，警察敌不过潮水般的人群，退到公安局一楼大厅。人群砸烂大厅玻璃门窗，推翻停放在楼外的警车。有人用斧头劈开警车油箱，点火焚烧警车。随后，愤怒的人群还打砸烧了县委、县政府办公大楼。据统计，县政府办公大楼有 104 间办公室被烧毁，县公安局办公大楼有 47 间办公室、4 间门面房被烧毁，刑侦大楼有 14 间办公室被砸坏，县公安局户政中心档案资料全部被毁弃，另外还烧毁了 54 辆车，150 余人受伤。

6 月 30 日，贵州省委书记石宗源在瓮安事件总结座谈会上提出：“一起单纯的民事案件酿成一起严重的打、砸、抢、烧群体性事件，其中必有深层次的因素。一些社会矛盾长期积累，多种纠纷相互交织，一些没有得到应有的重视，一些没有得到及时有效的解决，矿群纠纷、移民纠纷、拆迁纠纷突出，干群关系紧张，治安环境不够好。……群众对我们的工作还不满意。”

案例 1—3

爱立信火灾事件

直到 2000 年初，爱立信还是世界手机市场的“龙头老大”，而同在北欧的诺基亚则是追随其后的“小兄弟”。当年 3 月 17 日，远在美国的一场意外火灾，改变了两家公司的命运和地位。飞利浦公司在新墨西哥州的电子芯片制造厂被雷电击中着火。这家工厂为手机生产芯片，它有两个主要客户——爱立信和诺基亚。诺基亚发觉飞利浦公司为其提供的芯片数量有所减少后，立即行动起来寻找新的合作伙伴，确保了向分销商、零售商和消费者的正常供货。而爱立信反应迟缓，行动滞后，最终陷入难以供货的困境，错失发展机遇，在手机市场一蹶不振。

2. 渐进性与紧迫性

危机的紧迫性是显而易见的：时间紧迫，必须在最短时间内做出反应和决策；资源匮乏，必须在人力、财力、物力不足，以及沟通不畅的情况下有效整合和配置资源；多米诺骨牌效应或曰“涟漪效应”——一石激起千层浪，必须形成一整套策略以防止危机的扩散和蔓延。

同时，危机从生成到消除，是一个持续累积、渐进发展的过程。从组织视角看，危机的生命周期一般可以划分为潜伏期、爆发期、解决期和恢复期等不同阶段。在渐进发展的不同阶段，危机的构成要素、表现形态和影响程度也不断变化。这就要求危机管理者有计划、有步骤地制定和实施危机应对策略，避免主次矛盾不分或响应错位。

从社会心理层面看，危机的渐进性大抵表现在如下五个阶段：震惊——何人何时何地遭遇何种危机。伤痛——危机总是会威胁或损害财产、健康、生命、尊严、道德、信仰。愤怒——谁对危机负责。狂欢——基于愤怒、批判和瓦解权威之快感的恶搞与戏谑。漠然——负面意见板结、固化，形成不利组织发展的刻板印象。一般而言，当公众情绪、社会心理处于震惊、伤痛和愤怒等阶段时，危机管理者尚有应对和回旋余地，尚可通过有效沟通、利益补偿来化解并使负向的社会心理康复；及至危机和当事主体陷入舆论狂欢，进而固化为公众的刻板成见和集体记忆，危机应对就变得无比艰难了。

与危机的偶然性相关，具体的一次危机往往是突然发生的。潜隐的危机一旦浮出水面，便可能瞬间形成翻江倒海之势，对组织产生巨大威胁。北京密云县的元宵节踩踏事件、重庆开县的天然气井喷事件、吉林石化爆炸事件，都肇始于难以预见的突发事故。突发性是危机管理的主要挑战之一，要求组织在生存链条的突然裂变中，迅速寻找弥合和修复之道。

3. 破坏性与建设性

“祸兮福所倚，福兮祸所伏”。危机是风险与机遇的统一体，破坏性与建设性兼而有之。从根本上看，危机管理就是尽可能规避或减小危机的破坏性，尽可能把握和利用危机的建设性的管理行为和过程。危机的破坏性包括有形和无形双重损害。所谓有形损害，是指危机造成的财产损失、生命或健康损失，正常秩序和规范的破坏，既定发展目标的破坏等；所谓无形损害，是指危机带来的名誉或信用受损，以及由此形成的组织与利益相关者之间恶性的互动关系。

> “祸兮福所倚，福兮祸所伏”。危机是风险与机遇的统一体，破坏性与建设性兼而有之。

危机的建设性也主要表现在两个方面：一是危机具有“警钟”和“疫苗”效应，危机使组织认识到自身系统的弊端和局限，认识到外部环境的复杂性，因而能够于内部建设中对症下药，于外部发展中扬长避短，提升战略和战术的科学性、规范性和有效性，提升组织的文化、价值和愿景；二是危机具有“时势造英雄”的效应，危机处理得当使组织能够脱颖而出，赢得目标公众的理解、同情和支持，塑造良好形象，提升知名度和美誉度。布什政府在“9·11”恐怖袭击后，缜密策划，果断行动，对内整合民意、凝聚人心，对外寻找联盟、排除异己，最终使当局化被动为主动，对布什政府而言算得上化危为机。

4. 个体性与公共性

危机总是由特定组织和特定人来承受的，当事主体身处特定的得失进退、忧喜悲欢情境之中。危机又总是唤起人们的普遍关注，当事主体要在众目睽睽之下做出尽可能符合各方期待和公共价值的言行响应。就个体性而言，危机乃是当事主体自己的苦难，需要独善其身、自我救赎，恢复和再造自己与利益相关者之间的关系和秩序；而在公共性上，当事主体尚应“兼济天下”，不仅要解决自己与利益相关者之间的危机，而且要平息危机在公共空间激起的涟漪和风浪。

以互联网为代表的新媒体加剧了危机个体性与公共性之间的矛盾。在新媒体形成的实时、遍在围观下，所谓内部危机、专业危机已然不复存在，几乎所有类型的危机都被赋予了公共危机属性。屏蔽、封杀危机信息，关起门来应对危机，大事化小、小事化了的危机处理模式日益失灵。同时，在新媒体特别是微博、微信、Facebook、Twitter 等社交媒体的推动下，公共舆论不再只是意见表达和汇聚的场域，同时也逐渐成为社会动员和社会行动的发起、组织平台。围观者可以直接、强势介入危机进程，甚至主导危机舆论的发展方向和调性。这一方面有利于社会各方加强对危机当事主体的监督、支持和帮助，而另一面也可能形成所谓群体性的、乌合之众式的舆论暴力，滥用道德审判，乃至造成舆论绑架司法。

就个体性而言，危机乃是当事主体自己的苦难，需要独善其身、自我救赎，恢复和再造自己与利益相关者之间的关系和秩序；而在公共性上，当事主体尚应“兼济天下”，不仅要解决自己与利益相关者之间的危机，而且要平息危机在公共空间激起的涟漪和风浪。

为了进一步认识危机，在考察危机主要特征的基础上，我们还要了解危机的基本类型。实践界和学术界按照不同的标准将危机划分为多种类型，譬如自然危机与社会危机、结构性危机与偶发性危机、重大危机与一般危机、经济危机与政治危机、利益危机与信仰危机等等。从危机的内涵和属性出发，我们可以采纳“人与环境”的复合标准划分危机类型：一是人为与非人为的标准——危机要么因人而起，要么作用于人，人永远是危机管理的核心问题；二是内与外的标准，内部系统失常和外部环境变化以及两者之间的互动，是产生危机的基本诱因。参见图 1—1。

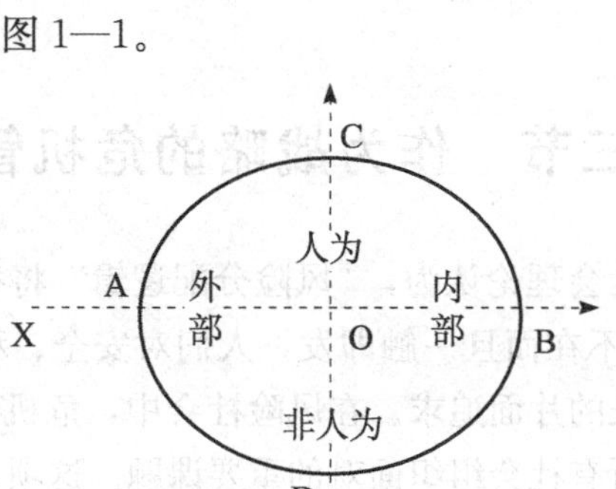

图 1—1　危机类型的划分

第一，图中ABC区域指示人为原因引发的危机，ABD区域指示非人为原因引发的危机；ACD区域指示组织外部原因引发的危机，BCD区域指示组织内部原因引发的危机。据此，危机类型可以区隔为：人为危机与非人为危机、内部危机与外部危机。

第二，图中AOC区域指示由外部人为原因引发的危机，如限制性法规出台、市场震荡、金融风暴、恶意竞争、媒体发难、社会抗争、造谣中伤等形成的危机；BOC区域指示由内部人为原因引发的危机，如战略决策危机、运营管理危机、财务危机、人力资源危机、内部文化认同危机等；AOD区域指示由外部非人为原因引发的危机，如雷电导致火灾、地震导致城市骚乱、洪水导致人员伤亡和财产损失等危机；BOD区域指示由内部非人为原因引发的危机，如生产设备失控、电脑系统失灵等形成的危机。

第三，图中将危机系统置于X轴与Y轴构成的坐标系下，是为了体现危机生成与发展的动态性和开放性。其中，X轴的意义有两个：一是表明危机形成过程中人为要素与非人为要素的互动；二是指示来自外部的危机压力要素向组织内部汇聚的过程。Y轴的意义亦有两个：一是表明危机形成过程中外部要素与内部要素的互动；二是指示非人为的危机压力要素向人为方向转换的过程。

第四，ABCD形成的圆环系统指示由各种要素交织而引发的复合性危机。复合性危机是组织危机的一种综合形态，是构成要素和表现形式最复杂、威胁性和破坏性最大的一种危机类型。

第五，O点代表在各类危机诱因的相互作用下，最终促成危机爆发的导火索或“燃点”（tipping point）。“燃点”是可能来自人为与非人为、内部与外部等不同领域的偶然性要素。这与我们此前对危机内涵的界定和对危机特征的描述是一致的。

> 人类自己创造的不确定性在持续增加，以至于我们面临着一种前所未有的历史可能性，“一项决策可能会毁灭我们人类赖以生存的这颗行星上的所有生命。”

需要补充的是，尽管“人类历史上各个时期的各类社会形态在一定意义上说都是一种风险社会”，但是现代社会与传统社会在风险、危机上的差异还是比较明显的：人为制造的风险替代自然灾害等外部危机在现代社会占据了主导地位。这并不是说外部危机消隐不见了，而是强调人类自己创造的不确定性在持续增加，以至于我们面临着一种前所未有的历史可能性，“一项决策可能会毁灭我们人类赖以生存的这颗行星上的所有生命”①。

第三节　作为战略的危机管理

贝克等人提出的风险社会理论认为，“风险分配逻辑”将替代现代社会早期的“财富分配逻辑”，危机无时无处不在而且一触即发，人们对安全、和谐、稳定等价值的渴望甚至会替代此前对进步和增长的片面追求。在风险社会中，危机管理——认识危机、转危为安、化危为机——将成为所有社会组织面对的重要课题。这项课题至少包含三个层级的框

---

① ［德］乌尔里希·贝克：《从工业社会到风险社会》，载《马克思主义与现实》，2003（3）。

架：作为组织生存和发展基本能力的危机管理，它和组织谋求发展、创造财富的能力同等重要；作为战略的危机管理，它将危机应对逻辑嵌入组织的整体发展战略；作为一种价值体系的危机管理，它指向了组织对人与自然、人与社会、财富与精神、整体性进步与可持续发展等一系列根本问题的价值判断和理性选择。

在考察危机的定义、特征与类型的基础上，我们可以从如下四个维度界定作为组织生存和发展基本能力的危机管理：

(1) 危机管理是一种情境管理，旨在使组织在面临潜在威胁和现实损害的情境下，恢复正常的运营管理秩序和发展状态。

(2) 危机管理是一种资源管理，旨在最短时间内整合、配置组织内外的各种资源，使组织转危为安，化危为机。

(3) 危机管理是一种沟通管理，旨在通过沟通主题的设定、沟通渠道的建设和沟通工具的选择，使组织与利益相关者恢复共识、重建信任、再造良性互动关系。

(4) 危机管理是一种行为管理，旨在形成一套集事前预控、事中管理和事后恢复于一体的、行之有效的应对机制和行为策略，降低危机损害，挽回组织声誉。事实上，高效的危机管理“不仅能够缓和或消除危机，而且有时候能够带来比危机发生前更好的声誉”①。

> 作为组织生存和发展基本能力的危机管理，它和组织谋求发展、创造财富的能力同等重要；作为战略的危机管理，它将危机应对逻辑嵌入组织的整体发展战略；作为一种价值体系的危机管理，它指向了组织对人与自然、人与社会、财富与精神、整体性进步与可持续发展等一系列根本问题的价值判断和理性选择。

从情境、资源、沟通和行为等四个关键词入手界定危机管理，体现了如下三点基本主张：第一，在时间紧迫、充满不确定性的条件下，整合、配置相对匮乏的人、财、物资源，理顺扭曲的沟通系统，采取有效的行动策略，进而改变危机情境使之恢复常态，是危机管理的核心内容。第二，改变危机情境是目标，调配相关资源是基础，沟通机制与行为策略是手段，四者勾画了危机管理的体系框架。第三，情境、资源、沟通、行为等多维管理并重，强调危机管理并非权宜之计，而是组织整体发展战略的有机组成部分。

上升到战略层面的危机管理，首先要“务虚”。这里的“务虚”包括三个层次的内容：树立危机意识，形成危机应对观念，构建危机管理思想。危机意识是对盲目乐观主义、过度实用主义、投机主义的摒弃，强调居安思危、防患于未然；危机应对观念是对自发的、零散的危机意识的整合和提升，形成预控和应对危机的观念框架和战略设计；危机管理思想是对危机应对观念的丰富和体系化，形成足以指导危机管理实践的思想体系。不以规矩，不成方圆。作为战略的危机管理，在观念、体制和机制设计上皆应依循一些基本原则。这些原则划定了危机管理“作为与不作为”的边界。

1. 预防第一原则

“凡事预则立”、“防微杜渐”、“上医治于未病”等看似老生常谈的生存智慧和管理哲

① [美] 凯瑟琳·弗恩-班克斯：《危机传播——基于经典案例的观点》(第四版)，3页，上海，复旦大学出版社，2013。

学，依然适用于现代危机管理。事实上，卓越的胆识和见识对危机管理固然重要，而那些关乎生死、盛衰的常识则更具根本性意义。譬如，危机管理的最高“法门”，在于防患于未然，而非扶大厦于将倾或挽狂澜于既倒。洞察到一只亚洲蝴蝶的振翅与一次美洲飓风的关联，比抗击这次飓风显然更高明。坚持预防原则，就是要在危机管理中使用少量的钱预防，而不是花大量的钱治疗。

2. 制度保障原则

同所有管理职能一样，危机管理的功夫亦在平时。所谓平常功夫，除了危机管理知识的学习、经验的积累和技能的训练，主要就是危机管理制度建设。纵观新世纪以来的一系列重大危机个案，组织的价值观与公信力、应急管理制度与信息传播制度、行之有效的响应策略乃是决定危机管理成败的机枢所在。而制度建设又是重中之重，是组织以不变应万变的最佳选择。“5·12”四川地震发生后，有学者提出：“在灾难的背景中，人们用悲伤肯定着社会的进步，但对于这种进步也许需要保持必要的审慎，问题的关键不在于有还是没有进步，而是在于进步的成果能否用制度的形式保存和积累起来。”①

> 纵观新世纪以来的一系列重大危机个案，组织的价值观与公信力、应急管理制度与信息传播制度、行之有效的响应策略乃是决定危机管理成败的机枢所在。

3. 全局利益原则

在危机中，组织的有形资产与无形资产受到严重威胁，必然面临利益取舍的抉择。瞻前顾后、推诿塞责只能导致危机形势恶化。在此情境下，组织决策的一项基本原则就是全局利益优先，局部利益服从全局利益。而在全局利益中，组织应重点将中心工作、整体发展目标的受损程度降到最低，确保组织核心价值、根本利益免受毁灭性的冲击。另外需要强调的是，组织在危机中的价值排序——无论以何者为重、为先，以何者为轻、为后，人都是第一位的。全局利益重于局部利益，但人的生命和尊严则重于利益的得失。

4. 积极担责原则

危机降临之际，组织若欲度过劫波，获得可持续发展，必须积极担当相应的危机责任：一是对利益相关者负责，顾全利益共同体而非执念一己得失；二是负责任地采取行动，查找根源、对症下药，缓解和克服危机，寻求重生、超越之道；三是如果危机损害重大、影响广泛，组织尚须对公共精神负责，避免亵渎公共之善；四是对危机学习或曰危机教育负责，即要使危机经验和教训结晶，使之成为组织与利益相关者乃至全社会共享的财富。实际上，人类正是在承受和应对危机中不断增益整体精神的。

> 组织在危机中的价值排序——无论以何者为重、为先，以何者为轻、为后，人都是第一位的。全局利益重于局部利益，但人的生命和尊严则重于利益的得失。

5. 诚实守信原则

在危机中，真正的破产乃是信任的透支。组织于危机状态下务必实事求是、真诚坦率

① 孙立平：《用制度积累进步的成果》，载《经济观察报》，2008-06-01。

地面对媒体和公众，正如现代公共关系之父艾维·李（Ivy Lee）所主张的那样，要让公众获得充分的真相以形成完整的判断，毕竟“公众的信心是我们唯一可依靠的堡垒”①。在政治学中，存在一个得名于古罗马历史学家塔西佗（Publius Cornelius Tacitus）的“塔西佗陷阱”定律，是指当某一社会主体失去公信力或曰社会信任时，无论说真话还是讲假话，无论做好事还是干坏事，都会被人们认为是在讲假话、干坏事。显然，这种不顾一切、反对一切的不信任对当事主体来说往往意味着比危机事件本身更为深重的灾难。

案例 1—4

“郭美美事件”与中国红十字会的信任危机

2011 年 6 月，微博用户“郭美美 Baby”突然成为人们关注的焦点，这个 20 岁的女孩自称“住大别墅，开玛莎拉蒂，拥有数十个爱马仕”。这条炫富微博因郭美美“中国红十字会商业总经理”的身份认证引起了轩然大波。网友纷纷质疑郭美美与慈善组织中国红十字会的关系，并要求知晓红十字会所获善款的去向。

“郭美美事件”严重影响到中国红十字会的公信力。事发后，中国各地红十字会收到的慈善捐款一度锐减。2011 年 7 月，北京市红十字会收到个人捐款仅有 8 笔，共计5 855元；深圳市红十字会收到 13 笔个人捐款，总额为5 335元。② 另有报道称，郭美美事件还曾加剧了北京市“血荒”，无偿献血人数大为降低。③ 2012 年 11 月，新上任的中国红十字会副会长赵白鸽表示：“一个都没有被证实的网络事件，却可以用三天就把你打得稀里哗啦的”，“三天毁掉一百年”④。

2013 年 4 月，四川雅安地震发生后，中国红十字会的募捐活动受到了网友情绪激烈的抵制。在中国红十字会总会的倡议微博下，网友留下了数万条“滚”的一字评论。这表明，“郭美美事件”发生两年后，中国红十字会的公信力重建依旧任重道远。

我们接下来考察危机管理的范畴，或曰危机管理的工作任务和内容。静态地看，危机管理包括模式建立和能力培养两大范畴：一是在组织所处的政治、经济和文化背景下，结合组织内部的系统结构和系统环境，建立一套行之有效的危机应对模式；二是在组织的整体战略规划下，培养和拓展组织的危机预控能力、处理能力和恢复管理能力。从动态来看，危机管理作为一种时序上的过程管理，不同研究者提出了不同的管理范畴。以下是几种代表性的观点。

诺曼·奥古斯丁（Norman R. Augustine）将危机管理划分为 6 个阶段：（1）危机的避免，即预防危机发生；（2）危机管理的准备，即危机管理计划及人、财、物资源的准备；（3）危机的确认，即明确危机的类型及产生的根源；（4）危机的控制，即根据危机的具体情况确定应对策略的优先次序，将危机损害控制在最低限度；（5）危机的解决，即实

① Ivy Ledbetter Lee, *Human Nature and the Railroads Philadelphia*, E. S. Nash &Co., 1915, p. 86.

② 参见吴俊、扶庆：《多地红会所获善款锐减，深圳数十位捐赠者仅捐 1 元》，见南方报业网，2011-08-05。

③ 参见徐晶晶：《郭美美事件加剧北京血荒，献血人数大降 10%》，载《北京晨报》，2011-08-19。

④ 李妍：《中国红十字会常务副会长赵白鸽：郭美美三天毁掉红会一百年》，见中国经济网，2011-11-15。

施针对性较强的解决对策，以成功化解危机；（6）利用危机，即从危机中获益，总结经验教训，寻找新的机会。①

奥古斯丁的6阶段模式如图1—2所示。

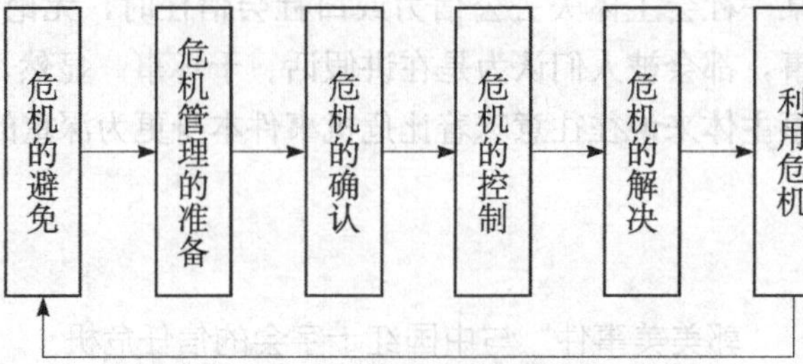

图1—2　奥古斯丁的危机管理6阶段模式

罗伯特·希斯（Robert L. Heath）提出了危机管理范畴的“4R”模式：（1）缩减（reduction），即通过风险评估和风险管理减少危机爆发的可能性；（2）预备（readiness），即通过危机预警、危机培训和危机实战演习等方式预控危机；（3）反应（response），即分析危机的影响，制定危机应对计划，采取相应的行为策略，并适时做出评估；（4）恢复（recovery），即确认危机平息后的影响，制定恢复管理计划，采取必要措施，并对危机管理的整体效果做出评估。②

希斯的4R模式如图1—3所示。

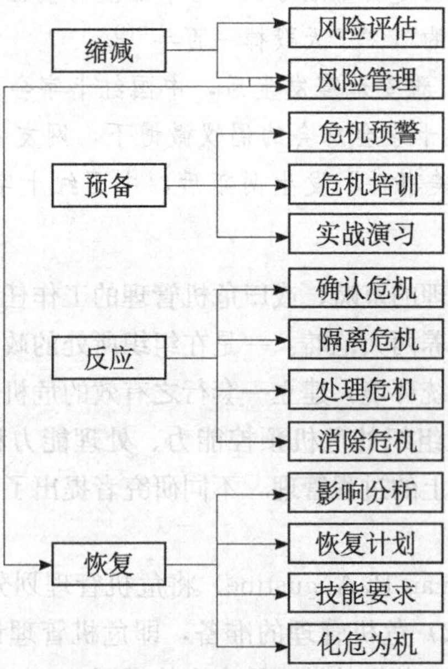

图1—3　希斯的危机管理4R模式

安·米特罗夫（Ian I. Mitroff）和克里斯汀·皮尔逊认为，危机管理的范畴由5个阶

① 参见［美］诺曼·R·奥古斯丁等：《危机管理》，1～13页，北京，中国人民大学出版社，2001。
② 参见［美］罗伯特·希斯：《危机管理》，20～23页，北京，中信出版社，2004。

段的管理行为构成：（1）信号侦测阶段，即识别危机发生的预警信号；（2）准备及预防阶段，即对危机爆发做好准备并努力减少危机的潜在损害；（3）损失控制阶段，即在危机发生后，采取有效策略和行动，全力以赴控制损失；（4）恢复阶段，即尽快从危机伤害中恢复过来，实现正常运转；（5）学习阶段，即吸取经验和教训，以规避危机或在新的危机中提升管理效率。①

米特罗夫和皮尔逊的 5 阶段模式如图 1—4 所示。

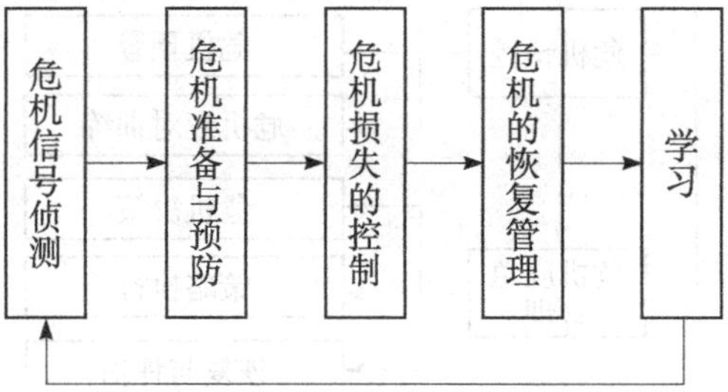

图 1—4　米特罗夫和皮尔逊的危机管理 5 阶段模式

此外，美国南加州大学的鲍勇剑、陈百助提出了端正态度（perception）、防范发生（prevention）、时刻准备（preparation）、积极参与（participation）和“危”中找“机”（progression）的“5P”模型；国内研究者刘刚提出了危机预防和危机处理二阶段论。这些研究结论本质上是相通的，即立足危机的事前管理、事中管理和事后管理，或细化或整合危机管理的具体范畴。

我们主张建立基于组织整体发展战略的危机管理体系。这一体系包括三个核心范畴：危机管理战略规划、危机预控和危机应急管理。

战略规划是危机管理的首要范畴，主要包括三方面内容：一是前述危机管理思想的构建；二是日常化危机管理制度的建立、维护与修正，明确危机管理的使命、权责和流程，使危机管理思想具体化为现实的制度工具；三是危机管理战术体系的论证和确立，以保证危机征兆一旦显现或危机爆发，组织能够依循既定的工作原则、策略组合和资源配置模式开展工作。危机管理的第二个重要范畴是危机预控，主要包括风险评估、危机预警和危机应对训练等内容。第三个范畴是危机应急管理，主要包括危机决策（危机根源查找、类型确认、影响分析，以及以此为基础的策略制定）、策略执行（危机决策的具体落实）以及恢复与评估（影响消除与危机管理效果评估）等内容。需要指出的是，危机管理战略规划、危机预控和危机应急管理三个范畴是相互联结的：危机管理战略规划指导危机预控和危机应急管理实践，而危机预控和危机应急管理实践又可反过来改

我们主张建立基于组织整体发展战略的危机管理体系。这一体系包括三个核心范畴：危机管理战略规划、危机预控和危机应急管理。三个范畴是相互联结的：危机管理战略规划指导危机预控和危机应急管理实践，而危机预控和危机应急管理实践又可反过来改善、提升危机管理战略规划。

① See Ian I. Mitroff and Christine M. Pearson, *Crisis Management*: *Diagnostic Guide For Improving Your Organization's Crisis-Preparedness*, New York, Jossey-Bass Inc., 1993, p. 10-11.

善、提升危机管理战略规划。三者关系如图1—5所示。

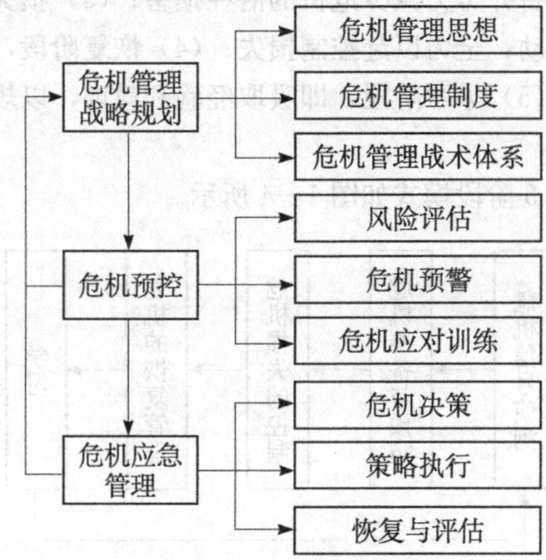

图1—5 危机管理的范畴

第四节 风险社会与危机管理

当今时代最为显著的特征之一便是风险社会的来临。如前所述，风险社会首先意味着一种风险、危机持续加剧的客观现实，“风险社会不是一种可以选择或拒绝的选择，它产生于不考虑其后果的自发性现代化的势不可挡的运动中”①，亦即风险社会是现代社会的高级、复杂形态，无以回避，不可逆转。同时，风险社会也意味着由风险、危机所激发的主观上的集体意识和价值想象，“在当代社会，风险实际上并没有增多，也没有加剧，相反仅仅是被觉察、被意识到的风险增多和加剧了”②。

> 无论把风险社会视为一种客观存在还是一种主观建构，我们都需要把风险应对和危机管理纳入到当今时代的制度与文化建设中来。而在顶层设计上，危机管理的价值理念、危机发展观应当纳入、融入现代社会的可持续发展观。

无论把风险社会视为一种客观存在还是一种主观建构，我们都需要把风险应对和危机管理纳入到当今时代的制度与文化建设中来。而在顶层设计上，危机管理的价值理念、危机发展观应当纳入、融入现代社会的可持续发展观。

人类社会总是在特定发展观的指引下前进的。所谓发展观，是指社会主体对社会发展的根本观点、根本看法。每一时代的发展观都有其独特的原则和主张，以动员和激励社会主体朝着共同的目标努力。在风险社会，我们有必要把危机和危机管理的价值理念纳入发展观体系之中，以促进社会的协调、可持续发展。危机发展观着眼于人，追求人与自然、人与人、人与社会的和谐共处，强调社会系统对财富创造过程

① ［荷兰］沃特·阿赫特贝格：《民主、正义与风险社会》，载《马克思主义与现实》，2003（3）。
② 李惠斌主编：《全球化与公民社会》，291页，桂林，广西师范大学出版社，2003。

中的正向效应与负向效应给予同等重视。

事实上，任何一位心智健全的社会成员都会对社会发展持有某种观点。譬如，社会发展的动力源泉何在？社会发展有没有规律？社会发展的未来趋势或前景是什么？自己作为单一的社会要素或个体，在整个社会发展中扮演何种角色？等等。当社会主体形成了或掌握了一定的发展观之后，就会按照这些观点去解释自身及社会的发展现象，处理一系列重大的发展问题，自觉推动自身及社会的健康、顺利和持续发展。由发展观而“向上走”，即对发展观进行系统化和理论化，便构成了社会主体的发展哲学；由发展观而“向下走”，即对发展观进行操作化和实践化，便构成了社会主体的发展策略。

人与物的关系问题应是发展观的基本问题。根据人与物的关系，现代社会的发展观从总体上可以区分为两类：一类是以物为中心、为主宰，见物不见人的发展观；另一类是以人为中心、为根本，通过“物”的发展来实现社会和人的全面发展的发展观。

自启蒙和工业革命以来，以物为中心的发展观主导了社会发展的思想和实践。在一定意义上，风险社会正是现代社会奉行物本位发展观、工具理性至上、物质主义猖獗的产物。这种物本位的发展观的最高表现，即目前仍然主导许多国家和地区发展的“效率哲学”。它强调对自然和物质财富的最大限度占有、开发和利用，通过科技进步提升财富效率，促进经济增长。依凭物本位发展观，人类社会在过去一两百年间创造了无数的奇迹和神话，带来了俗世的繁荣和进步。

然而，物本位发展观及效率哲学把发展等同于经济增长，把发展过程归结为物质财富的增加，把经济指标作为衡量社会发展程度的最重要的标尺，放大了“物”而忽略了“人”。因此，它们也为人类社会带来了一系列严重的危机和问题。这些危机主要表现在三个方面：自然危机（自然灾害、环境问题、能源危机等）、社会危机（社会系统结构失调、社会矛盾、文明冲突加剧等）、人自身的危机（人的主体性弱化、物质生活和精神生活的分裂、意义的消逝等）。事实上，这种片面突进的发展观必然导致现代社会危机频发并不断扩大人们对“在危机中”之生存处境的想象和建构。

对进步和繁荣的片面追求使现代社会持续为自己播撒危机的种子：掠夺自然发展经济，导致人与自然尖锐对立，后者看起来一度被征服，却时刻可能疯狂报复人类；财富的生产和分配机制一旦失调，便会造成严重的贫富分化、利益板结和阶层对抗，“这种从不应有的贫困和依赖中解放出来的承诺，都是以社会不平等范畴进行行动、思考和研究的基础”[①]；理性消解了信仰、道德、神话和艺术的灵韵，滋生了价值危机，现代性“只处理了人类文明表层的文化现象，并未深入人类精神性的、理想性的，亦即人灵性生命的深层价值”[②]。

人本位发展观是一个复合的体系，包括科学的经济发展观、科学的政治发展观、科学的文化发展观、科学的资源发展观等，也包括本书倡导的危机发展观。危机发展观符合人本位发展观的主要特征和基本尺度，主张在创造和积累社会财富的过程中关注和解决矛盾的另一个方面——自然、社会和人本身的各类危机。

---

① ［德］乌尔里希·贝克：《风险社会》，73页，南京，译林出版社，2004。

② 曾春海：《中国现代化与后现代展望》，载《中共中央党校学报》，2011（5）。

以人为本的危机发展观的形成和实践，有赖于效率发展哲学向均衡发展哲学过渡，效率和均衡成为社会发展中同等重要的评价标准。人本位的发展观及作为其重要组成部分的危机发展观，注重人与自然、人与人、人与社会关系的优化，倡导经济、政治、文化和生态的整体协调和均衡发展。衡量一个社会是否进步的标准，不再是单一的经济增长速度或物质财富创造的效率，而是经济、社会、文化和生态等一系列指标的综合，以及各个社会子系统之间的协调程度。

实现社会系统的均衡发展，需要一正、一反“两手抓”。前者是指对社会发展的正向控制，引导社会系统的整体进步；后者是指对社会发展的反向控制，即主动规避和解决可能出现的危机。譬如，对一家企业而言，一方面要促进生产、管理、营销、品牌等要素的协调发展，一方面也要同时投入相当的精力和资源化解和消除各类危机。这两者不是一主一辅的关系，也不是所谓“长远之计”和“权宜之计”的关系，两者恰如车之两轮、鸟之两翼，相随并进。

显然，人们更习惯于把精力、资源和智慧投入到那些能够创造财富的地方，而不是“浪费”在“仅仅有可能”发生的危机上面。于是，侥幸、逃避占据上风，一旦危机爆发便陷入恐慌，非但不能“正向控制”、创造伟业，反而可能在“负向失控”下导致既有发展成果付诸东流，美好愿景化为黄粱一梦。

总体而观，危机管理的价值理念或曰危机发展观应具有如下五个基本特征：

一是以人为本。人本是危机发展观的核心尺度，强调着眼于人而非物来解释和解决危机。

二是可持续性。危机发展观认为，应以持续的、整体的和长远的获利作为社会系统的发展准则；当下的生产活动和生活方式，不应对保持或改善未来的发展前景造成危害。

三是适度合宜。危机发展观秉持这样一个主张：无论是财富创造的过程，还是危机解决的过程，都应坚持适度原则。财富创造舍弃适度原则，必然导致危机；而危机解决逾越适度原则，必然浪费资源，影响财富创造。

四是内源性特征。内因决定外因，危机发展观的形成和实践主要靠社会主体自身的重视和努力。

五是开放性特征。危机发展观要求社会主体开放地处理危机，这一方面是因为危机的诱因往往是复杂的，是内部与外部诸多要素于碰撞中发生量变和质变的结果；另一方面是因为解决危机所需要的资源往往也是复杂的，需要内部与外部多种资源的整合。

最重要的开放乃是进一步解放人类的心智。面对风险社会和各种现代社会危机，我们赞同吉登斯的主张——放弃碰运气、简单实用主义、犬儒主义态度，而抱持一种乐观主义的信念。这种信念鼓励我们以更强大的勇气、德性和智慧面对和克服危机。当然，制胜的手段不再是征服，而是人与自然、人与人、人与社会的对

最重要的开放乃是进一步解放人类的心智。面对风险社会和各种现代社会危机，我们赞同吉登斯的主张——放弃碰运气、简单实用主义、犬儒主义态度，而抱持一种乐观主义的信念。这种信念鼓励我们以更强大的勇气、德性和智慧面对和克服危机，当然，制胜的手段不再是征服，而是人与自然、人与人、人与社会的对话。

话，以创造出吉登斯所说的“现实的乌托邦模式”①。

【本章延伸阅读】

1. ［德］乌尔里希·贝克．风险社会．南京：译林出版社，2004

2. ［美］罗伯特·希斯．危机管理．北京：中信出版社，2004

3. 胡百精．风险社会、对话主义与重建现代性——“非典”以来中国公共关系发展的语境与路径．国际新闻界，2013（5）

【思考题】

1. 什么是危机？为什么说危机不只是一类特殊事件而且意味着威胁性状态、结构？

2. 危机有哪些基本特征？

3. 如何划分危机的类型？请结合你所在组织的具体情况，对可能发生的危机类型做出划分。

4. 什么是危机管理？危机管理应当遵循哪些基本原则？

5. 危机管理的核心范畴是什么？

6. 请找一个典型的危机案例，分析其诱因、特征和类型，提出应对这一事件的基本原则和主要工作内容。

---

① ［英］安东尼·吉登斯：《现代性的后果》，135页，南京，译林出版社，2000。

第二章 危机管理的流派与危机传播

C H A P T E R 2

从组织立场看，当事主体要视自己为一个有生命、有灵魂、有性格的对话者，而非制度主义、专业主义至上的机构或机器，后者只会让自己丧失与利益相关者“人格化”相遇的机会。从利益相关者立场看，一切危机都不仅是利害得失问题，而且是——或首先是——信任、道德、情感、尊严和价值观问题，这就意味着去人格化的技术性、专业性、程序性应急管理行为不足以全面化解危机。

理论是一种“看”的方式，也是一种“不看”的方式，它将焦点集中在观念和现实的某些方面以使之澄明，而另一些方面则可能晦暗不清。最近二三十年来，随着理论和实践的发展，危机管理领域形成了“管理”和“传播”两个学术流派，前者以危机中的制度、权力、资源等范畴为核心问题，后者以危机中的沟通、共识、信任等范畴为核心问题。

本章从危机管理的学术流派切入，重点落在本书论题——危机传播的考察上，主要介绍、探讨如下问题：危机管理与危机传播管理的关系，危机传播管理与危机公关、危机修辞的关系，危机传播的特征与情境，危机传播的要素与传播流，危机传播中的谣言管理。

第一节 危机管理的流派

系统的危机管理研究，始于20世纪80年代。1982年，美国强生公司遭遇了著名的“泰诺”（Tylenol）胶囊事件。在事件中，媒体和舆论一度传闻有数百、数千人因服用泰诺胶囊而死亡或致病（实际有七人死亡），引发了严重的企业危机、行业震荡和社会恐慌。很多研究者加入到对这一事件的探讨和解读中来，这被视为现代危机管理研究的一个标志性起点。

及至 20 世纪 90 年代，人们开始关心危机管理研究的基本论域和理论边界：什么是危机管理的核心问题？围绕这一问题，危机管理研究逐渐发展出所谓“管理的观点”和“传播的观点”两大流派。后者还进一步分化为危机公关和危机修辞两个具体研究路向。

一、管理流派与传播流派

管理流派又称“管理的观点”，即一般意义上的“危机管理”（crisis management），包括应对策略的制定、专门组织的建立、技术方案的施行，以及相应的制度安排、权力配置和资源管理，主旨在于恢复常态秩序、降低危机损害。传播流派又称“传播的观点”，即“危机传播管理”（crisis communication management），包括当事主体针对内部、外部利益相关者的宣传、劝服与对话，以及对其他信息流通过程的控制，目的在于修复形象、重建共识和信任。

> 危机管理研究逐渐发展出所谓“管理的观点”和“传播的观点”两大流派。后者还进一步分化为危机公关和危机修辞两个具体研究路向。

“从两者的差异可以看出，危机管理偏向于‘对事’，危机传播偏向于‘对人’，两者的关照面并不相同。”[①] 在管理的观点看来，传播问题只是危机管理的一个面向或重要组成部分，基于制度、权力和资源配置的管理行为才是危机管理的核心问题。在“传播的观点”看来，“管理的观点”所关心的“事态控制”属于技术性问题（譬如扑灭大火、疏导交通、注射疫苗、优化流程等），与一般意义上的“应急”、“救灾”并无本质差别，因而没有必要消耗太多研究精力；危机之不确定性和破坏力的真正来源乃是传播，沟通困境才是危机中的最大困境。美国学者潘成特（T. C. Panchant）在总结危机管理领域的研究成果时说：“管理的观点还处于婴儿期”，“因为它忽略了最重要的成长空间——传播”[②]。

事实上，较之管理流派，传播流派更重视危机中“人”的主体地位。危机管理中“人”的问题，可以从组织和公众的双重立场上来理解。从组织立场看，当事主体要视自己为一个有生命、有灵魂、有性格的对话者，而非制度主义、专业主义至上的机构或机器，因为后者只会让自己丧失与利益相关者“人格化”相遇的机会。从利益相关者立场看，一切危机都不仅是利害得失问题，而且是——或首先是——信任、道德、情感、尊严和价值观问题，这就意味着去人格化的技术性、专业性、程序性应急管理行为不足以全面化解危机。当然，传播流派亦应借鉴管理流派的制度理性和有节制的工具理性。

进入新世纪以来，“传播的观点”——危机传播管理研究获得了进一步发展，形成了两个重要的研究路向：危机公关与危机修辞。前者将 20 世纪以来的公共关系学术资源应

---

① 吴宜蓁：《危机传播——公共关系与语艺观点的理论与实证》，9 页，台北，五南图书出版公司，2005。

② T. C. Panchant, *Crisis Management and Narcissism: A Kohutian Perspective*, Unpublished doctoral dissertation, Los Angeles, CA. Graduate School of Business Administration. University of Southern California, 1988.

用于危机管理研究，后者则重振传承自古希腊的修辞思想。以下分而述之。

二、公共关系与危机公关

自20世纪80年代始，公共关系的观念、原则和策略被大量引渡至危机管理实践，与之相应，公关理论也成为危机管理研究领域最重要的学术资源之一。这种来自公关理论和实践的双重影响，可以从学界和业界的日常表达中看出来：人们习惯将“危机管理”或“危机传播管理”笼统称为“危机公关”。因此，我们有必要清理一下一个世纪以来现代公共关系的历史进路和思想遗产，以滋养、丰富危机管理的理论体系。

其实，现代公共关系事业正是肇端于社会危机之中。1903年，毕业于普林斯顿大学、记者出身的艾维·李创办了美国第一家专业公关公司，通过沟通帮助客户与公众建立良好关系。当时，美国正处于进步主义运动的高潮，这场运动旨在解决工业化、城市化进程中的经济垄断、阶层分化、贪腐盛行、环境破坏、道德沦丧和信仰凋零等问题。媒体“扒粪”和大众抗争风起云涌，大资本家及其政治同盟遭到了猛烈的批评和攻击。艾维·李认识到企业、公共机构和公众之间存在着鸿沟深堑，而他愿意充当居间者、协调者角色，沟通各方，弥合裂痕。在“人民登基为王”的时代，他倡导企业和公共机构讲真话，奉行“凡有利于公众的才有利于组织”的互惠原则。他相信一旦公众知晓足够的事实和真相，就会做出理性判断，企业和公共机构也将因此获得同情、理解和真正的自由。

在“人民登基为王”的时代，艾维·李倡导企业和公共机构讲真话，奉行“凡有利于公众的才有利于组织”的互惠原则。他相信一旦公众知晓足够的事实和真相，就会做出理性判断，企业和公共机构也将因此获得同情、理解和真正的自由。

案例2—1

公关之父艾维·李处理宾夕法尼亚铁路公司事故

1906年，宾夕法尼亚州的铁路主干线上发生了一起严重车祸，宾夕法尼亚铁路公司一如既往地封锁了事故信息。公关顾问艾维·李对此表示坚决反对，他建议铁路公司检查路基，防范事故重演；赔偿死难者，承担伤者医疗费；公开、诚实地回应媒体关切；对事故原因给出专业、权威的解释，甚至对记者们没有问到的信息也加以补充；为媒体实地采访创造各种方便，向记者提供现场照片。在他的努力下，宾夕法尼亚铁路公司得到了媒体自“扒粪运动”以来最公正的报道和最富善意的评价。

与之形成直接对照的是，不久后纽约中央铁路公司遭遇了翻车事故，公司因坚持掩盖事实而招来媒体铺天盖地的痛批。在艾维·李看来，只要让公众获得充分的真相，只要是在为公众的利益服务，那么，“公众所拥有的对真理的判断力会为你带来真正的自由”①。

① Ivy Lee, *Publicity: Some of the Things It Is And Is Not*, Industries Publishing Company, 1925.

随后，第一次世界大战促成了公共关系的宣传范式。李普曼（Walter Lippmann）、伯内斯（Edward L. Bernays）、米勒（C. R. Miller）等人系统总结了宣传的观念、方法和技巧。他们将宣传定义为依凭语言暴力制造幻象世界的一种手段①；这一手段变化多端，演绎出诸如咒骂法、粉饰法、转移法、证言法、平民法、狂欢法、堆牌法等具体策略。人们相信，宣传主导的“心脑之战”是获取战争胜利、大选胜利和市场成功的基本保障。

在大萧条时代到来后，特别是在第二次世界大战前夕，人们开始反思和批判宣传在道德上的合法性和实践中的有效性。大量学者在二战中投入到说服研究中来，并最终促成了传播学的诞生。说服放弃了宣传的单向支配，承认意见和利益的双向交换，却仍然强调说服者对说服对象的支配。这一时期，学界最关心的是信息、态度和行为的三者关系，并发展出多种变量以进行可能的效果评测。公共关系热烈追逐各派说服理论，并由此形成了说服范式。

在二战后的三四十年中，欧美国家的民主政治、市场经济和公民社会获得极大发展。人们渴望参与、协商，做自己命运和公共事务的主人。而从世界范围看，“冷战”在20世纪70年代末至90年代初渐近强弩之末，开放、交流成为时代最强烈的鸣响。正是在这一时期，公关双向开放、双向均衡范式崛起。

卡特里普（S. M. Cutlip）、森特（A. H. Center）和布鲁姆（G. M. Broom）等人将系统论和管理学说导入公关研究，提出了“开放系统论”（open-system theory），认为组织与公众共同建构了生存系统，它是一个整体，割裂则无以存续。公关不是“把关人”，而是系统的“开门人”。“把关人”强调信息的控制和过滤，而“开门人”则主张引领和开放。

及至20世纪八九十年代，格鲁尼格夫妇（J. E. Grunig&L. A. Grunig）及其合作者亨特（Todd Hunt）、多泽尔（D. M. Dozier）等人提出了双向对等范式（two-way symmetrical model）和卓越公关理论（excellence in public relation）。他们认为，公关有必要清理门户，把单向支配的宣传范式和双向不对称的说服范式逐出门外，而代之以双向均衡范式。新范式主张组织与公众进行双向、均衡的沟通，共同创造由复合动机（mixed motives）、协同性倡导（collaborative advocacy）与合作式对抗（cooperative antagonism）维系的双赢场域。② 双向与双赢、平等与均衡至今仍是公共关系和危机公关领域最为流行的理念。

案例 2—2

强生公司泰诺胶囊事件

1982年9月，芝加哥一名居民因服用强生公司生产的泰诺胶囊死亡，法医鉴定为氰化物中毒。几天内，又有4名芝加哥居民因同样情况死亡。随后，美国疯传有数百

① See A. M. Lee, *The Fine Art of Propaganda*, International Society for General Semantics, San Francisco, 1979, p. 4.

② See J. E. Grunig, “Collectivism, Collaboration, and Societal Corporatism as Core Professional Values in Public Relations,” in *Journal of Public Relations Research*, 2000, 12 (1), p. 27.

人、数千人因服用泰诺胶囊而死亡或致病。泰诺在全美止痛药零售市场上的份额由35.3%迅速下降到7%。

9月30日，强生公司得知这一消息，随即确认泰诺胶囊工厂并未出现氰化物污染。但是，公司CEO伯克（James Burke）依然决定将该批次药品全部召回，暂停泰诺的所有广告。公司主动发出消费者警报，建议消费者不要使用泰诺胶囊，直到查明真相。强生公司因此承受了巨大损失，但公司坚持公众利益至上，并相信只有公众的信任才能真正拯救自己。

伯克带领公司制定了详细的应对策略，包括说出真相、评估损失、重新赢得市场等三个步骤。25名公共关系专家被调入总部，协助总部的15位公关人员；公司通过各种媒体发表事件声明，并发出500 000份电报给医生、医院和分销商重点说明情况；2 000多名销售人员走出公司，说服医生和药剂师向消费者重新推荐泰诺；公司开通了免费咨询电话，解答消费者的各种疑虑；伯克频繁出现在各种脱口秀和谈话节目中，他向消费者们讲明真相，以重塑信心；公司还邀请医学权威、专家学者在电视上露面，理性地支持泰诺；公司补偿那些销毁了泰诺胶囊的消费者每人2.5美元的优惠券——一瓶泰诺胶囊的价钱；公司推出新设计的泰诺胶囊密封包装，上面写着“如果安全密封被破坏，请勿使用”。

中毒事件过后三个月，泰诺的新广告首次在电视上亮相。经过一段时间的强力营销，到1983年5月，泰诺的市场份额恢复到35%。

三、危机公关与危机修辞

危机修辞在我国港台公关学界通常被译为“危机语艺”，即社会主体在危机情境下的言说策略。危机修辞研究兴起于20世纪90年代中后期，代表人物有班尼特（W. L. Benoit）、希斯、库姆斯（W. T. Coombs）、赫立特（K. M. Hearit）、舒尔兹和斯格等，其中班尼特的“形象修复策略”（image restoration strategies）和库姆斯的“危机沟通策略”（crisis communication strategies）最为引人瞩目。班尼特发展了语艺理论中的“辩解”（apologia）和“挽回面子”（save face）策略，提出形象修复的若干有效方式。①

1997年8月31日，黛安娜王妃因车祸死亡，王室因一时反应迟滞而招致众怒。在公共关系顾问的建议下，女王发表了旨在修复形象的电视文告。班尼特、古立弗（P. Gulilifor）和帕尼兹（D. A. Panici）采用修辞框架分析了女王的演说，归纳出四项修辞策略：否认，即驳斥外界对王室冷漠的批评；支持，即表达对王妃逝去的极度哀伤，并安抚两位王子；辩解，即澄清“冷漠”的缘由——并非因为无情，而是在震惊、惶惑和伤痛中难以自拔；超越，即呼吁公众化悲痛为力量，呵护美丽、团结、向上的不列颠。②

---

① See W. L. Benoit, *Accounts, Excuses and Apologies: A Theory of Image Restoration Strategies*, Albany, State University of New York Press, 1955.

② See W. L. Benoit, P. Gulilifor and D. A. Panici, “President Reagan’s Defensive Discourse on the Iran-contra Affair”, in *Communication Studies*, 42 (1991), pp. 272-294.

案例 2—3

英国女王伊丽莎白二世悼念戴安娜王妃的演讲（节译）

自从上周日关于戴安娜去世的噩耗传来，在英格兰和全世界，我们都感受到了无处不在的悲伤。

我们都在用不同的方式去面对。这种失去的感受难以言喻，因为最初的震动往往会被更复杂的情绪所替代：难以置信、无法理解、心怀愤懑——还有惦念生者。在过去的几天里，我们皆是如此。所以作为一个女王和一个祖母，现在我要说的一切，都是来自我心。

我要亲自向戴安娜致敬，她是那么独特而有才华的人。无论在好时光还是坏日子，戴安娜从未失去她那微笑和欢笑的本领，并以她的温暖和善意激励他人。她充满能量、看重承诺，尤其是对两个孩子无私奉献，对此我无限欣赏和敬重。这周在巴尔莫勒尔堡，我们想方设法让威廉和哈里渡过难关，他们和我们都承受了巨大的打击。

认识戴安娜的人不会忘却她，而无数从未见过戴安娜却深深了解她的人们也将永远怀念她。……对于我和全家，尤其是对查尔斯王子、威廉王子和哈里王子来说，这也是一个感谢的机会，谢谢你们用鲜花、卡片等各种方式纪念这个非凡的人。

我们要向戴安娜的家人和其他逝者的家属致意。我知道上周发生的一切都会使他们更加强大，因为他们将努力从悲痛中振作，然后面对失去所爱之人的每一日。……我希望，明天，我们所有人，无论身在何处，能够共同哀悼戴安娜的离去，并向她短暂的一生表达感谢。……我们将向全世界宣布，英国人民在哀荣中团结一致。

愿戴安娜安息。愿我们——我们每一个人——都感谢上帝赐予我们这个令很多很多人快乐的人。

资料来源：the official website of the British Monarchy。

总体观之，持修辞观点的危机传播管理研究，其焦点在于危机状态下社会主体的“语言反应策略”。希斯明确指出，危机管理策略就是一种叙事（narrative），涵盖了危机情境（context）、关键要素（key aspects）和故事的连续性（a continuation of a story）。[①] 这与传统公共关系观点的危机传播研究形成了明显差异，台湾学者吴宜蓁认为危机修辞研究“独具一格”。[②]

在危机管理的基本假设层面，危机公关认为对外沟通良好的组织比沟通不良的组织更能够承受危机，并将因此相对降低危机损害；危机修辞认为如果组织将符号资源发展为言说策略，在运用得当的情况下，可以使自己在危机中全身而退，维护良好形象。

在理论来源层面，危机公关以系统论为指导，特别是卡特里普的双向开放系统论和格鲁尼格的双向均衡论；危机修辞则扎根于符号互动论和社会责任论，特别是符号学、语言学中有关说服的思想内容。与此相应，危机公关将危机管理定义为关系管理、沟通管理和

---

① See R. L. Heath, *Strategic Issues Management: Organizations and Public Policy Challenges*, CA, Sage, 1997, p. 316.

② 参见吴宜蓁：《危机传播——公共关系与语艺观点的理论与实证》，260页，台北，五南图书出版公司，2005。

冲突管理；危机修辞则视之为一个精心修辞、建立共识、修复形象，通过说服进行自我防卫的过程。

在策略选择层面，危机公关强调尽快、全面、双向沟通，着眼长远关系的建立；危机修辞主张见机行事，允许策略性的模糊表达，可以否认或者拒绝道歉，甚至在特定情况可以隐藏某些真相，强调组织对外的叙事或论述，而非双向、对等沟通。

在目标设定层面，危机公关希望通过循序渐进的步骤，与利益相关者达成有效沟通，重新建立系统平衡；危机修辞更关注有效挽救组织形象、实现预期的说服效果。

相对而言，危机公关的学术视野更长远、周全，但也因其“系统考量”的复杂性和理想化，而必然在实践中显得效率偏低、主次不分；危机修辞研究则抓住“当下”、“局部”，看重辩解和说服在具体危机情境中的有效性，但也因其“单边倾向”和“一时之功”而可能在实践中“埋藏”持久风险。实际上，危机公关和危机修辞的整合既是必要的，也是可能的：遵循危机公关思想制定行动框架，依照危机修辞观点形成传播策略，前者聚焦于战略，后者发力于战术。

第二节　危机传播机制

本节从静态和动态两个视角考察危机传播机制：从静态层面看，传播与危机传播的基本属性是什么？危机传播的构成要素有哪些？从动态层面看，危机传播存在哪些过程模式？基于动静统观，本节将重点介绍有关危机传播流的研究假设。

一、传播与危机传播

所谓传播（communication），是指信息的传递和共享过程，是人与人之间所有关系赖以生成的根本机制。约翰·杜威（John Dewey）称：在人类的所有事务中，传播是最了不起的——通过传播这种社会互动行为，人们得以建立和保持相互影响、相互作用的关系。①综合国内外不同研究者的观点，我们认为传播具有如下几个特征：

第一，传播是一个信息共享过程。传播将个体或少数人占有的信息，通过特定的媒介或渠道，转化为两个或更多人共享的资源。一般而言，传播具有五个要素：传者（传播主体）、受者（传播对象）、信息、媒介、效果。

> 在人类的所有事务中，传播是最了不起的——通过传播这种社会互动行为，人们得以建立和保持相互影响、相互作用的关系。

第二，传播是在特定“场域”内进行的，话语只有在特定语境中才能获得意义。语境大抵可分为三类：上下文语境，即前后表达的意义、形式和结构等；情景语境，即时间、地点、人物、话题类型、现场气氛等；社会语境，即交往者所处的政治、经济、社会和文化环境。此外，传播学还比较看重关系语境和媒介语境。前者是指由社会角色、地位、权力、财富和知识状况等因素影响和设

① 参见［加］文森特·莫斯可：《传播政治经济学》，199页，北京，华夏出版社，2000。

定的交往者之间的关系状态，传播反映社会关系也建构社会关系；后者是指不同媒介形态所形成的不同交往场域，比如是否面对“镜头”往往会直接、显著地影响表达。

第三，传播得以成立的一个基本假设，是传受双方拥有共通的符号体系和意义空间。传受双方的行为，从本质上看是彼此间如何进行符号编码与解码、意义建构与解读的活动。符号混乱、意义阻塞，传播的有效性便打折扣甚至失效。

第四，传播是变动着的主客体互动关系。在传播行为中，传者与受者是互为主客体的关系，符号和意义在二者间进行双向流动。但是，这种双向流动有着强势与弱势之分。一般而言，传者作为传播的发起者通常处于主导地位，而受者也因其主观能动性，不断改变传播位差。强弱之变，取决于传受者的角色关系、传播内容与传播方式，同时也取决于外在的传播场域或语境。

第五，传播是一个系统，是信息流动“过程的集合体”。在实践中，传播是多种要素进行互动、交换和整合的过程，是依照特定规则和机制运行的动态系统。传播的系统性还表现为自我传播、人际传播、群体传播、组织传播、大众传播等多种传播形态的共存与融合。

危机传播具有一般传播的共性，同时亦有其威胁性情境下的特性。无疑，危机传播是一种变异了的传播系统，危机变量的介入使传播的上述五个属性发生了一定的偏移和转向。具体来看，危机传播主要有如下几个特性：

1. 危机传播是混乱符号和不确定意义的扩散过程

传播通道、载体的混乱是危机传播的一个显著特征。组织与利益相关者对符号的选择、编码和解码都面临着困境。在危机状态下，一个辉煌一时的品牌名称可能变成灾难制造者的象征，一个受人尊重的发言人可能被视为说谎者的代表，一个权威的政府部门可能被认作不负责任的利益工具。

同时，意义的不确定性也增加了危机传播的复杂性。组织与利益相关者既定的意义空间被打破，意义的真实性、准确性遭到质疑，误读、错解滋生。人们对大声疾呼视而不见，对沉默无语百般拷问，将义正词严视为托辞辩解，将好言相劝视为欺骗诱导。符号混乱和意义的不确定还存在相互加剧的效应——混乱的载体传递着不确定的内容，必然导致传播结构、传播系统的失调。

2. 危机传播是信息传播主体与客体失序互动的过程

在危机中，组织于常态下的传播强势可能不复存在，公众的个体弱势也可能被利益损害下的愤慨和抗争所取代，不满者和不满者之间相遇并结盟。尤其是在新媒体环境下，公众是多元、分散的，联动和匿名使他们既无处不在，又难觅足迹；组织则置身明处，接受各方的围观、监督和审判。

组织与公众之间、普罗大众的不同群体之间进行着或强或弱、或明或昧的复杂互动。每一个体、每一群体从自身利益和立场出发，透过多元渠道传递多变的意义，形成了复杂、紧张、充满不确定性的信息传播“场域”。在这一“场域”中，常态的主客体关系、信息流动过程、传播秩序都遭到冲击甚至颠覆。

在危机中，组织于常态下的传播强势可能不复存在，公众的个体弱势也可能被利益损害下的愤慨和抗争所取代，不满者和不满者之间相遇并结盟。

3. 危机传播是信息系统运转故障乃至失灵的过程

美国社会学家巴克利（Walter Buckley）认为，社会系统的调适需要满足若干基本条件：不断向系统内引进多样性的源泉，既保持系统内“紧张”状态又不断满足社会成员需求的机制，将社会系统的各组成部分适当联结的双向传播网络，面对外部环境和内部状况的变化进行自主决策的系统，保存并普及意义、象征和价值体系的有效机制。[①] 危机传播破坏了社会系统发展和调适的这些基本条件，从而使组织与公众之间的契约系统出现故障乃至运转失灵。

仅以多样性问题看，社会系统必须保持畅通的信息流动和意见交换，在多样意见的平衡中谋求发展，而危机状态下的意见多样性往往遭遇两种极端情况：一是民意“雪崩”之下的舆论一边倒倾向非常严重，舆论场上往往众声喧哗却意见单一。信息纷繁芜杂，却不过是表面上的多样性，掩盖了人们在趋利避害本能下的意见固化和板结。二是多样沦为混乱。多样性强调基于多元意见展开协商，在意见的平衡中寻求问题的解决方案，而混乱只会加剧利益各方之间的疏离和对抗。在很多危机情境下，人们要么不屑一顾地旁观，要么不顾一切地走向对立面。

二、危机传播要素

每一种传播形态或系统都有其特定的构成要素，危机传播亦不例外。一般来说，危机传播的要素可以区分为核心要素、次级要素、边缘要素和干扰要素等四类。这些要素存在于组织与公众的传播过程和传播环境之中，构成了复杂的危机传播形态、过程和系统。

1. 核心要素

核心要素是指危机传播系统中最基本的要素，即拉斯维尔（Harold Lasswell）提出的适用于各种传播形态的“5W”：谁（传者）？说什么（信息）？通过什么渠道（媒介）？对谁（受者）？产生了什么影响（效果）？据此延伸出危机传播研究的五项课题，即主体研究、内容研究、渠道研究、受众研究和效果研究。

2. 次级要素

危机传播系统的次级要素，是指在重要性上仅次于核心要素的诸多要素：危机信息的缘起何在（现实、事件、导火索）？以何种形式传播（危机传播者的编码或使用的符号）？怎样传播（他们采取的策略和使用的技巧）？谁还参与了传播（参与者、决策者、咨询者、把关人、中介人等）？受者认知传播形式吗（传播对象的译码或解读）？怎样反馈（他们做出回应的方式和行为）？据此延伸出的危机传播研究课题有消息来源分析、符号分析、策略分析、公众参与分析、接受分析和反馈分析等。

3. 边缘要素

危机传播系统的边缘要素，是指围绕或渗透于整个危机传播过程的边缘性要素：危机传播参与者的潜在目的和追求是什么（利益与价值）？危机传播活动发生的场域如何（情

---

① 参见郭庆光：《传播学教程》，9页，北京，中国人民大学出版社，1999；谢立中主编：《西方社会学名著提要》，419页，南昌，江西人民出版社，2007。

势与环境)？是否存在传播制约机制（压力与规范)？危机信息的传受双方是否存在相同的背景和经验（角色和认同)？据此延伸出的危机传播课题有说服目的研究、说服情境研究、说服规范研究和说服流程研究等。

4. 干扰要素

所有阻塞有用信息流通的障碍和不属于信息来源本意的附加物，均可视为危机传播系统的干扰要素，或称之为噪音。噪音从哪里来（噪源)？干扰方式是什么（噪音如何发挥作用)？是人为的还是自然的（噪源和噪音分类)？干扰传播的哪些内容和环节（影响对象)？噪音一定是有害的吗（利用噪音)？据此延伸出的危机传播研究课题有噪源分析、噪音控制研究和噪音利用研究等。

以上四类要素构成了危机情境下的问题列表，据此可以制定危机传播管理的任务清单。很多组织在危机中之所以陷入混乱，往往是因为对危机传播的要素缺少全面分析、统筹兼顾和合理排序。

需要强调的是，组织宜获得由外而内的眼光来分析、评价危机传播要素，即充分考量外部要素，理解、尊重外部利益相关者的反映和反应，而非完全纠结于内部要素和自身利益。按照佛教的观念，“我执”——对自我的过度贪恋和执著乃是人生痛苦的根本来源之一。危机中亦复如是，“我执”炽盛，就会堕入自身利益和经验的陷阱，错失危机迷局之外的海阔天空。从沟通的角度看，适度放下自我，才能与他者相互接纳，进而实现由对抗到对话。

同其他传播形态一样，危机传播要素也在多元主体的互动中形成特定的信息流动链条。正确认识、把握危机传播链，对于廓清危机传播模式、实施危机管理有着重要的理论和现实意义。总的看，危机传播链主要包括如下几类：

线性传播。线性传播是指一环扣一环，结成直线链条的危机传播形式，即危机信息由一个人传至另一个人，进而线性延展开来。线性传播在危机形成初期较为常见，少数人的信息互动为危机全面爆发后的多种传播内容和形态勾画了最初蓝本。

树状传播。树状传播是指危机信息由一个人传至几个人，再由几个人扩散到一定数量的人。这种枝蔓丛生式的传播，使危机信息实现几何级数的复制和流通，而信息互动伴随着越来越复杂的社会关系互动，危机传播环境趋向诡谲多变。

放射状传播。危机信息从信源向指数级的大规模接收者传播，正如光源照射可达无量无边的万物。在大众媒体和新媒体“插手”危机事件后，放射状传播链条便得以形成，危机信息汪洋恣肆，汹涌澎湃。传播管理也由此成为危机管理的核心问题。

旋涡式传播。在危机中，众声喧哗下激荡着或明或暗的利益与欲望之湍流，并形成剧烈的舆论旋涡。国外有研究者也曾用“葡萄藤”来形容这种复杂的危机传播情境——错综复杂，组织被缠绕其中，举步维艰。

实际上，危机传播的上述四类链条并非独立存在，而是往往出现于同一次危机的不同阶段或不同情境之中。“非典”谣言早期在广东地区的传播，即是一个典型事例：

案例 2—4

“非典”谣言的早期传播

2002 年 12 月 15 日，广东河源发现有两人患上神秘肺炎，与之接触过的 5 位医护人员亦出现相同症状。最早版本的“非典”谣言由此扩散开来：一些人死于神秘病毒，广州和深圳收治过相关病人的两家医院则是传播病毒的“人间地狱”。

2003年1月2日，恐慌的人们在河源大小药店排起长队，冲进药店之后却不知该买什么，有人干脆买下全部消毒药品。后来，有人收到手机短信，称白醋和板蓝根对抗击神秘病毒更具疗效。没几天，河源地区白醋和板蓝根销售一空。

1月16日，谣言从河源扩散出去，又在广东中山生根。人们传说中山某医院收诊了“非典”病人，非但病人死于不治，另有七八名医护人员惨遭传染。药品抢购风潮旋即席卷中山。

春节期间，谣言狂袭广州。疯牛病、禽流感、炭疽菌、鼠疫，种种猜测在与真相赛跑。电话、短信、邮件、QQ、BBS，口口相传将疫情放大为“无可抗拒的夺命风暴”。更有好事者、牟利者以卫生局、公安局名义宣布“病毒横行，无药可治”。2月10日前后，谣言传播达到巅峰，人们开始疯狂抢购粮盐。随之，“广州陷入粮慌、盐慌”的骇人说法又迅速蔓延开来。

继而，“非典”谣言覆盖广东全省、珠三角，并在两三个月内散播全国乃至全世界。

三、危机传播模式

前述线性传播、树状传播、放射状传播、漩涡式传播皆属描述性的概括，尚未理性揭示危机传播的基本过程和一般规律。一个科学的危机传播模式应具备如下功能：一是构造，即反映危机传播系统中各要素的先后序列、组合方式和互动关系；二是解释，即危机传播产生、发展和变化过程中的基本问题；三是引导，即呈现危机传播的整体图景，指明方向和方法。

自20世纪中期以来，为了认识传播现象和传播规律，人们总结了若干传播模式。下面介绍三种著名的传播模式，并考察其在危机情境下的表现形态和作用机制。

1. 单向直线模式

在传播学史上，第一位明确提出传播模式的是美国政治学者拉斯韦尔。1948年，他在论文《传播在社会中的功能与结构》中首次阐明了传播的五个基本要素，即前述的“5W”。

拉斯韦尔将人们终日卷入其中又难以廓清的社会传播活动概括为由五个要素和环节构成的信息流动过程。这一模式引出的传者、传播内容、传播渠道、受者和传播效果五个问题，正是整个传播学体系所指向的五个基本领域。复杂多变的危机传播过程和机制，归根到底也是由这五个要素生成、演绎的，它们构成了危机管理者在实践中所应跨越的五道关口。当然，正如很多人指出的那样，拉斯韦尔模式忽略了传播的双向性问题，未能体现传播中的“反馈”环节。“当一个人认为传播是单向与劝服的，或抱着信源（传者）利用传播以使受众产生改变的观点时，关于心理的效果与机械因果论的偏见就产生了。”①

① ［美］罗杰斯：《传播科技学理》，台北，正中书局，1988。

在拉斯韦尔提出“5W”模式的第二年，美国两位信息学者香农（Claude Shannon）和韦弗（Warren Weaver）在论文《通讯的数学原理》中提出了传播的“数学模式”，如图 2—1 所示。

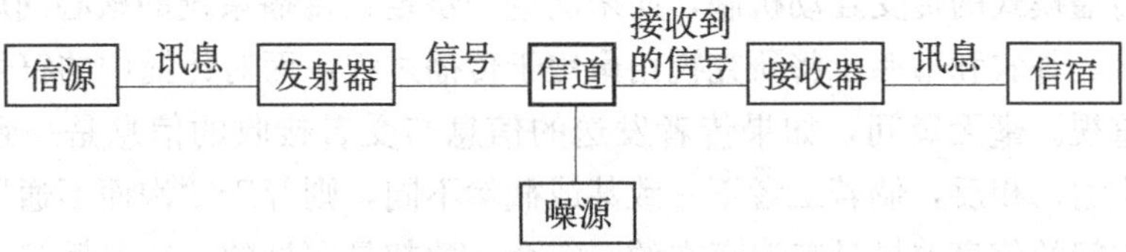

图 2—1　香农—韦弗的传播“数学模式”

香农—韦弗模式由四个正功能单元和一个负功能单元组成：信源和信宿分别发送和接受讯息，扮演着传者和受者角色；发射器和接收器实现“讯息——信号——讯息”的传输与转换；噪源则作为干扰传播过程与效果的负功能单元而存在。噪源及与之相关的噪音概念的导入，是香农—韦弗模式的一个突出贡献。它表明传播并非在封闭的真空中进行，信息并非自在无碍地流通，而是受到系统内外各种障碍因素的影响。

噪源的泛化和噪音的强化，会显著改变传播系统的运行状态。在危机情境下，复杂的传播要素组合机制、多变的主客体互动关系、混乱的传播符号和意义，皆使传播系统中的噪源、噪音无时无处不在。传播系统的失序和故障在削弱常态传播功能的同时，则会相对强化噪音的干扰性和破坏力。

仍以前述的意见多样性问题为例：多样的意见有利于完整地呈现真相，有利于多元化的权力表达，但是“多样性”本身不是目的，“同一性”或曰共识才是目的。不能通往同一性或共识的多样性往往沦为虚浮、虚耗的众声喧哗，导致公共舆论场域情绪泛滥，欲望炽烈，动辄狂欢或狂怒。虚耗的多样性大多也以寻找真相、追求真理的名义出现；而真相和真理却湮没不彰，或仅仅成为各方讨论、激辩中被滥用的一种说法。这种噪源泛化和噪音强化之下的多样性与同一性悖论，在各种危机中普遍存在。

2. 双向反馈模式

1960 年，美国学者德弗勒（Melvin L. DeFleur）在《大众传播理论》一书中对香农—韦弗模式做出修正，明确补充了传播反馈的要素、环节和渠道，并对噪音在传播中的作用机制进行了突出强调。德弗勒模式如图 2—2 所示。

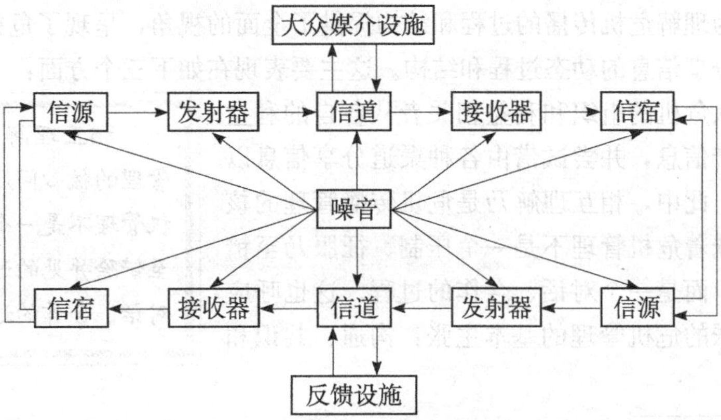

图 2—2　德弗勒的传播模式

德弗勒模式廓清了传播的基本过程，明确体现了前述的噪音干扰问题，同时也反映了传播诸要素之间双向、动态的交互关系。但是，德弗勒仍然局限于对传播过程的考察，着力完善线性传播模式的传受互动机制，而未能进一步走近传播系统的核心问题——信息共享。拉斯韦尔、香农和韦弗也将研究视角聚焦于传播过程，而对传播中的符号和意义构建未给予足够重视。毫无疑问，如果传者发送的信息与受者接收的信息是一致或大抵接近的，可谓之沟通；相反，倘若二者不一致甚或截然不同，则等于“沟而不通”。在实践中，传者与受者之间的信息差异是普遍存在的，完全一致却是罕见的。德弗勒等人提出的传播过程模式，恰恰缺少对信息传受差异的现实观照。

3. 辐合模式

1981 年，罗杰斯（E. M. Rogers）和金凯德（D. L. Kincaid）等人冲破传播过程模式的藩篱，提出了传播的“辐合模式”。他们认为，传播是一个互动的循环过程，借此过程，参与双方（A 和 B）共同承载和分享信息，赋予信息以意义，以便达成理解和共识。AB 重叠部分是指双方互相理解的程度，“辐合是双方或更多人向同一点移动，或一人向其他人靠近，并在共同兴趣或焦点下结合的一种倾向”。罗杰斯随后补充道：“这一模式促使我们研究在时间历程中，人类关系的异同与变化。传播研究的最小分析单位是参与的双方，他们由信息交换而联结。研究者可以将分析单元扩展到参与者个人网络，也可以是一个小团体，甚至整个网络。”[①] 罗杰斯和金凯德模式参见图 2—3。

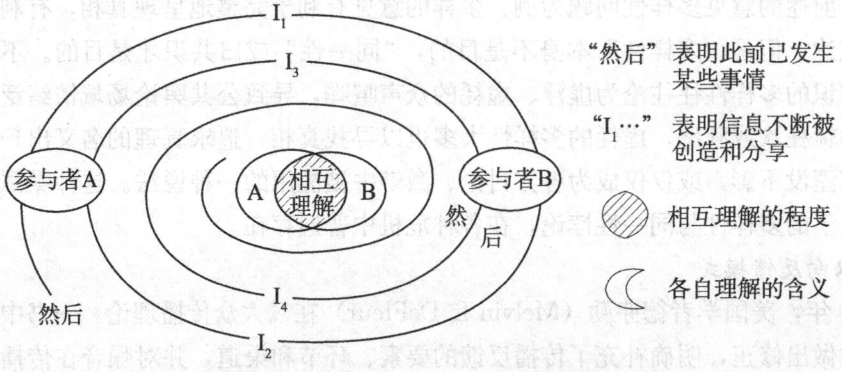

图 2—3　罗杰斯等人的传播辐合模式

辐合模式为理解危机传播的过程和结构提供了全面的视角，呈现了危机中组织与利益相关者生产、分享信息的动态过程和结构。这主要表现在如下三个方面：

> 相互理解乃是危机传播管理的核心问题，这意味着危机管理不是一个压制、征服乃至铲除异见的过程，而是一个对话、合作的过程。

第一，卷入危机的组织和利益相关者从各自的利益和立场出发生产信息，并尝试借由各种渠道分享信息以达成互相理解。此中，相互理解乃是危机传播管理的核心问题，这意味着危机管理不是一个压制、征服乃至铲除异见的过程，而是一个对话、合作的过程。这也呼应了前文传播流派的危机管理的基本主张：沟通、共识和

① E. M. Rogers，*Communication Technology*：*The New Media in Society*，New York，Free Press，1986。

信任。

第二，组织与利益相关者相互理解的达成，需要满足一个基本条件——双方或多方拥有“共同兴趣和焦点”，即基于共同利益和价值的传播议题。在危机中，组织与利益相关者之间经常出现对话缺位或错位问题。缺位要么是由于组织的沉默和躲避造成的，要么是由于利益相关者的愤怒和不信任造成的——放弃对话、直接对抗。错位往往是由于各方缺少对话的诚意或未能捕捉彼此关切、共同议题造成的。弥合危机传播的缺位和错位，关键在于寻找、确认和尊重各方的共同利益和价值。从根本上看，危机传播管理就是一个借由沟通将组织与利益相关者从冲突、对抗状态再造为信息共同体、利益共同体和价值共同体的过程。

第三，组织与利益相关者的信息生产与分享，受到传播过程中诸多要素的影响和制约，而每一要素都可能成为干扰传播效果达成的噪音，可谓相遇是容易的而理解是困难的。这在申农—韦弗模式、德弗勒模式中已经得到强调，不再赘述。

四、危机传播流——“3F”假设

以上从静态视角考察了危机传播要素，从动态视角考察了危机传播模式，我们接下来动静统观，提出一个有关危机传播流的假设。所谓传播流，是指信息由传者发出，经过各种中间环节，“流”向受者的社会过程。传播流中信息的创造与分享、传送与反馈、扩散与失真、流动与阻滞，均是在传播系统多级要素的影响下进行的。核心要素设定了传播流的总体走向，而次级要素、边缘要素和干扰要素则在特定的环节或情境中对之施加影响。

> 弥合危机传播的缺位和错位，关键在于寻找、确认和尊重各方的共同利益和价值。从根本上看，危机传播管理就是一个借由沟通将组织与利益相关者从冲突、对抗状态再造为信息共同体、利益共同体和价值共同体的过程。

有关传播流的研究成果，主要体现于拉扎斯菲尔德（Paul Lazarsfeld）的《人民的选择》（1944）、卡兹（Elihu Katz）的《个人影响》（1955）、克拉帕（J. T. Klapper）的《大众传播效果》（1960）和罗杰斯的《创新与普及》（1962 年）。这些成果的共识性结论包括：传播流可以区分为两个方面，一是作为信息传递过程的“信息流”（information flow），它的作用在于告知人们发生了什么；二是作为效果形成和扩散过程的“影响流”（influence flow），它的作用在于告知人们应该怎么看或怎么办。

罗杰斯等人认为，信息流可以是“一级”的，即信息可以由传者直接流向受者；而“影响流”则是多级的，传播效果要经过大众传播、组织传播、群体传播和人际传播等多种传播形态的复合作用，特别是要经过意见领袖的解释和扩散，在纵向与横向的符号分享和意义建构中形成。譬如，政府发布信息称“这是一场天灾人祸”，许多公众可直接获取这一信息，但人们的态度、立场及采取的相关行动并非受政府信息的直接支配，他们会通过媒介、单位、同事、朋友和家人等多种途径评判信息的可信度，并据此形成自己的意见和看法。

将传播流区分为信息流和影响流，开启了传播要素研究、过程研究和效果研究的一扇方便之门，对解读危机传播现象亦有重要意义。按照信息流和影响流假说，危机传播的困境实质上可以归结为如下两点：

第一，信息流不畅，即符号混乱、意义消解，信息传递和交换无法正常进行。

第二，影响流激荡，即传播要素失控、传播过程失序，预期的传播影响和效果难以达成。

在实践中，危机传播的困境并非仅限于这两点。如前所述，危机传播最为显著的特征乃是噪源的泛化和噪音的强化，众声喧哗而远离真相，乃至悖弃真理。信息流和影响流未能对危机情境做出全面、充分的解释。通过前文对危机传播属性、要素、过程和结构的探讨，我们认为有必要丰富和发展有关传播流的研究假设，即在危机情境下，为传播流加入一个新的“F”范畴——噪音流（noise flow）。换言之，危机传播流是由信息流、影响流和噪音流三部分交锋、交汇而成的。在危机中，噪音流加剧了信息流的不畅和影响流的散乱，而信息流和影响流也不断地激活噪源、制造噪音。三者相互强化，使危机传播成为一个爆裂的信息系统。

危机传播流是由信息流、影响流和噪音流三部分交锋、交汇而成的。在危机中，噪音流加剧了信息流的不畅和影响流的散乱，而信息流和影响流也不断地激活噪源、制造噪音。三者相互强化，使危机传播成为一个爆裂的信息系统。

“3F”假设参见图 2—4。

图 2—4　危机传播的“3F”假设

“3F”假设为组织于纷乱中保持冷静、理出头绪，抓住危机传播管理的主线指明了方向：控制信息流、引导影响流、消解噪音流。这三条主线，实质上构成了危机传播管理的基本内容。

第三节　危机中的谣言传播

谣言是危机噪音流中最普遍、最复杂的一种话语形态，它古老而永恒。我们相信，自语言产生以来，谣言便与人类文明相随如影。在古希腊神话里，众神之中有一位专司谣言之职的女神。及至今日，新媒体提供了人人皆可在公共空间发言的技术可能性，谣言更是走向政治、经济、文化和社会生活的中心地带。2013 年八九月间，中国政府发起了一场严厉打击网络谣言的新媒体治理运动，一批“网络水军”、职业爆料人、记者、网络“大V”、意见领袖和普通网民近百人被逮捕或控制。就社会影响和历史效果看，这场运动极有可能在若干年后被视为新世纪以来中国最重要的政治事件、社会事件和文化事件之一。

一、谣言的本质

什么是谣言?《辞海》的定义代表了许多人的常识判断：“没有事实根据的传闻；捏造的消息。”[①] 谓之常识判断，是因为这一定义来自人们的直觉和经验——历史上发生的和身边发生的太多谣言被证明是虚假的。然而这一定义无法经受一个基本检验：所有的谣言都是虚假的吗？譬如，美国炭疽病毒危机和中国“非典”危机中的谣言，不存在一点真实、合理的成分?

在中文语境下，与谣言较接近的概念有传闻、流言等。一般来说，传闻不辨真假，大抵是一种猜测；流言可真可假，对当事主体有中伤意味。在广义上，谣言是一种未经证实的信息，实践将检验其“事实”或“确实”的成分。狭义地理解，谣言是一种蓄意制造、未经证实、对当事主体可能产生损害的信息。无论广义还是狭义，有害还是无害，谣言的共性乃是“未经证实”。

较之“不实之事”，“未经证实”更准确地揭示了谣言的本质。正是未经证实的不确定性状态，使谣言扑朔迷离、衍生变异。1947 年，美国学者阿尔波特（Gordon W. Allport）和波茨曼（Leo Postman）认为谣言是“缺乏具体资料以证实其确切性的、与时势相关的命题”[②]。另两位美国学者比德逊（Willard J. Peterson）和盖斯特（Charles R. Geisst）也提出相近的观点，他们在《谣言与舆论》一文中指出：“谣言是未经证实的阐述或诠释。”[③] 1988 年，学者罗斯诺（Ralph L. Rosnow）提出“谣言是未经证实却广为流传的对现实世界的假想”[④]。

对事实的猜测和叙述并非谣言的全部内容。“任何传播都包含潜在信息和显在信息”[⑤]。绝大多数谣言在内容结构上都是二元的：事实层面的叙述和意见、态度、情感层面的论说。换言之，谣言一般包含事实和意见两类信息，前者是显在的，后者则附加在前者之上。

谣言的产生和传播是一个建构的过程。不管最终出现多少个版本，谣言总是离不开一些原初素材，这些素材构成了不同版本谣言的核心事实。基于核心事实——哪怕是想象出来的事实，群体成员充分发挥“聪明才智”，逐渐发展出一个连贯的、令人满意的情节。情节化的故事成为谣言的完美外形，它保留核心事实，同时也吸收新的素材。因此，日裔社会学家涩谷保（Tamotsu Shibutani）将谣言定义为“人们在议论过程中产生的即兴新闻(improvised news)”[⑥]。而在事实的重构中，各种解释纷至沓来——最初它们互斥、共存，到后来便彼此补充、融汇，构成了谣言信息的另一个层面——意见。

---

① 《辞海》，1094 页，上海，上海辞书出版社，1994。

②③ 转引自［法］卡普费雷：《谣言》，6 页，上海，上海人民出版社，1991。

④ R. L. Rosnow, “Rumor as Communication: A Contextualist Approach,” in *Journal of Communication*, 1988, 38 (1), pp. 10-27.

⑤ ［美］斯蒂文·小约翰：《传播理论》，178 页，北京，中国社会科学出版社，1999。

⑥ T. Shibutani, *Improvised News: A Sociological Study of Rumor*, Indianapolis, Bobbs-Merrill, 1966.

面对谣言指涉的事件（议题、人物或机构），每个人都会形成自己的意见和看法，如果事实存在不确切或未经证实的要素，人们便会将自己的理解和构想描述给他人，以寻求佐证和支持。循此往复，每个人都从周围最直接的群体中获取信息，并表达自己的观点。于是，各种主观臆测、猜疑乃至杜撰都掺入谣言之中。此间，事实信息和意见信息互供给养，使谣言得到滚雪球式的积累和流传。事实是解释的基础，是形成意见的基础和前提；而意见则为素材加工和情节构建提供了方向和调性。

> 事实信息和意见信息互供给养，使谣言得到滚雪球式的积累和流传。事实是解释的基础，是形成意见的基础和前提；而意见则为素材加工和情节构建提供了方向和调性。

阿尔波特等人开展了一系列的实验求证谣言的失真机制。他们提供了一张地铁里的图片，而后让第一个实验参与者向第二个参与者描述这张图片，一个接一个地描述下去。最后，他们比较传播过程中不同人描述的差异，提出了谣言传播的“失落—强化—吸收”机制，并称之谣言传播的失真模式。①

没有人能够完整地表达自己，凡表达皆是选择的结果。同时，人们总是希望别人更清晰地理解自己，因而努力使信息更加简明通俗。谣言传播首先遭遇的也是信息的选择和失落，切中要害、易于理解的信息得以保留，而逻辑、论证层面的繁复信息则往往被省略和遗忘。“非典”谣言即是如此，复杂的医学原理在传播过程中被“删去”，棘手的应对方案被“削平”，唯有三个关键词在人们之间辗转流传：神秘、病毒、死亡。

一方面是失落，另一方面则是强化。传谣者本能地突出信息中自己最感兴趣、最关切的部分，使之产生与“削平”机制相对应的“磨尖”效应。譬如，在“非典”谣言中，人们格外强调确诊和死亡数据；在一些重大矿难的谣言中，人们特别关切政府渎职和腐败；在日系企业的品牌危机中，很多人着意纠缠日货消费的道德合法性问题。

> 谣言像一块巨大的口香糖，吸收群体成员的口水。人们像亲身经历一样，为谣言添枝加叶，越是荒诞越是要为荒诞寻找理由。新的理由，再次滋生新的谣言，于是一个谣言便引出众多版本。

谣言同时也像一块巨大的口香糖，吸收群体成员的口水。人们像亲身经历一样，为谣言添枝加叶，越是荒诞越是要为荒诞寻找理由。新的理由，再次滋生新的谣言，于是一个谣言便引出众多版本。这一切宛若罗生门，又势如洪流。大胆想象、离奇杜撰和持续加工，使原本简陋的核心事实在吸收种种叙述和论说后，演绎成为一个无懈可击的故事。当这个故事足够强大时，谣言就会影响时势，乃至替代事实本身而写书历史。

二、谣言的公式

那么，一件事（一个议题、一个人或机构）何以滋生谣言？1947 年，阿尔波特和波茨曼提出了一个经典的谣言公式：

---

① See Gordon W. Allport and Leo Postman, *The Psychology of Rumor*, New York, Henry Holt, 1947.

$$R=i\times a$$

其中，R=rumor（谣言），i=important（重要性），a=ambiguity（模糊性）。简言之，事件（议题、人物或机构）的重要性越强、模糊性越高，产生谣言的可能性就越大。

1953年，克罗斯（A. Chorus）引入了“批判力”变量来解析谣言。他认为，谣言产生的可能性、谣言的影响力与人们对特定信息的认知和辨别能力密切相关。据此，克罗斯将阿尔波特和波茨曼的公式修订为：

$$R=i\times a\times c$$

其中，R=rumor（谣言），i=important（重要性），a=ambiguity（模糊性），c=critical ability（批判力）。

这一公式同样适用于危机情境。谣言指涉的事件（议题、人物或机构）越重要，在危机中形成的冲击越严重，人们基于无奈、窘迫、恐慌和愤慨的造谣、传谣行为也就越有可能发生。同时，事件的模糊性越高，谣言的想象和拓展空间就越大。至于人们批判地理解和接受谣言的能力，一要靠平素的智识、性格和能力培养，二要靠危机情境下充分的公共讨论和有效的协同行动。

> 人们批判地理解和接受谣言的能力，一要靠平素的智识、性格和能力培养，二要靠危机情境下充分的公共讨论和有效的协同行动。

实际上，克罗斯的公式也未能全面解释谣言的产生机制。譬如，除了前述重要性、模糊性、批判力之外，尚有权威信息来源缺席、当事主体公信力缺失、当事公众自我控制能力差和安全感不足等因素，亦是煽点谣言之火的薪柴。而反常性更是滋生谣言的主因之一，当某一事件（议题、人物或机构）背离公共准则和秩序，或打破自然与社会常态时，谣言便可能填充“脱轨”之后的认知和解释空间。诸如外星人或飞碟降临地球、政界领导人突然在惯例场合或媒体上消失、企业高管突然被捕等，事件反常性越大，谣言产生和传播的可能性也就越高。在一些重大、突然、反常的事件中，人们还会基于某种神秘主义的框架造谣、传谣。

案例2—5

汶川大地震期间的谣言

2008年5月12日下午14：28，中国四川省汶川发生大地震。仅仅5分钟后，网络和手机上就开始流传一条信息：“据国家地震台网测定，14时33分37秒（北京时间），在湖北黄石（北纬29.7，东经115.8）发生6.3级地震。”当天下午，黄石市地震局证实当地并未发生地震。大约一小时后，又有一条类似短信广为散布：“国家地震局消息，北京今天晚上十二点之前还会有余震！达2～6震级，务必请多加小心！”下午16：41分，新华网对此辟谣。同样是12日下午，一条两天前的新闻被重新挖了出来：5月10日，《华西都市报》载，四川绵竹曾出现大规模蟾蜍迁徙。很多网友认为：蟾蜍迁徙是地震前兆，地震部门没有准确预报地震，是失职行为，“养地震专家不如养蛤蟆”。

而地震期间流传最广、影响最大的谣言是对地震时间、地点牵强附会的“解释”：1月25日，“雪灾=天灾”。3月14日，“拉萨打砸抢烧暴力事件=人祸”。5月12日，

“地震＝地灾”，天地人都齐了。“1＋2＋5＝08，3＋1＋4＝08，5＋1＋2＝08，2008年08月08日奥运会；5月12日离奥运会还有88天；地震持续80秒，震级为8级，8省受重灾”。“福娃头上有风筝，于是山东火车出事了；有藏羚羊，于是西藏出事了；有圣火，于是奥运火炬传递出事了；有熊猫，于是四川出事了；有鱼，于是南方水灾了。”

我们可以对阿尔波特、波茨曼和克罗斯的谣言公式做出三点修正：一是加入“反常性”变量，二是拓展“批判力”变量的内涵——人们应对谣言的能力并不仅限于“批判”，还包括对信息渠道、反馈条件的占有能力等，是各种反应能力的综合体现；三是以“关注度”替代“重要性”变量，因为谣言指涉事件（议题、人物或机构）的重要性主要是通过公众的关注度体现出来的，在危机中更是如此。基于这样的认识，我们提出谣言的“4a”公式：

$$R=a\times a'\times a''\times a'''$$

其中，R＝rumor（谣言），a＝ambiguity（模糊性），a'＝abnormality（反常度），a''＝attention（关注度），a'''＝ability（人们应对谣言的各种反应能力）。

> 谣言的产生和变异，往往是由难以言明的复杂的人类心理动机所驱策的。

这些公式所揭示的，未必大于所遮蔽的。谣言的产生和变异，往往是由难以言明的复杂的人类心理动机所驱策的。譬如，一个人造谣和传谣，很可能对谣言指涉的对象并无恶意，只是为了让自己在第三者面前显得权威、重要，赢得第三者的认同，与第三者变得更亲密。又如，在自然情况下，没有人强迫另一个人传谣，谣言是个体之间心甘情愿的交换和创造：两个对话者在互相讨论，接受者不会缄默不语，他思索、做出答复并提出问题，然后按照自己的理解重构谣言；接着，他们再寻找新的传谣者，并根据对象的不同，修改自己的谣言版本，就像售货员针对不同顾客采取不同说辞介绍自己的产品一样。

三、谣言的类型

按照不同标准，谣言可以划分为不同类型。如以主观性为尺度，可将谣言区隔为蓄意制造的谣言和无意引发的谣言；以真实性为指标，存在虚假谣言、半真实谣言和真实谣言之分；以内容为标准，又可将谣言划分为政治谣言、商业谣言、娱乐谣言和日常生活谣言等不同类型。我们认为，没有造谣者就没有谣言，以造谣者的动机为切入点划分谣言类型更具现实意义。

1. 反抗性谣言

当人们的权利和意志未能得到实现或满足时，不满、抱怨便会随之而起；而当这些抱怨遭遇权威主体缺席和正式沟通渠道缺位时，就容易转化为谣言。人们甚至会直接制造谣言以宣泄不满情绪和表达反抗。在很多情况下，谣言乃是公众尤其是弱势群体反抗当局的一种武器。譬如在危机状态下，面对当局三缄其口或粗暴蛮横，公众往往会通过造谣来逼问、讨要真相。

法国学者卡普费雷（Jean-Noël Kapferer）认为谣言就是一种反抗：我们称之为谣言的，是在社会中出现并流传的未经官方证实或官方辟谣的信息；谣言是对官方和媒体公信力提出的质疑，对“谁有权就什么事发言”提出质疑。在卡普费雷看来，谣言是人们对当局作为唯一权威消息来源地位的异议，因而谣言总是和官方信息并行甚至相左，是一种“反权力”。①

2. 攻击性谣言

不同于情绪化的抱怨和反抗性谣言，攻击性谣言往往有着明确的目的性和对象性。造谣者了解攻击对象及其处境，主观设计出谣言的议题、内容与传播方式，以此达到伤害攻击对象的目的。破坏性是攻击性谣言的一个基本特征，无论是基于敌对还是嫉妒，使攻击对象遭受损害都是这类谣言的主旨所在。

3. 宣传性谣言

宣传性谣言多出自特定的利益集团，造谣者为实现某种政治、商业和社会性目标而制造谣言。较之攻击性谣言的破坏意图，宣传性谣言往往披着积极、正当的“外衣”，因而更具迷惑性。譬如，为了弘扬主流价值、巩固政治合法性，新生政权往往要为领袖人物、典型人物附会一些并不存在的神迹、奇观和光彩事件；又如在国际传播中，一些国家借由谣言争取舆论支持的现象非常普遍。

4. 牟利性谣言

一些社会组织和个人通过散布谣言实现一己之利，是谣言横行的另一个重要原因。此类谣言不胜枚举。譬如“非典”期间，有些企业趁火打劫，谣传某种产品可抗击病毒，大发国难财。

5. 误解性谣言

这类谣言是指造谣者并无主观恶意，而是在特定情境下，基于错误认识和判断形成的谣言，一般也称为流言。沟通不畅和认识偏差，是造成误解性谣言的根本原因。如果误解未能得到及时、有效的澄清，便可能在造谣者心里沉积为刻板成见。由于信息不对称和沟通不平等在社会诸领域广泛存在，因此误解性谣言是不可避免的。如是而论，当事主体要宽容误解性谣言，要允许公众因对特定事件（议题、人物或机构）的无知和偏见而说错话。不仅如此，当事主体要反躬自省，担负起因信息不对称、沟通不平等而滋生谣言的责任。

在传统时代，前述各种类型的谣言大多是在私下、非正规情境下传播的，人际和群体传播乃是主渠道，除非弥天大谎或当局主动造谣，谣言一般很难进入系统化、制度化的组织传播和大众传播渠道。这一切随着新媒体时代的到来而发生了改变：一方面，新媒体继承了人际传播的直接性和随意性、群体传播的从众性和集合效应；另一方面，新媒体使谣言以最低的技术和传播成本在公共空间生根和“疯长”，一个网络“大V”瞬时即可把一条谣言散布给数千万人。

新媒体同时放大了传播的聚众和分众效应。前者是指通过新媒体可以实现亿万人无远弗届、实时快速的聚合，后者是指新媒体进一步加剧了现代社会的部落化、原子化。这两种极端化趋向使新媒体成为可以最大限度呈现真相的一张网，也可以变脸为人人参与、人人围观的谣言之网。在新媒体平台上，谣言传播的广度、扩散的速度和影响的程度远非传

① 参见［法］卡普费雷：《谣言》，18页，上海，上海人民出版社，1991。

统时代的人际和群体传播可比。一个人或组织为了保全或提升自身的名誉、地位和利益，在新媒体上可以通过制造谣言轻易地引发敌对者的危机，乃至以公共利益之名策动舆论暴力。显然，新媒体时代引发危机的成本很低，而应对危机的成本太高。

谣言还在新媒体空间获得了狂欢、娱乐的价值，并与前述反抗、攻击、宣传、牟利和误解等谣言动因纠缠在一起。新媒体制造了谣言的狂欢效应，狂欢式谣言已经成为了危机中的常客，甚至其本身就是制造危机的一个重要原因。譬如在2010年发生的“我爸是李刚”事件中[①]，网友很快“爆料”——实则是造谣说李家有五套房子、李刚的岳父是省级领导，很少有人关心事实的真相，甚至没有人还记得作为肇事者的李刚儿子的名字，更多人沉溺在“我爸是李刚”的造句游戏和造谣狂欢中。谣言构造了前苏联学者巴赫金（Bakhtin）所说的狂欢中的“第二世界”：人们摆脱了在现实世界中的种种无力、孱弱和不堪，在“第二世界”里掌握了权力，按照自己的想象反抗权威和威权，并分享由此带来的快感。

四、谣言的应对

在现实生活中，人人皆可能是造谣者、传谣者，亦可能是谣言的受害者。可见，谣言之苦普遍而深切。而关于应对谣言，古往今来积累的智慧和经验并不多：谣言止于智者，谣言止于公开。然而这两条策略经常失灵，譬如智者缺席，智者亦识不得谣言，或者公开反而使谣言泛滥——辟谣往往重复、放大谣言。在智者无力、公开无效的情况下，当事主体还可能做出两个糟糕的选择：沉默，把问题交给时间和遗忘；压制，所谓防民之口，利用手中掌握的资源与权力，捂盖、打压谣言。实际上，单一的策略，单边的努力大多不足以应对谣言。

> 一旦当事主体及其话语同盟敢于在公共空间发言，他们的勇气、德性和智慧就会经受各方的检验，并可能赢得信任和尊敬。

第一，谣言本质上是一种未经证实而流传的信息，因而明确、权威的信源乃是辟谣的主体。所谓明确、权威的信源，是指谣言指涉的当事主体要积极、主动、公开地回应谣言，并尽可能寻求第三方权威话语同盟的支持。权威信源可以是代表公共意志和权力的官方，也可以是在相关领域拥有威望和话语权的专门机构或个人。公关之父艾维·李认为，公开信源乃是避免传播之恶的根本保障。一旦当事主体及其话语同盟敢于在公共空间发言，他们的勇气、德性和智慧就会经受各方的检验，并可能赢得信任和尊敬。

在2004年巨能钙“双氧水”风波中，巨能公司的一项主导策略就是寻求国家卫生管理部门的检验和支持。在2001年全国九运会期间，马俊仁率领的“马家军”被查实服用兴奋剂。情急之下，马俊仁声称队员曾服用安利“钙镁片”，安利公司不经意陷入媒体和公众的口诛笔伐。面对突如其来的谣言危机，安利公司邀请中国国家体育总局装备中心、中国奥委会、中国运动医学会、国际奥委会医学会的有关负责人和专家出面，以权威的声音证言“钙镁片”的清白。及至今日，第三方力量介入危机早已司空见惯，甚或有滥用之

---

① 案例详情参见本书第九章第一节。

嫌——在信任透支的情况下，没有谁一直堪为权威。

第二，善用媒体应对谣言。谣言倚重人际传播和群体传播，倚重私下的口口相传，因而报刊、广播和电视等传统大众媒体应成为公开真相、扼制谣言的主渠道。作为社会的守望者，传统媒体以其强大的信息采集、把关、解释和辐射功能，在粉碎谣言方面有着无可替代的优势。即使在新媒体狂飙突进的今天，传统媒体的辟谣优势依然存在。相反，传统媒体的失语或误导往往是导致谣言大行其道的主因。“非典”谣言早期的蔓延，即与媒体不作为密切相关。

实事求是地看，新媒体的确可能在特定情境下沦为谣言的集散地，但是它同时也拥有强大的自净化功能。如前所述，亿万人的凝视、言说和参与可能瞬时掀起谣言风浪，但也有利于完整地呈现真相。相对于传统媒体，微博、微信的时效性和互动性更易于消解信息不对称和沟通不平等，从而“有图有真相”地辟谣。譬如，在“7·23 甬温线高铁事故”中，微博上有人提出“35 人死亡上限论”，称“超过 36 人市委书记将被撤职，所以一开始发生，就注定了死亡人数不会超过 35”。新浪官方账号“微博辟谣”迅速发表辟谣声明：经网友查证，相关微博所列举的近年我国发生的事故或灾害死亡数字中，18 个数字与事实不符。①

第三，谣言在信息结构上包含了“事实”和“意见”二维，因而“证实之事”和“正确意见”乃是辟谣的“对症之药”。传播证据确凿的事实信息，可以消除谣言的不确定性状态，挤压谣言参与者的想象空间和杜撰余地；发布基于公共利益和主流价值的意见信息，可以“削平”谣言的非理智锋芒，击破谣言参与者的主观破坏和蓄意图谋。对于那些在传播过程中失落却对还原真相至关重要的信息，当强化之；对那些被刻意强化却背离真相和真理的信息，当弱化之；同时要稀释谣言水分、击碎谣言泡沫，避免其生成令人迷醉的幻象。由此，通过“强化—失落—稀释”来克服谣言的“失落—强化—吸收”，可谓以彼之道，还施彼身。

最后需要重申的是，谣言古老而永恒，官方要对公众的认知和理解局限、情感和价值偏见抱有宽容之心。将谣言控制纳入法制轨道，并不意味着任意挤压公众合理、合情的自由表达空间，以及宽容公众在这个空间之内不可避免的脱轨和失序；在很多情况下，民间的谣言不过是一种无处疏导的情绪，官方大可耳中常闻逆耳之言，心中常有拂心之事，这才是进修德行的砥石。古语有云：“若言悦耳，事事快心，便把此生埋在鸩毒中矣。”② 当然，应对谣言要靠官方和公众的共同努力，前者要保持诚信、善治和进步，奉行“凡有利于公众的才有利于组织”；后者则要长大为成熟的公民，而成熟的公民应当有权知晓更充分的真相，有能力参与公共讨论，介入公共事务。

【本章延伸阅读】

1. 郭庆光．传播学教程．北京：中国人民大学出版社，1999

---

① 参见匡文波、郭育丰：《微博时代下谣言的传播与消解——以 7·23 甬温线高铁事故为例》，载《国际新闻界》，2012（2）。

② （明）洪应明：《菜根谭》，129 页，北京，中华书局，2008。

2. 吴宜蓁．危机传播——公共关系与语艺观点的理论与实证．台北：五南图书出版公司，2005

3. ［法］卡普费雷．谣言．上海：上海人民出版社，1991

4. 陈先红，刘晓程．理论、框架与议题：中西危机传播研究差异分析．国际新闻界，2013（5）

5. 史安斌．危机传播研究的“西方范式”及其在中国语境下的“本土化”问题．国际新闻界，2008（6）

【思考题】

1. 危机管理有哪些流派？流派之间的主要差异是什么？
2. 危机公关与危机修辞有哪些联系和区别？
3. 简述危机传播的要素、过程和结构。
4. 简述危机传播的“3F”假设，并举例说明噪音流的作用机制。
5. 什么是谣言？简述谣言的产生和传播机制。
6. 请理论联系实际，论述应对谣言的观念和策略。

第三章 危机管理者与危机利益相关者

CHAPTER 3

利益相关者概念强调契约和共同体关系，这就颠覆了主体与客体二元对立、组织支配公众的传统观念。基于共同体观念，组织与利益相关者是彼此参与和分享、协作和创造的关系。“你”和“我”作为一个整体而存在，倘若一定要找出清晰的“客体”，那么它一定是“我们”需要共同面对的问题，而非在“你”、“我”之间指认一个被支配、控制或征服的对象。

本章横跨两端——危机管理者和危机利益相关者，以求在对照、互动的框架内统观二者的立场和利益。按照传统的二元论思维，组织是危机管理的主体，利益相关者乃是管理的对象。这种主体与客体对立的二分法存在明显不足——危机利益相关者被视为危机管理的客体，是管理者理应征服的“对立面”或所欲解决的麻烦和问题。显然，人不是问题而是问题的解决者。本章将二者并置，理由在此：一是强调二者地位平等；二是强调重构二者关系，主张由对抗走向对话，而非在对抗中走向支配和征服。

本章第一节介绍危机管理者的基本职能、权力配置和价值排序，第二节导入契约理论解读危机利益相关者的心理特征和行为方式，第三节在格鲁尼格等人提出的公共关系双向均衡范式的基础上，提出危机传播管理的价值。三节内容聚焦于一个核心主张：人是一切危机管理问题的起点和落点。

第一节 危机管理者

危机管理必须拥有坚强有力的决策核心和训练有素的执行团

队。危机管理团队的职能与构成、决策机制与权力配置，关乎全局成败。对企业而言，一个擅长赚钱的团队未必是一个优秀的危机管理团队；政府部门亦复如是，平素规治严明、运转到位的团队未必适应危机情境下的得失进退；一些致力于健康、环保、教育、公平正义等高尚事业的社会组织、民间组织（NGO）乃至宗教组织也会遭遇危机，而事业本身的道德和价值优势并不能简单补偿、替代危机管理能力的不足。

一、危机管理团队的职能

不是每个组织都需要建立常设性的危机管理团队，但这不等于危机管理团队只能于仓促间磨枪上阵。危机管理团队的使命是什么？团队的成员应包括哪些人？选拔他们的标准是什么？换言之，无论是常设危机管理小组，还是临时搭班子，首先要确定这一专门团队的职能、人选及其标准。

危机管理团队通常也被称为危机管理小组，是组织危机管理的专门职能机构、协调中枢和主要执行者。在组织授权下，它有权合理、合法地调动和配置各种资源以应对危机，并在危机中代表组织做出决策，采取行动。当然，权力与责任相伴，小组重权在握的同时，也必须责任勇担。具体而言，危机管理小组主要有如下五项职能：

1. 对组织的潜在危机做出预警

危机管理专家巴顿（Laurence Barton）告诫组织说：如果一个危机管理团队在危机发生前失灵，那么在处理危机的过程中它肯定也会失灵。[①] 当危机征兆出现后，危机管理小组应立即投入运转，建立并领导危机监测系统、危机评估系统和危机预报系统。团队要针对组织所处的内外部环境，在尽可能深入调研的基础上，了解危机产生的根源，把握危机发展变化的趋向；同时，小组有必要对危机做出理性评价，制定初步的应对方案，以扼制危机的蔓延势头；除内部有效沟通外，小组还应有选择地向组织外部的利益相关者发出危机预报，警醒利益相关者准备应对危机。对于拥有常设性危机管理团队的组织而言，危机预警工作还应进一步提前，即在组织的日常运作中监测、发现和研究问题，随时向决策层提供改良建议。

2. 确定危机管理的战略与战术

在科学监测和评估的基础上，小组要研究和拟定危机管理的战略和战术规划。战略层面的规划包括危机管理的总体目标、基本原则和策略框架等；战术层面的规则包括危机管理的具体流程、权责分工、实施方法和应对技巧等。战略规划要抓住危机管理中的主要矛盾，提出基本的应对之道，明确关键性资源的配置方式；战术规划要环环相扣，周全考虑危机的要素、过程和结构，将思路的触角延伸至每一个细节、每一个人，同时要注意各项具体安排的统合、联动，避免出现内部一盘散沙、外部混沌不堪的局面。

包含战略和战术两个层面的危机管理计划，应当满足两项标准：一是要成为组织危机管理的思想指南，使组织于危机中保持冷静、明确方向、统筹大局；二是要成为组织危机管理的行动手册，使组织于危机中从容不乱、步调一致、规范行动。事实上，危机管理计

---

① See Laurence Barton, *Crisis in Organization*, Mason, South-Western Educational Publishing, 1992.

划的科学性、可行性，是评判危机管理团队水平的一个基本标准。

3. 执行危机管理计划

危机管理团队既是计划的制定者，也是执行者，全面负责将计划落实到危机管理实践中去。团队的执行工作，主要有三项内容：一是按计划确定的流程，逐步实施危机应对策略，如管理危机现场、安排媒体采访、接待利益相关者和着手形象恢复等；二是为团队之外的组织成员提供政策咨询，在必要的情况下要针对可能出现的问题提供应答蓝本，避免节外生枝、乱中生乱；三是联系、聘请外部公关专家和管理顾问，以寻求外脑支持，对涉及专业领域的危机事件，还要取得该领域专家学者、意见领袖的支持和声援。

4. 应对计划外危机

危机充满突发状况和无常变数，人心难测，遑论人算不如天算，危机管理团队不可能预见危机的全部细节和变数。一场区域危机可能突然演化为全国乃至全球性危机，单一的产品危机可能动摇整个企业的品牌根基，一次正在缓解的危机可能形势急转直下，凡此种种。无论是计划执行中的一次重大失误，还是一个细节疏忽，都可能瞬间导致新危机的出现，使组织陷入危机连环套。

实际上，危机管理是在异化状态下集研究、决策、执行和创新于一体的资源整合过程，而危机管理团队正是这一过程的主导者。团队必须于事前做出预案，于事中灵活应变，迅速寻找解决之道。应变和创新，是估量危机管理团队工作绩效的又一个重要指标。

5. 培训与演练

在危机中，组织的每一个成员皆非局外人，而都是危机管理的主体。因此，危机管理小组必须对包括最高领导者在内的所有组织成员进行危机管理培训与演练，以形成全员预警、应对危机的意识和能力。危机管理培训一般包括危机意识教育、危机防控教育、危机管理实务教育等内容，这些内容主要适用于日常工作中有组织、有计划的培训；而在危机压顶、迫在眉睫的情况下，危机管理培训则主要是针对具体危机应对计划的解释、说明和引导。需要强调的是，即使没有常设性危机管理团队，危机管理培训亦应纳入组织整体培训工作之中——危机教育是员工素质教育不可或缺的组成部分。

除训导式的危机教育外，危机管理团队还有必要组织周期化的危机演练。演练的目的有两个：一是提高组织成员应对危机的实务技能，使之在模拟情境中了解自己应该如何想、如何说、如何做；二是情境模拟和实践演练可以发现危机管理计划的漏洞和弱点，以便及时弥补和修正。

二、危机管理团队的构成

一般而言，危机管理团队应该由领导小组和执行小组构成。领导小组是整个危机管理团队的“大脑”，出思想、定战略、做决策；执行小组则是危机管理团队的“肢体”，负责贯彻、践行领导小组的计划、意图和指令。在实践中，确定危机管理小组的人员构成，首先是挑选领导小组的人员，然后由其组建执行团队。

在人员选择上，危机管理团队一般包括以下几类。一是组织的领导者。领导者加入危机管理小组，有利于在紧要关头做出权威决策，有利于计划执行中的人员协调与资源整合，使计划得到最坚决、最彻底的贯彻。二是专业公共关系人员。媒体访谈、新闻发布会、形象重建、与利益相关者谈判等专业性较强的任务，公关人员显然比其他成员更得心应手。三是危机涉及领域的专业管理人员和专家。财务危机、质量危机、人力资源危机、品牌危机、竞争对手挑衅、媒体造谣滋事、国际事务争端等不同类型的危机指向了不同的专业领域，因此有必要让相关部门的权威人士加入团队，以求做到“内行看门道”。

此外，危机管理团队还需要相应的行政后勤支持人员，他们要通过高效、规范的工作，及时传达上下、内外信息，协助团队中的其他成员调配人、财、物资源。在一些重大危机中，律师或法律顾问不可或缺，以求做到依法应对危机。财务主管也扮演着重要角色，他们习惯于节约每一分钱，希望将钱花到最值当的地方去，这有利于控制危机管理成本，避免“过度应对”。在2009—2010年甲型H1N1流感爆发期间，就有专家指出要按照公共卫生规律和财务规范防控疫情，不要在政治上过度应对，以免付出高昂的社会成本。

组织不应该忘记在团队中安排另一个重要角色：新闻发言人。新闻发言人是组织于危机时期的代言人，经验不足或能力低下的发言人只能导致危机恶化。希斯甚至认为，组织形象维护不利最主要的一个原因，可能就是启用了一个错误的代表组织形象的人选。

以上列举了一个常见的危机管理团队所应包括的人选，他们的具体规模和结构要视危机发生的现实情况而定。问题的关键不在规模，而在其功能导向和资源导向。所谓功能导向，即团队成员在危机状态下能发挥什么样的作用，对于化解危机能否产生重要影响，目标与任务是决定人员构成的指针；所谓资源导向，即团队成员在组织中各自掌握何种资源，是否具备丰富的资源配置经验和较强的资源整合能力，资源流向也为人员构成指定了方向。

三、危机管理团队的运作模式

危机管理是在情势紧迫、压力巨大的环境下开展的，缺少强力的制度保障和科学的决策模式，拍脑门、拍胸脯、拍桌子行事显然不足取。同所有决策模式的设计一样，危机管理也要处理好民主和集中的关系问题。

危机可能冲击、瓦解组织的常态运作规则，导致组织系统陷于混乱和瘫痪，集中化的统一领导至关重要；同时，危机管理必须群策群力，最大限度汇聚民意和民智，民主管理亦势在必行。因此，危机管理应统合民主和集中两种决策模式，实施基于民主框架的统一领导，以做出坚强有力而又富有弹性的决策。

> 危机可能冲击、瓦解组织的常态运作规则，导致组织系统陷于混乱和瘫痪，集中化的统一领导至关重要；同时，危机管理必须群策群力，最大限度汇聚民意和民智，民主管理亦势在必行。

在民主框架下进行危机管理，就必须满足民主决策的前提：第一个前提是危机管理的程序化和制度化，即对何时、何处、由谁做出有关决策的程序加以制度化，并基于决策成效明确相应责任；第二个前提是危机管理目标的公共化，即除自身利益取向外，危机管理决策必须符合利益相关者的共同利益和整个社会的公共之善。

围绕这两个前提，各国都在探讨最佳的危机管理决策和组织模式，并在实践中使之逐步完善。其中，美国的事故控制系统（Incident Command System，ICS）和标准紧急管理系统（Standardized Emergency Management System，SEMS）具有较强的代表性。希斯在《危机管理》一书中详细介绍了这两种危机决策和组织模式，并以之为基础了提出了危机管理框架结构模式（Crisis Management Shell Structure，CMSS）。[①] 本节择其要点并结合个案介绍如下：

1. ICS模式

ICS模式的最大优点是在组织架构上实行扁平管理。整个危机管理团队只划分为两个层次：在指挥者的领导下，操作、计划与情报、后勤、财务与行政四个部门独立运作，亦可民主协商、相互激励。这样的模式有利于及时做出决策，有利于部门之间的迅速沟通，有利于内部资源的统一管理。

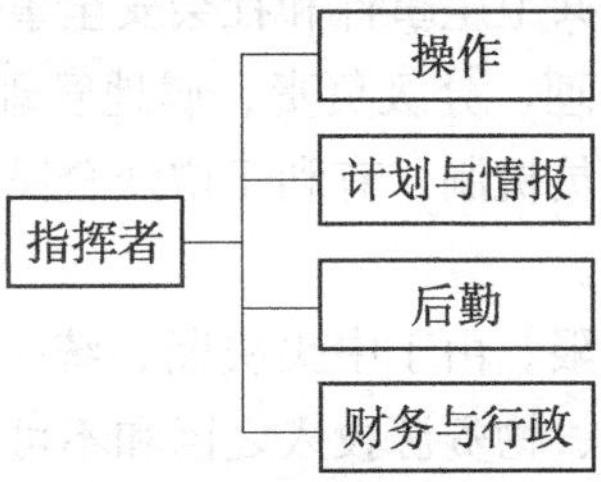

图3—1　危机管理组织运行的ICS模式

ICS模式的主要缺点是两级管理虽有助于调动内部优势资源解决危机，但很难实现系统外资源的整合。有鉴于此，ICS模式的主要应用范围是化解局部的、持续时间相对较短的危机事件，譬如常见的社会突发事件、一般性自然灾害、中小企业危机、大型企业的局部危机等。

2. SEMS模式

1991年，美国加利福尼亚州东部海港发生重大火灾。州内各级政府部门带领公众全力扑救，但是由于多个部门采取了多种应急模式，各自为政又彼此牵制，投入极大却效率低下，导致火灾损失惨重。1993年1月，加州政府授权州紧急服务办公室建立一套标准化的危机管理系统，即SEMS模式。

SEMS模式是对ICS模式的纵向扩大和延伸，它将危机管理机构划分为五个层次：一是现场管理团队，负责危机发生时的紧急决策及策略执行；二是危机发生地政府，在其管辖范围内负责危机的管理、协调及恢复性工作；三是执行区域，即当地政府的上级机构，负责区域内不同地方政府之间的协调，提供必要的指导和资源，并且充当沟通的桥梁；四是大区域，即执行区域的上级机构，负责资源整合、信息沟通及总体协调等工作；五是州，负责创造有利于危机解决的大环境，提供一些急需的资源，并在危机失控的情况下寻求国家帮助。五个层次都执行各自的预测、计划、情报、后勤和操作作业。

SEMS模式的优点是能广泛动员和整合资源。现场管理团队可以求助当地政府，而当地政府可以求助上级政府，在必要情况下，整个国家都可参与其中，这就使一线管理者不致陷入孤军奋战的困境，能够更好地获取外部支持。多种力量的等级式介入，可以彼此提供

① 参见［美］罗伯特·希斯：《危机管理》，195～210页，北京，中信出版社，2004。

经验和智慧，多角度、多层面地观察和研究危机，以做出正确决策；由于覆盖面广，有利于最大限度动员和团结公众，形成众志成城、化解危机的气氛和局面。

> 多种力量的等级式介入，可以彼此提供经验和智慧，多角度、多层面地观察和研究危机，以做出正确决策。

SEMS 模式“集中力量办大事”的指导原则，特别适合应对重大、复杂危机。一些著名的公共危机个案，如美国 2001 年的“9·11”事件和炭疽病毒侵袭事件、日本 2011 年的福岛核泄漏事件等，SEMS 模式都在其中发挥了重要作用。事实上，我国在近年来的一系列重大公共危机中，所采取的管理模式也近似于 SEMS，譬如“5·12”汶川地震中的举国动员模式。按照《中华人民共和国突发事件应对法》第四条的规定，中国政府在自然灾害、事故灾难、突发公共卫生事件和社会安全事件等公共危机中，实行“国家建立统一领导、综合协调、分类管理、分级负责、属地管理为主的应急管理体制”。这一体制确保了在国家层面建立社会动员机制，有利于增强全民的公共安全和风险防范意识，有利于提高全社会的避险救助能力。

任何一种管理模式皆有其局限。由于中央决断、统一指挥、体系庞大等原因，SEMS 模式的灵活性受到限制，人、财、物资源投入之巨和不可避免的浪费也非所有组织可以承受的。同时，该模式也可能带来严重的不公正：最高“大脑”是绝对权威，一旦“大脑短路”，就会造成不可挽回的决策失误；为了应急救困，非灾区或危机之外公众的财产可能遭到以“应急之名”的“掠夺”。譬如，在 2008 年的石家庄三鹿奶粉事件中，就有人质疑为什么要拿普通纳税人的钱为一家无良企业买单——20 多万受害儿童自然应该得到关心、照顾和补偿，但是由普通纳税人掏钱未免有失公平。另外，SEMS 模式还可能造成基层、一线自下而上的依赖感，在“等、靠、拖”中消极应对危机。

3. CMSS 模式

事实上，危机的爆发形态和影响程度不同，危机管理团队的决策和组织模式亦有所区别。一个有价值的尝试是，能否建立一个基础性的模式，使之尽可能整合 ICS 和 SEMS 两种模式的优点，并可根据实际需要做出弹性调整？

希斯提供了一个富有启发性的 CMSS 模式。在该模式中，危机管理团队由六个部门构成：战略决策部门，提供政策咨询和行动建议的研究咨询部门，贯彻、落实管理计划的操作执行部门，专司信息采集、加工、发布和交流之职的信息沟通部门，它们被置于指挥者的统一领导下，而指挥者在必要情况下还可获取来自上级主管部门的指导和扶持。指挥者并不仅限于某个人，可能是根据需要而设的一个核心层，指挥者之上的上级主管部门也不仅限于一层，可能是多级垂直联动。由于希斯提出的模式比较复杂，我们在借鉴其基本思路的基础上，进行了必要的修正，如图 3—2 所示。

CMSS 模式的优点在于：

第一，它保持了 ICS 模式灵活、民主的管理优势，同时也强调了 SEMS 模式多级垂直、集中领导的重要性。

第二，它以功能、任务为导向，将危机管理的主要作业纳入团队的不同部门之中，指挥者对战略决策部门、研究咨询部门、信息沟通部门和操作执行部门进行有效领导；不同部门各尽其责，同时又可协同运作，共享资源。同时，这一管理系统是对外开放的，有利

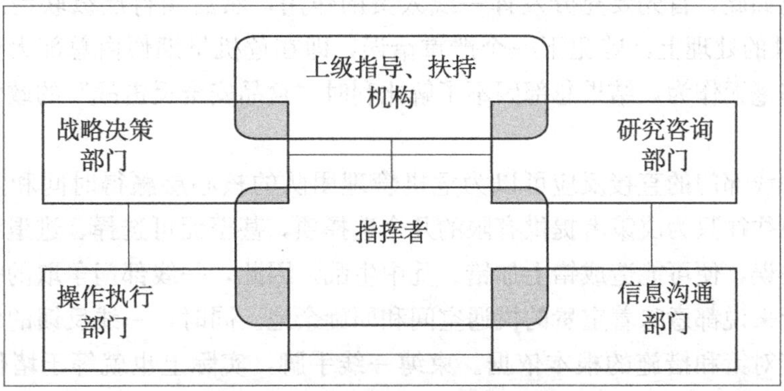

图 3—2　危机管理组织的 CMSS 模式

于吸纳和整合系统外的更多资源。

第三，它将危机管理的主体任务分为内外两端，其中战略决策部门和研究咨询部门的工作主要对内，操作执行部门和信息沟通部门的工作主要对外，并且两端可实现双向互动。内部任务系统在外部任务系统的协助下集中精力开展研究和决策工作，免于不必要的干扰；外部任务系统在内部任务系统的支持下专业化地实施计划流程，以统一的形象和口径协调组织与利益相关者的关系。

第四，CMSS 模式可以根据特定危机的需要重新架构，也可设置灵活、适宜的“处”、“部”、“组”等管理层次。这一模式将危机管理的重点置于不同功能的整合之上，而非某一头衔、岗位的安排，因此适用于不同规模的各类组织。它具有明显的弹性，最小规模可以只有几个人，即每一功能部门只需设一人，甚至由一人承担两项或更多任务；最大规模则可以承载整个组织乃至全社会的应急联动系统，使之按照横向与纵向的不同序列，构成功能强大的有机体。

四、危机管理中的权力配置

危机管理是一个动态过程，在不同阶段应采取不同的权力配置原则和方案。以下简要阐述危机事前准备、事中管理和事后恢复等主要阶段的权力分配和使用问题。

1. 事前准备的权力配置

危机管理中的事前准备，主要任务是通过积极预防，消除或降低危机发生概率和损害。譬如甲型 H1N1 流感在墨西哥出现疫情后，中国政府的危机管理机构不但要迅速采取通报、检疫、隔离等应急措施，还要为防止危机在本土的大规模爆发做长远打算，制定通盘应对计划。这些计划必然要考虑到部门内部、不同部门之间、危机前线与指挥中枢之间的权力配置问题。在这一阶段，危机管理的权力配置宜坚持上下联动、以一线为主的原则。理由如下：

第一，危机突袭之下，处于一线的个人和团队往往更了解现实情况，更便于获取第一手资讯，更容易形成明确判断，因而放权给他们有利于迅速响应危机。在危机事前准备中，中央政府宜放权给相关部门及地方政府，而后者则宜放权给危机发生地的相关管理机构。企业亦应如此，首先要充分发挥一线人员的作用，然后实行层级联动。可口可乐在“二噁英”事件的处理上，曾犯下一个严重错误，即在危机早期便由总部大权独揽，致使比利时分公司毫无作为，结果总部因不了解比利时“食品安全反击战”的政治背景而吃了大亏。

第二，一线部门的直接反应可以为危机管理团队的核心层赢得时间和空间。在危机中，现实情势往往只为决策者提供有限的几个选择项，甚至无可选择、进退维谷。核心层的决策一旦失误，便可能造成错上加错、乱中生乱。因此，一线部门争取的每一分、每一秒，对决策者来说都意味着宝贵的机遇空间和回旋余地。同时，一线反馈的信息也是决策者研究、制定对策和措施的根本依据。束缚一线手脚，实际上也就等于堵住了决策者的耳目。

第三，一线部门的分权与核心层的指挥权并不完全冲突。分权给一线自然存在风险：给他们什么样的权力？权力是否会被滥用？这些隐患下考验着核心层在危机状态下平衡权力关系的能力，而更重要的，还是靠制度建设化解权力风险，即建立长效的危机管理权责机制。

2. 事中管理的权力配置

事中管理是整个危机管理的主体部分，即在危机正式爆发后实施的全面控制。此间，危机管理的权力配置一般要坚持核心层统一集权、平行部门分权协作原则。

第一，在事中管理阶段，核心层要充分行使指挥权，统一领导危机管理进程。这种集权主要体现在三个“统一”上：一是统一思想，无论遭遇怎样的打击和压力，组织上下皆能认同一个目标，并按照既定方略奋力前行；二是统一行动，无论牵扯多少头绪、面临多少棘手难题，大家都尽可能说正确的话、做正确的事，态度端正、行动一致；三是统一资源配置，打通部门壁垒，整合优势资源，解决主要矛盾。离开核心层和指挥者的集中领导，这三个“统一”便无从实现。

第二，平行部门之间应实行分工协作的权责机制。在核心层统一领导下，不同部门要在设定的权责范围内主动地、创造性地开展工作。有权必用，有责必担，并以此作为褒贬、奖惩的标准。同时，平行部门之间应在同一目标的指引下坚守大局观念，实现协同运作。由此，每一部门既是勇挑“大梁”的独立作战单元，又是整部管理机器彼此咬合的“齿轮”。

> 决策问题的影响等级越高，越应集中领导；谁离重要信息来源越近，谁就越应获得有效分权。

第三，与事前准备阶段一样，事中管理亦应坚持如下两个原则：决策问题的影响等级越高，越应集中领导；谁离重要信息来源越近，谁就越应获得有效分权。危机管理的每一时刻都可能需要做出决策，但决策等级各不相同，有的针对细节，有的指向流程，有的则事关全局。一般来说，决策的影响等级越高，越应由高层来完成。这一方面有利于增强决策的权威性，使之得到有力执行；一方面也有利于将决策责任归于高层，避免下属部门和个人因恐惧担责而瞻前顾后、贻误时机。对于那些战斗在管理第一线的团队成员，特别是离必要信息来源较近、可以获取关键性信息的成员，应赋予其充分的临机决断之权。

需要强调的是，从危机管理过程的紧迫性来看，确立相应的问责机制和免责标准是必不可少的。危机管理者的决策和行动往往事关财产、健康和生命等重要利益和价值，因此有必要建立果决的问责制。“非典”期间，中央政府撤换了卫生部和北京市的两位高官。在2008年的山西襄汾溃坝事件、河北石家庄三鹿奶粉事件、云南孟连胶农事件、贵州瓮安“6·28”事件中，皆有属地官员因“问责风暴”而被摘了乌纱帽。

但是，问责制亦不可滥用。权力部门应考虑危机情境的特殊性，允许当事主体在非原则问题上出错，尤其要避免为了“杀鸡儆猴”、“献祭舆论”而不问青红皂白问责当事主体。在很多危机个案中，一上来就被撤职的往往是最熟悉危机状况，能够专业、高效处理危机的管理者。说到底，危机管理要走向专业化、制度化，做到依法应对危机。因此既要坚持危机问责制，又要设立明晰的免责标准，消除管理者不必要的后顾之忧。

3. 恢复管理的权力配置

恢复管理是指在危机后期恢复正常秩序和状态的过程。由于危机的影响程度和范围不同，恢复管理阶段的权力配置亦应结合形势考虑轻重缓急的合理性。危机中临时拆分、合并或设立的管理机构，要对其进行全面的、综合的分析。那些已经完成任务、达成使命的机构或团队，宜采取关停并转的办法，终止运作或实现任务转移；那些仍需持续工作以完成既定目标的机构或团队，宜调整状态、振奋精神、继续前行；对那些在恢复管理中出现的新任务、新问题，则应组织专门人员或设立专门机构应对之。

实际上，权力的恢复配置本身就是危机恢复管理的一项重要内容。调整和提升是这一阶段权力配置的基本方针。调整，就是随着上述机构职能的变化，恢复组织权力动作常态模式；提升，就是总结危机管理的经验和教训，致力于寻求组织在观念、价值、团队、制度、管理、政策、产品和服务诸领域的全面超越。

第二节　危机利益相关者

每一个组织的生存和发展，总是和特定的人群或曰目标公众联系在一起。他们与组织结成或远或近的利益关系，达成各种有形或无形的契约。总体而观，组织与利益相关者之间的契约关系，乃是一种包含三个基本维度的共同体关系：信息共同体、利益共同体和价值共同体。从根本上讲，危机管理就是重构被伤害、破坏的共同体关系。与之相应，危机传播管理就是以沟通为基本手段，再造组织与利益相关者之间的信息、利益和价值共同体。

一、从公众到利益相关者

在20世纪90年代之前，学界一般称管理、传播、公共关系的对象或者说客体为“公众”(the public)。以公关领域为例，“所谓公众，即与特定的公共关系主体相互联系及相互作用的个人、群体或组织的总和，是公共关系传播沟通对象的总称”①。基于组织立场，人们习惯按照如下几个标准划分公众：

按关系的重要性——首要公众、次要公众、边缘公众；按关系的稳定性——临时公众、

① 熊源伟主编：《公共关系学》(第三版)，124页，合肥，安徽人民出版社，2003。

周期公众和稳定公众；按关系的动态性——非公众、潜在公众、知晓公众、行动公众；按关系的调性——顺意公众、逆意公众和边缘公众；按关系的取向——受欢迎公众、不受欢迎公众和被追求公众。

> 组织与利益相关者之间的契约关系，乃是一种包含三个基本维度的共同体关系：信息共同体、利益共同体和价值共同体。从根本上讲，危机管理就是重构被伤害、破坏的共同体关系。与之相应，危机传播管理就是以沟通为基本手段，再造组织与利益相关者之间的信息、利益和价值共同体。

“公众”是一个中性词，不同于作为政治概念的人民（the people），也不同于社会心理学领域带有一定负面情感的大众（mass）、群体（crowd）和群集（herd）等概念——它们在英文语境中往往被用来指称乌合之众。从管理学、传播学和公共关系的视角看，公众一词也存在局限：公众是抽象的，是无面孔的“你们”或“他们”。对组织而言，公众往往意味着客体、对象，或飞沫一般的抽象存在。进入新世纪以后，在越来越多的学科和实践领域，人们倾向于使用“利益相关者”概念替代抽象化、客体化的“公众”概念。

1996年，时任英国工党领袖的布莱尔（Tony Blair）呼吁建立以“利益相关者（stakeholder）资本主义”为特征的经济体系，以取代传统的“股东资本主义”。西方国家立即对布莱尔的主张做出积极回应。在学术史上，利益相关者概念的提出，被视为管理学和经济学发展中的第三道“分水岭”。

第一道“分水岭”，即古典经济学时期的“生产的观点”。企业被理解为制造产品以赚取利润的社会组织，生产是企业的第一属性。

第二道“分水岭”，是指新古典经济学和制度经济学时期的“管理的观点”。它强调企业以最优的管理方式，在交换中获取最大化的利润，管理被认为是企业最重要的属性。

第三道“分水岭”即“利益相关者的观点”。这一观点认为，企业要尊重和维护多边契约关系，以实现共同利益为达成自我利益的前提；公众不是抽象的存在，亦非企业创造效益的对象和工具，而是与企业缔结契约的利益相关者。

在经济学和管理学领域，利益相关者被定义为：“在企业中拥有一种或多种权益，能够影响企业行动、决策、政策、做法和目标的个人或群体。”[①] 按此观点，利益相关者不是被置于企业系统之外，而恰恰是他们与企业构建了一个共同体系统。

我们可以进一步拓展这个定义，所谓利益相关者就是与组织按照有形或无形的契约，结成特定利益互动机制和共同体关系的人或人的集合。其中，有形契约包括投资、纳税、消费、交换、管理等领域形成的明确可见的利益关系；无形契约包括信用、道德、情感、信念等方面实际存在却难以物化、量化的价值关系。

利益相关者概念强调契约和共同体关系，这就颠覆了主体与客体二元对立，组织支配公众的传统观念。基于共同体观念，组织与利益相关者是彼此参与和分享、协作和创造的

---

① ［美］阿奇·B·卡罗尔、安·K·巴克霍尔茨：《企业与社会：伦理与利益相关者管理》，45页，北京，机械工业出版社，2004。

关系。“你”和“我”作为一个整体而存在，倘若一定要找出清晰的“客体”，那么它一定是“我们”需要共同面对的问题，而非在“你”、“我”之间指认一个被支配、控制或征服的对象。

这样的观念也决定了对利益相关者特性的判断。管理学者阿奇·B·卡罗尔（A. B. Carroll）、安·K·巴克霍尔茨（A. K. Buchholtz）认为，利益相关者具有三个特性①：

一是合法性（legitimacy），他们对共同权益的占有、支配和影响是正当、直接、合理的；二是影响力（power），他们能够决定企业的兴衰成败——事实上他们的权利意识越来越高涨，而承受危机的心理底线却越来越低；三是紧迫性（urgency），他们需要组织对自己的需求给予高度关切和有效回应，否则他们将率先行动，而他们的主动行动与组织的被动响应恰恰一体两面。

从“公众”到“利益相关者”，并非单纯的概念转换，驱动这一转换的是复杂、深刻的社会、历史变革。只有当历史赋予大众“利益相关者”身份时，他们才能获得对话资格，少数人与多数人、组织与公众、主体与客体的平等对话也才真正具有可能性。

二、三个共同体——“3C”假设

> 一个利益共同体若想获得可持续发展，必须将自身培育为一个能够提供信任、温暖、尊重、安全感和精神皈依的价值共同体。

组织与利益相关者之所以能够达成共识，归根到底是因为存在共同的利益。正是共同的利益取向、利益目标和各方均可接受的利益互惠机制，驱动组织与利益相关者携手前行。因此，举凡组织与利益相关者构建的互动系统，在本质上都是一个利益驱动的系统。换言之，组织与利益相者之间的契约所创造和维系的，乃是一个利益共同体。

组织与利益相关者的利益纽带，又可区分为事实和价值二维。事实层面的利益是指那些明确可见的利害关系，与之相对的是那些可归属为价值范畴的利害关系。最基本的价值范畴，大抵包括信任、情感、伦理、审美和信念等，它们基于有形的利益范畴而又超越于此。一个利益共同体若想获得可持续发展，必须将自身培育为一个能够提供信任、温暖、尊重、安全感和精神皈依的价值共同体。一个大企业可能与客户结成绩效优良的利益共同体；而若想成为一个伟大的企业，则须进一步在信用体系、企业伦理、社会责任和公共精神等方面持续付出努力，以成就美好、和谐的价值共同体。

在组织与利益相关者的契约关系上，无论缔结利益共同体还是构建价值共同体，首先应该形塑信息共同体。有交流才有合作。组织与利益相关者如欲达成共识，实现利益互惠和价值共享，必须以沟通为手段。在英文语境中，沟通即传播。关于沟通内涵的界定，自20世纪初以来有社会学和符号学两个传统：前者以美国社会学家库利（C. H. Cooley）为

① 参见［美］阿奇·B·卡罗尔、安·K·巴克霍尔茨：《企业与社会：伦理与利益相关者管理》，48页，北京，机械工业出版社，2004。

代表，将沟通界定为人与人所有关系赖以生成和发展的根本机制，强调沟通作为意义共享过程对于缔结社会关系的基础性作用；后者以美国逻辑学家、现代符号学奠基人之一皮尔士（Ch. S. Pierce）为代表，将沟通界定为“像”（icon）的集合，强调沟通作为符号共享、象征互动过程对于社会整合的价值。

香农等人开创的信息论融合了这两个传统：沟通即共享信息以消除不确定性，而信息包含作为内容要素的意义和作为载体要素的符号。

根据以上认识，我们可以提出一个基本假设，即组织与利益相关者的共识和契约是围绕三个共同体构建的：信息共同体（information community）、利益共同体（interests community ）和价值共同体（value community）。这一假设可简称为“3C”，参见图 3—3。

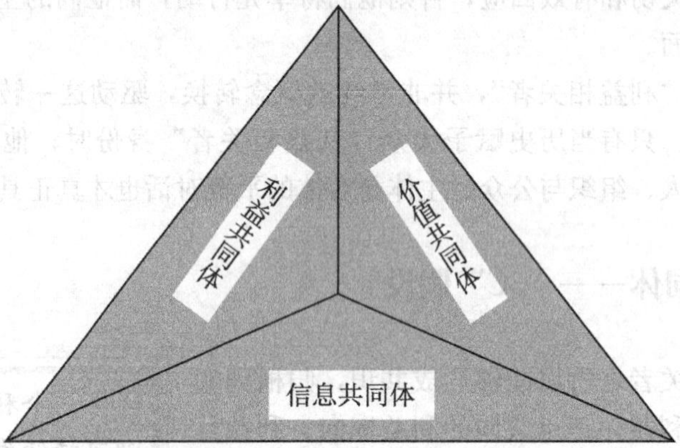

图 3—3 组织与利益相关者之间的三重共同体关系——“3C”假设

三、危机与共同体的消解

基于“3C”假设，组织与利益相关者之间的危机，其实就是共同体的疏离、消解乃至分崩离析之困。细言之，主要包括三类：沟通危机，消解彼此构筑的信息共同体；利益危机，伤害由利益的生产、交换、分配、互惠等机制缔结的契约关系；价值危机，动摇信心、信任和信念的道德根基和精神柱石。其中，沟通危机又可细分为符号危机和意义危机。实际上，这也昭示了危机传播管理的基本任务：恢复共识，重建契约，再造共同体。如图 3—4 所示。

外部环境要素突变引发的危机，我们已在第一章论及，不再赘述。组织与利益相关者之间由于符号混乱、意义扭曲、利益损害和价值异化引发的共同体危机，一般表现在如下几个方面：

1. 符号紊乱

象征符号的稳定和统一，是组织与利益相关者保持良好沟通关系的一项基本原则。企业改变名号、商标或企业视觉识别系统（visual identity system，VIS）中的表现要素，如风格、色彩、形状等，稍有不慎便可能造成消费者的困惑和抵制。譬如联想公司以高昂成本、长效传播才实现公司标志由“LEGEND”到“LENOVO”的平稳转换。政治上也是如此，政党和政府突然改变自身的话语方式，往往意味着一场变革的开始，过于剧烈则可

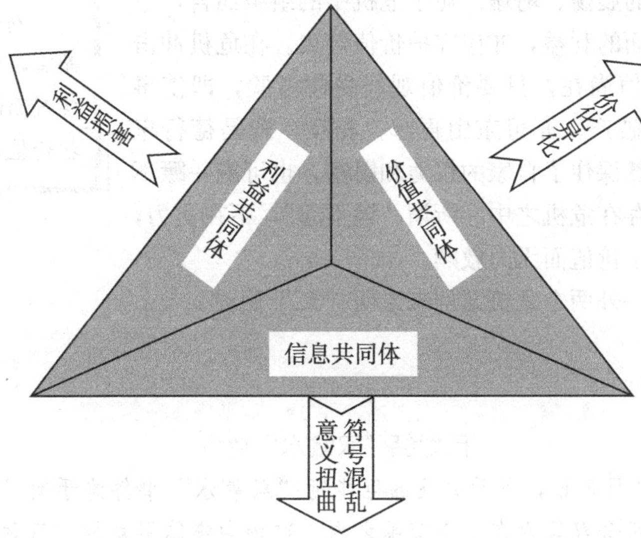

图 3—4　危机状态下组织与利益相关者的契约关系

能引发民意危机。在过去的一百多年间，可口可乐往往根据目标市场的具体情况变换饮料的包装方式，如在中国市场的罐装可乐上印制“吉祥如意”字样和“阿福娃娃”等，但从不取消或淡化其鲜亮的红色基调，也不可能替换或改变其手写体的“Coca Cola”商标，否则百年品牌必然遭到破坏。

2. 意义扭曲

如本书第二章所述，传播的前提是传者与受者之间存在共通的意义空间。在内外部环境变化的作用下，组织与利益相关者的意义系统可能发生或微妙或明显的扭曲。譬如，某个迅速作出的决定，在常态下一般被视为高效或果敢的表现，而在危机中则往往被认为是仓促、武断或不负责的；某个辩白的理由，在常态下可能被当作合理的解释来接受，而在危机中则可能被理解为推诿搪塞而招致更多不满；某个正式声明，在常态下人们会根据其内容做出冷静判断，采取理性行为，而在危机中人们则可能忽略或放大其中部分内容，得出片面结论，实施过激行为。譬如，在 2001 年热闹一时的中国消费者怒砸奔驰车事件中，奔驰公司派出德国总部的汽车专家与消费者进行谈判，前者试图从技术上说明问题的缘由，而后者很难完全听懂前者的专业表达，并且更在意对方是否护念自己的尊严，因而沟通冲突逐步升级，导致危机愈演愈烈。

3. 利益损害

利益冲突是造成危机的根本冲突，一如人尽皆知的常识所表述的：永恒的只有利益。产品危机可能使消费者蒙受损失，战略危机可能伤害股东权益，征地、拆迁和环境问题引发的群体性事件说到底是利益纠纷问题，外交危机可能使国家主权遭到侵犯，凡此种种。利益互惠的链条一旦断裂，利益相关者的身份随之发生转换——由与组织同台演出的戏中人，变成看客或拆台者。

4. 价值异化

价值危机乃是最深重的危机，往往意味着信心丧失、信任透支和信念瓦解，造成共同体心灵和精神世界的震荡、坍塌。对于危机中的组织而言，宁可抛弃所有事实层面的利益，亦应守护价值灯火。在危机冲击之下，只要核心价值尚在，只要价值观经受住考验，即使事功、财富归零乃至破产，亦可东山再起；相反，若是德行卑劣、信任破产，纵然保住了自家的权力和财富，也可能一蹶不振，或自此而后生存在危机之中。所谓“输不起”，不在实力，而在心性，即输掉了价值而无力救赎。

对于危机中的组织而言，宁可抛弃所有事实层面的利益，亦应守护价值灯火。

以下导入一中一外两个危机案例来说明“3C”假设。

案例 3—1

巨能钙“双氧水”危机

2004 年 12 月 3 日，备受关注的巨能钙“双氧水”事件终于有了明确说法：卫生部宣布巨能钙所含双氧水在安全范围之内。这场由媒体引发的“双氧水”危机看似尘埃落定，然而市场调研表明：销售商和消费者依然不买账，巨能钙在销售终端的“下架率”仍然高达 80%以上，公司直接和间接损失超过1 000万元。

事件起因于 2004 年 11 月 16 日《河南商报》的一篇报道。这篇报道题为“消费者小心：巨能钙有毒”，很快在媒体和公众中掀起轩然大波。

11 月 19 日下午，巨能公司在北京数码大厦召开新闻发布会，声明“巨能钙无毒，巨能钙是安全的，摄入少量双氧水不会中毒”。巨能公司批评《河南商报》不将巨能钙送往卫生和医药部门检测，而偏偏交由农产品质量监督部门检测，显然是“不科学、不合理的，甚至是别有用心的”。

发布会召开两小时后，巨能公司负责人李成凤率公司高层做客新浪网与网友聊天，重申巨能钙无毒，请消费者放心，并表示将通过法律手段处理《河南商报》的“恶意炒作”。

11 月 20 日，巨能公司针对媒体和公众对双氧水的误解做出公开解释：双氧水不是巨能钙的成分，而是一种工艺残留物，少量残留并不会致人中毒。

11 月 21 日前后，卫生部启动调查巨能钙“双氧水”事件，召开了多次专家论证会。巨能公司积极配合调查。

11 月 22 日，巨能公司通过新浪网发出《对〈河南商报〉的九大质疑》。

11 月 23 日，巨能公司再次召开新闻发布会，希望通过媒体解答消费者的疑问，公司相关负责人当着记者的面大吃巨能钙。

11 月 26 日，巨能公司通过媒体发表致消费者的道歉信，对此次事件给消费者带来的影响表示歉意，并声明将竭力配合国家有关部门的调查，一旦有结果便及时向消费者公布。

11 月 28 日，巨能公司向消费者声明“无论结论如何，您可以选择退货或继续使用，公司对您所采取的行为均予尊重，这一期间如果您依然存有疑虑，建议您考虑暂时停用”。此间，巨能公司开通了 28 条 24 小时有人值守的电话热线，来回答消费者的疑问。

12月3日，卫生部公布检测结果，称“巨能钙双氧水的残留量在安全范围内”。全国媒体对检测报告给予广泛报道，巨能公司至此长吁一口气。

然而，检测报告发布后，巨能钙的市场表现仍然很差，许多经销商对巨能钙恢复市场业绩表示“信心不足”，消费者则仍然“心有余悸”。一些专家指出，巨能钙的危机并没有结束，一个现实而严峻的挑战是：赢了官司，输了公司。

在巨能钙“双氧水”危机中，环境的改变——《河南商报》的挑战是引发危机的导火索；而最初的危机形态是符号危机——利益相关者对“双氧水”概念的陌生和对“癌症”概念的恐惧；随之，意义危机全面展开——巨能钙是否“有毒”成为争论的焦点；消费者的利益——购买、退货、赔偿等问题进而浮出水面；巨能公司的价值观亦遭到质疑——是否尊重消费者的健康和尊严？是否在欺骗媒体和公众？

从危机管理角度看，巨能公司通过持续与媒体、公众沟通，让真相大白于天下，重构了信息共同体；国家权威部门的检测结果还巨能公司以清白，证实该公司并未伤害消费者权益，因而可能再造利益共同体；但是，危机毕竟破坏了经销商、市场终端、消费者等利益相关者对巨能公司的信任和信心，甚至摧毁了人们对整个补钙产业的信念，因此再造价值共同体而非急于重新铺货、上架才是危机恢复管理的重中之重。

案例 3—2

可口可乐“二噁英”事件

1999年6月9日，比利时和法国。100多人在饮用可口可乐后呕吐不止、头昏眼花。拥有113年历史的可口可乐遭遇了罕见的重大危机。

可口可乐于一周后查清原因：比利时中毒事件是因为安特卫普的可口可乐工厂在包装瓶内压入了浓度过高的二氧化碳，法国中毒事件是因为敦刻尔克工厂的杀菌剂污染了储藏室的托盘。此次危机，被媒体称为可口可乐“二噁英”事件。

起初，可口可乐公司总部得到的消息称，所谓中毒是由于可口可乐的气味引起的呕吐及其他不良反应。因此，公司总部认为这对公众健康没有任何危险，没必要启动危机管理方案，只是在公司网站上发布了一份声明。声明充斥着难懂的专业词汇，也没有高层管理者站出来对消费者表示关切。可口可乐公司只同意收回部分产品，拒绝收回全部产品。此举触怒了公众。公众发起强烈抗议，认为可口可乐公司“没人情味”、“不负责任”。

更糟糕的是，公司总部未与比利时和法国分公司进行充分沟通。总部负责人根本不知道就在事发前不久，比利时曾发生一系列肉类、蛋类及其他日常生活品中含有致癌物质的事件。比利时政府饱受批评，迫切渴望能在选民面前证明自己对食品安全问题非常重视。可口可乐正好撞在枪口上——迫使其收回全部产品正是政府表现的好机会。

在公众的抵制浪潮和比、法政府的强压之下，可口可乐才意识到问题的严重性。当时，可口可乐的股票价格下跌了6%。事发后10天，公司董事会主席兼首席执行官道格拉斯·伊维斯特（Douglas Ivester）从美国赶到比利时首都布鲁塞尔举行记者招待会，并随后展开了强大的公共关系攻势。发布会当日，会场里的每个座位上都摆放着一瓶可口可乐。在回答记者提问时，伊维斯特反复强调，可口可乐尽管出现了眼下的事件，但仍然是世界上一流的公司，它还要继续为公众生产一流的饮料。

在记者招待会的第二天，伊维斯特在比利时的各家报纸上发表了由他签名的致消费者公开信。公开信详细解释了事件的原因，并作出种种保证，表示要向比利时每个家庭赠送一瓶可乐，以表示公司的歉意。

可口可乐公司还宣布，将尊重政府和公众的要求，将中毒事件期间上市的可乐全部收回，并对公众进行赔偿。可口可乐还表示要为所有中毒的消费者报销医疗费用。可口可乐在其他地区的分公司，如中国公司纷纷宣布该地产品与比利时事件无关，从而稳定了事故地区以外的人心，控制了危机的蔓延。

此外，可口可乐公司还设立了专线电话，并为比利时公众开通了专门网站，回答公众提出的各种问题。比如，事故影响的范围有多大，如何鉴别新出厂的可乐和受污染的可乐，如何获得退赔，等等。可口可乐公司牢牢地占据了信源地位，防止错误信息的疯狂扩散，将企业品牌的损失降低到最低限度。

比利时公众陆续收到可口可乐赠券，上面写着："我们非常高兴地通知您，可口可乐又回到了市场。"孩子们拿着可口可乐发给每个家庭的赠券，高兴地从商场里领回免费的可乐，"我又可以喝可乐了。"

据统计，在这次危机中，可口可乐公司总损失达13亿美元，几乎是最初预计的两倍；全球因此裁员5 200人；伊维斯特最终引咎辞职。但是，正如比利时的一家报纸所说，可口可乐虽然为此付出了代价，却赢得了消费者的信任，成功地保护了自己最有价值的资产——品牌。

在可口可乐"二噁英"事件中，产品质量问题引发了一系列危机：一线部门与公司总部的信息不对称，以及公司与消费者之间的沟通缺位和错位，损害了信息共同体；100多位消费者的健康受到威胁，未中毒者惶恐不安，比利时政府亟须借事造势，公司与各方从益共同体走向疏离和对抗；人们开始怀疑公司是否诚实守信、是否尊重消费者、是否担负社会责任，价值危机已然显现。

可口可乐公司最终力挽狂澜。在沟通层面，公司善用符号（如发布会现场摆放可乐）和意义（如公开发表道歉信）策略，确保公开、透明地处理危机；在利益层面，公司主动赔偿受害者、报销医疗费、赠送产品，防止危机扩大化；在价值层面，公司宁可牺牲现实利益而保全品牌核心价值，承诺一流的公司必将继续提供一流的产品。通过这三个维度的努力，可口可乐公司使自己和利益相关者握手言欢，重归共同体。

第三节　博弈、双赢与价值观

到目前为止，我们已经获得了有关危机传播管理的两个假设：一是"3F"假设，危机传播管理是一个干预信息流、引导影响流、消除噪音流的过程；二是"3C"假设，危机传播管理是一个通过沟通恢复和再造信息共同体、利益共同体和价值共同体的过程。

正如英国社会学家鲍曼所说，共同体是一个让人感觉温暖、美妙的字眼，表征着一个温馨的"家"，我们于其中彼此信任、互相依赖。然而，我们不能也不必把共同体浪漫化，无论在信息、利益和价值哪个层面，共同体之内都会存在竞争和交锋。一个乌托邦式的诗意的共同体是值得追求的，但是我们不能用它来替代现实。在危机中更是如此，共同体的瓦解和重构乃是资源竞争、力量博弈和价值观冲撞的结果。

一、博弈

斯莱辛格（Philip Schlesinger）、沃尔夫斯菲尔德 Gadi Wolfsfeld）等学者认为，影响沟通的根本因素乃是对有限社会资源的占有和角逐。因此，沟通的基本问题，不在于建立“有效且符合道德标准”的理想模式，而在于权力关系的实践。① 在他们看来，权力关系才是解释沟通现象的切入点，其他解释都只是皮毛，或者说“伪解释”。根据权力关系论者的说法，有效沟通和公共关系的先决条件，是作为消息来源的组织，必须充分利用资源与不同的公众互动。②

一个乌托邦式的诗意的共同体是值得追求的，但是我们不能用它来替代现实。在危机中更是如此，共同体的瓦解和重构乃是资源竞争、力量博弈和价值观冲撞的结果。

具体到危机情境，组织与利益相关者在权力关系上的较量主要在如下四个层面展开：

一是双方对关键资源的占有程度——关键资源之争是力量竞逐的基本内容，谁掌控的关键资源越多，谁就能在特定情境下更强有力地影响事态发展。此所谓靠实力说话。

二是双方在特定时空条件下的社会影响力——影响力可能源于自身实力，也可能来自环境所赋予的力量和权威，谁的影响力大，谁就能取得更具优势的发言权和行动权。此所谓权威至上。

三是双方针对特定问题的立场与行动——立场和行动的正当性是双方较量的一个焦点，谁的立场和行动更符合法规、道德和主流价值所确定的标准，谁就更具正当性和合法性。此所谓占据道义高地。

四是双方整合力量、形成联盟的可能性——合作以形成合力，是双方较量的基本策略之一，谁促成的合力越大，谁就能获得更多的支持和动力。此所谓得道多助。

博弈论可以更好地解释危机管理者和利益相关者之间的较量。博弈论研究兴起于 20 世纪 50 年代，但真正产生广泛影响还要归功于 20 世纪 90 年代的两个机缘：一是博弈论的开创者纳什（John Nash）和他的合作伙伴荣获了诺贝尔经济学奖，二是以纳什为原型的奥斯卡获奖影片《美丽心灵》风靡全球。

博弈论的基本假设是：人是理性和自私的，无时无刻不在谋求自我利益的最大化。因而，博弈论所解释的乃是理性、自私的人如何进行有效的策略选择。

按照博弈论的观点，人与人之间的较量可以区分为两种状态：零和博弈与非零和博

---

① See Philip Schlesinger, “Rethinking the Sociology of Journalism: Source Strategies and the Limits of Media-centrism,” in M. Ferguson (Ed.), *Public Communication: The New Imperatives*, London, Sage, 1990. Gadi Wolfsfeld, “Media, Protest, and Political Violence: Transactional Analysis,” In *Journalism Monographs*, 1991, p. 127.

② 参见孙秀蕙：《公共关系：理论、策略与研究实例》，82 页，台北，正中书局股份有限公司，2005。

弈。所谓零和博弈，即双方各有胜负，胜者所得与负者所失对等，两两相加，和数为零（zerosum）。莫菲（E. A. Murphy）详细考察了杜邦公司与环境保护组织之间旷日持久的论争，发现冲突之所以一直未能解决，就是因为环保组织过于顽固、绝不妥协，以致杜邦公司以牙还牙，最终陷入零和困境和毫无进展的僵局。

非零和博弈的情况相对复杂，至少存在正、负两种结果：双方较量的和数为正，即为“双赢”；反之即为“双输”，也就是通常意义上的两败俱伤，极端状态为玉石俱焚。现实的困境在于，在与利益相关者的冲突中，组织往往过度强调已方胜出而导致零和博弈；或者采取非合作博弈，结果造成“双输”。

如此看来，既然利己至上只能带来“损人且不利己”，那么合作便成为理所当然的策略选择。而合作的前提是彼此沟通、相互理解，双方皆做出妥协和让步，最终采纳次优策略。事实上，对博弈中的任一方而言，依循次优策略才能保证双赢、互惠，最优和最差策略都可能导致“零和”或者“双输”的结果。显然，“双输”将造成共同体的坍塌，“双赢”方可维系共同体的可持续发展。

二、双赢

1995 年，美国公共关系学者格鲁尼格夫妇、多泽尔等人对他们早前提出的卓越公关理论做出修正，发展出“作为双向实践的新均衡模式”。[①] 这一模式的核心主张是，组织与利益相关者通过双向均衡沟通达及双赢状态。这与前述危机传播管理的“3C”假设和博弈论的主张大抵是一致的。具体如图 3—5 所示。

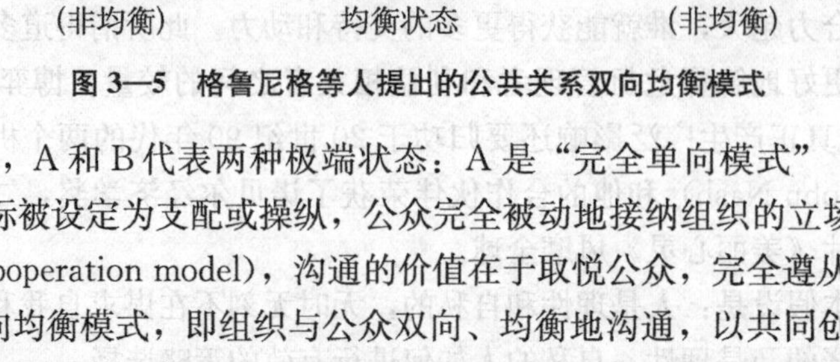

图 3—5 格鲁尼格等人提出的公共关系双向均衡模式

在图 3—5 中，A 和 B 代表两种极端状态：A 是“完全单向模式”（pure asymmetry model），沟通目标被设定为支配或操纵，公众完全被动地接纳组织的立场。B 是“完全合作模式”（pure cooperation model），沟通的价值在于取悦公众，完全遵从公众意志。

C 是一种双向均衡模式，即组织与公众双向、均衡地沟通，以共同创造双赢空间。在这一模式中，格鲁尼格等人使用了“双赢区”概念。“双赢区”介于组织立场和公众立场之间，既非一方对另一方的彻底支配或屈服，亦非绝对化、平均主义的利益切割。它代表了一种可能的均衡状态：

---

① See D. M. Dozier, *Managers Guide to Excellence in Public Relations and Communication Management*, New Jersey, Lawrence Erlbaum Associates, Inc, 1995.

组织与公众抱持多元、复合的动机（mixed motives）相遇，寻找合作的可能性；这些动机既包括具体的现实利益，也包括承认、信任、尊重和关爱等价值元素；沟通和公共关系的功能是创造、开掘这些可能性，使之转化为双方的共识和双赢。

格鲁尼格等人认为，在现代社会，公众权力的崛起已是不争的事实。如今，公众正由“抱怨”走向“行动”，通过舆论和法律的手段汇聚大海一般的力量，而这种力量正在超过传统时代组织面对个体时的强势。这一观点在新媒体时代得到了证实，每个组织都生存在利益相关者和普罗大众的围观之下，舆论的合力可以轻易将组织推到风口浪尖。舆论并不总是理性和正确，却始终强大而不可侵犯。

面对公众高涨的权力意识、协商观念和参与冲动，组织的当务之急是建立以合作为核心范畴的公共关系价值观。“合作之义理应导入组织的伦理体系，让组织的战略、决策、规范和行动框架皆以合作为主旨。”① 格鲁尼格等人提出，今日之合作包括两层含义：

一是协同性倡导（collaborative advocacy）。格鲁尼格等人反对使用宣传、说服等字眼，因为它们都包含支配、控制、征服的含义。他承认组织拥有更多的资源和主导意见市场的权力，因此可以倡导一种观点（如产品新标准、低碳发展、反对垄断）、行为（如购买、投票）、风潮（如时尚、理财），甚至一种主义（如集体主义、环保主义、反对恐怖主义）。但是，组织的倡导必须基于正当性合作而非说服、诱导或强制，必须具备符合公众利益的“可协同性”，否则参与、协商便无从谈起。

二是合作式对抗（cooperative antagonism）。格鲁尼格等人明确地将“合作”与“对抗”表述为一体两面，但未做出具体解释。结合格鲁尼格后来的著述，我们可以做出如下理解：合作并非无原则的妥协和屈从，恰恰是对抗的张力在推动社会进步；对抗亦非强者与弱者、多数人与少数人之间无节制的消耗和冲撞，正是合作让“组织—公众”系统更强大。一言以蔽之，沟通和公共关系应当谋求“为了合作的对抗”。这与时下公关与危机管理实践中的“和稀泥”、“漂白论”形成了鲜明对照。

> 合作并非无原则的妥协和屈从，恰恰是对抗的张力在推动社会进步；对抗亦非强者与弱者、多数人与少数人之间无节制的消耗和冲撞，正是合作让“组织—公众”系统更强大。

“协同性倡导”、“合作式对抗”和前述的“混合动机”，是支撑格鲁尼格“双向均衡模式”中双赢观念的三个核心主张。而格鲁尼格并未就此打住，进入新世纪以后，他基于而又超越20世纪90年代的“合作观”，完整地提出了公共关系的价值观。基于对国内外大量危机个案的观察，我们认为格鲁尼格总结的常态公关价值观同样适用于危机公关和危机传播管理。

三、价值观

“我相信，合作（collaboration）、集体主义（collectivism）、社会统合主义（societal

---

① J. E. Grunig, “Collectivism, Collaboration, and Societal Corporatism as Core Professional Values in Public Relations,” in *Journal of Public Relations Research*, 2000, 12 (1), p. 28.

corporatism）以及共同体关系（communal relationships）应该成为我们认定的公共关系职业的核心价值；它们也正是公共关系所能贡献给客户和社会的核心价值。”①

格鲁尼格强调公共关系是民主和文明进步的产物，它对组织、公众和社会而言都意味着一种积极的力量。而这种力量的合法性和进步性正体现在“合作”、“集体主义”、“社会统合主义”、“共同体关系”等核心价值之中。

第一，“合作”既是公共关系的指导观念，也是其实践策略。格鲁尼格详细考察了“合作”对于人类历史进步，尤其是在当前公众权力崛起、经济全球化时代的特殊意义，提出公共关系应以促进合作为己任。他大量引用管理学、经济学和政治学对利益相关者理论的解读，认为当公众从购买者、支持者，或者持异见者、反抗者的多样角色，转向利益相关者角色时，合作便应成为组织思考和解决所有问题的现实与逻辑起点。

第二，“集体主义”是对西方个人主义泛滥的一种积极修正。格鲁尼格在同一些亚洲研究者的合作中汲取了东方智慧资源：东方文化的集体主义精神与西方文化的自由主义思想相“中和”，人类的智慧才足够完整。对公共关系而言，它应在组织面临抉择而摇摆不定时，奉行多数人利益至上的集体主义原则。

第三，“社会统合主义”（又称社会法团主义）是对“过度多元主义”（pluralism）的替代。格鲁尼格认为，过度多元主义必然带来价值分裂和无所适从，因而应该导入政治学领域倡导的“社会统合主义”观念。这一观念强调，社会在尊重自主性、多样化的同时，应通过民主协商和制定规则实现利益的公正分配。在实践层面，社会统合主义主张扩大公民参与，尤其是组织化、法团性参与，重构国家与社会的关系。具体到公关领域，社会统合主义要求组织在处理自己与利益相关者的关系时，注重协商、参与、契约和社会责任。

第四，“共同体关系”作为一种“依存结构”而存在。共同体关系既包含了传统的公共关系智慧——开放、适应，也表达了一个新的主张——构建“你”、“我”之间彼此依存的整体关系。在格鲁尼格看来，民主和自由的目标是让人们进入共同体而实现自我改善，而非像分散、游弋的原子一样脆弱地生存。

我们自然不必照搬格鲁尼格开列的公共关系价值观清单，但是价值观问题的确是所有危机管理、危机传播、危机公关、危机修辞实践的根本问题。在一定意义上，政府、企业和其他社会组织乃至个人的全部危机都首先是价值观的危机。如果我们奉行传统文化有关“天人交感”的信条，那么天灾亦是人心招感的结果——当我们失去天人合一、敬畏自然之心的时候，规训与惩罚就降临了。

因此，危机管理的核心问题是传播，传播当以人为本，而仁者爱人，价值观乃是危机中自我救赎的根本。所谓仁者不忧、智者不惑、勇者不惧，以仁为先强调的正是心性和价值观的修炼。中国现存最早的一部典籍《尚书》有云：“至治馨香，感于神明。黍稷非馨，明德唯馨。”（《尚书·君陈》）

① J. E. Grunig, “Collectivism, Collaboration, and Societal Corporatism as Core Professional Values in Public Relations,” in *Journal of Public Relations Research*, 2000, 12 (1), p. 45.

【本章延伸阅读】

1. [美] 阿奇·B·卡罗尔，[美] 安·K·巴克霍尔茨．企业与社会：伦理与利益相关者管理．北京：机械工业出版社，2004

2. [美] 詹姆斯·格鲁尼格．卓越公共关系与传播管理．北京：北京大学出版社，2008

3. [法] 乌斯塔夫·勒庞．乌合之众：大众心理研究．北京：中央编译出版社，2000

【思考题】

1. 危机管理团队应承担哪些职能？

2. 谈谈你对危机管理决策和组织模式的看法。

3. 如何在危机管理事前、事中和事后等不同阶段进行组织的权力配置？

4. 什么是利益相关者？在公共关系和危机传播管理领域，为什么要用利益相关者的概念替代公众的概念？

5. 简述危机传播管理的“3C”假设，解释信息共同体、利益共同体和价值共同体的含义，并结合具体案例做出说明。

6. 危机管理者与危机利益相关者是如何展开博弈的？

7. 危机管理应坚持什么样的价值观？

第四章

危机预警

CHAPTER 4

危机预警能力的提升已然成为人类社会最紧迫的事务之一。我们不能要么坐以待毙，要么孤注一掷，前者丧失了人的主体性，后者则代价高昂。我们要对自己的处境做出深刻的检讨，并且对未来高瞻远瞩，如是才能发展出自足、自恃的生命政策。

“其安易持，其未兆易谋，其脆易泮，其微易散”，老子的智慧至今堪为危机管理的经典思想。老子强调对“安”、“未兆”的持守和谋划，主张居安思危、预警危机，消灭危机于微末、萌芽状态，是谓“为之于未有，治之于未乱”（老子：《道德经》第六十四章）。

危机预警即组织对危机的诱因和征兆进行事前监测和评判，并据此做出危机警示的管理行为。今日危机之“果”，必有往日所种之“因”，所以危机预警就是察因知变，预知、预报和预控危机。从整个危机管理体系看，危机预警属于事前管理的范畴，是组织由常态管理进入危机管理的转折点。作为承前启后的一环，危机预警是组织日常风险管理的延续和升级，同时也是危机管理实战流程的开端和起点。本章共三节，分别探讨风险管理、危机预警体系和危机预警的制度条件。

第一节　风险管理

在日常生活中，风险（risk）与危机（crisis）两个概念经常被混用或并用，二者含义实则有所不同：前者是指可能出现的威胁或危险，后者是指即将形成或已经显现的破坏或损害。所谓大风起于青萍之末，风险是危机的前奏，危机是风险的显化。因此，风险管理是组织规避危机的重要保障，是建立危机预警体系的第一步。

风险管理是对风险信息进行搜集、分析和处理，以形成应对计划，进而预防、控制风险的过程。这一过程主要包括风险确认、风险评估和风险控制等环节。

风险确认又称风险识别，一般分为横向和纵向两个程序。横向程序即组织的同级部门或个体，在协调运作中发现风险要素，及时汇总，以确认风险的危害性和发生概率。纵向程序包括上行程序和下行程序两种：上行程序是指组织的任一部门、个体在运营管理中警觉到风险要素，按层级或越级汇报给主管部门直至决策层，以期获得风险控制的明确指示；下行程序是指组织决策层、管理者在战略规划或战术执行中，就可能存在的风险提出应对的原则、策略和方法，交由相关部门或个体负责落实。

无论横向还是纵向程序，风险确认其实都是一个针对风险议题的沟通管理过程，要求组织开辟畅通的信息渠道、建立民主的沟通机制。然而大量实践个案表明，很多组织风险意识淡漠，对风险信息闭目塞听，甚至视而不见；很多人认为危机总是发生在别人身上，是媒体讲述的故事，离自己十万八千里。这种自我麻痹和侥幸之心不仅错误而且有害。风险社会催生了“加强版”的偶然性与必然性相结合的危机，模糊了危机与常态的边界。按照鲍曼的说法，社会生活的安排越来越像一连串的临时通知，风险和危机“选择不同的日子，敲开每一扇门”①。

> 风险社会催生了“加强版”的偶然性与必然性相结合的危机，模糊了危机与常态的边界。按照鲍曼的说法，社会生活的安排越来越像一连串的临时通知，风险和危机“选择不同的日子，敲开每一扇门”。

此外，风险识别之所以要横纵贯通，是因为要获得整体性的眼光，横看成岭，侧见成峰，更应识得庐山“真面目”。一些组织容易为风险的表象所迷惑，被风险问题中的次要矛盾、边缘议题、琐碎细节拖着跑。及至耗尽心智、精力和资源，才发现百般努力不过虚妄。

风险评估是在风险识别和确认的基础上，依照多重指标对风险类型进行划分、对风险危害性做出预估、对风险管理任务的优先性进行排序，并制定相应解释和解决方案的过程。

1. 风险类型划分

与危机类型的多样性密切相关，风险类型的划分也是十分复杂的。政府可能遭遇来自政策、民意、司法和国际关系等不同领域的风险；企业可能面临诸如决策、营销、竞争、财务、人力资源和技术更新换代等多重风险；公众人物亦会卷入无常之苦，为声誉、道德、原罪等风险所逼迫。以共性看，组织的风险类型大抵可归为三类：

效益风险，即可能干扰组织实现特定社会效益或经济效益的风险；结构风险，即可能破坏组织的运行规则、程序和制度，一旦显化为危机便导致组织系统出现结构性故障或失灵的风险；形象风险，即可能对组织的品牌、声誉、信用、软实力造成损害的风险。三类风险并非截然可分，大多交织一体，祸不单行。

需要补充的是，有一类风险潜隐于组织的“公共荒地”之中。所谓公共荒地，是指组

① ［英］齐格蒙特·鲍曼：《寻找政治》，44页，上海，上海人民出版社，2006。

织生存和发展中某个重要的领域或环节，由于人人都认识到其重要性，并且以为别人会关切和照料它，反而导致这一领域或环节遭到了忽略和荒弃。有鉴于此，组织在风险评估中应避免“灯下黑”，避免出现常识性的盲区，避免集体想当然或视而不见。关于“集体想当然”或曰集体无意识，有必要提示两个经验性陷阱：

一是“温水煮青蛙”现象。如果把青蛙投在热水里，它自然会跳出逃脱；如果把青蛙放在温水里，再持续增温，它一开始并无反应，随后又逐渐适应了水温，最后竟“死于安乐”了。二是路径依赖现象，人们总是不可避免地怀有偏见，不可避免地依赖特定的生活和工作路径。某种选择一旦成为持续稳定的偏见和习惯，就好比走上了一条不归之路，人们会不断自我强化，轻易走不出去。如是，在识别和确认风险的过程中，组织应时刻提醒自己勿做温水青蛙，更不可堕入偏见和习惯的陷阱——循着习以为常的老路，可能根本发现不了风险。

2. 风险等级排序

物有本末，事有轻重，风险亦有缓急之分。风险评估的一项重要任务，乃是对风险等级排出优先序列，以便有计划、分步骤地处置风险。有的风险并不需要当机反应；而有的风险则迫在眉睫或事关组织的根本利益与核心价值，容不得回避、拖延。风险评级的原则，就是在充分估量风险属性和组织实际情况的基础上，把有限的资源集中到最需要解决的问题上。譬如，组织通过上述横纵两种程序确认自身面临 10 种风险，即可按照危害性和发生的可能性等指标，排定风险管理的轻重缓急序列。

进行风险等级排序，需要引入风险系数的概念。在风险管理研究中，风险系数被认为是风险的危害性与可能性的乘积：

$$R = H \times P$$

其中，R＝risk（风险系数），H＝hazard（风险的危害性），P＝probability（风险发生的可能性）。依照这一公式，我们可以将风险等级描绘为一个矩阵。如图 4—1 所示。

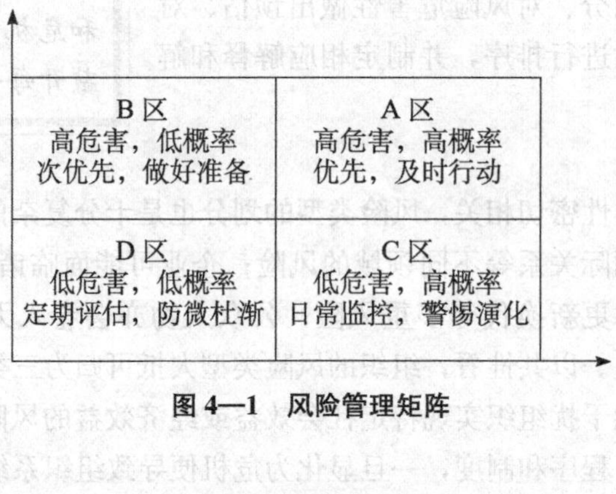

图 4—1　风险管理矩阵

3. 风险对策选择

对风险进行优先性排序后，组织应着手规划可行的管理策略以及执行这些策略所必需的资源。针对效益风险，组织可通过调整战略目标、降低运营成本、改善竞争环境、协调利益相关者关系等策略加以规避；针对结构风险，组织可通过建章立制、健全管理、结构再造、适应或改变游戏规则等策略以求化解；针对形象风险，组织可通过议题引导、媒体沟通、意见领袖游说、信用重建等策略转危为安。

在经验层面，组织风险管理的策略主要包括预防、排除、缓解、转移和分担等，参见表 4—1。

表 4—1 **组织风险管理策略**

应对策略	策略说明
预防风险	减少或消除运营管理中可能产生风险的活动
排除风险	集中力量解决问题，或采取退出机制来化解风险
缓解风险	加强内部控制，协调利益相关者关系，减缓风险转化为危机的速度、频度和强度
转移风险	转移责任，如参加保险或将风险转移到其他环节或部门
分担风险	减轻潜在负担，如通过建立利益同盟分解和共担风险
承受风险	直面风险，关键看组织对风险的承受能力

表 4—1 提供的每一种策略在实践中都对应着一些具体的做法。预防策略是上策，而举凡上策，皆应花费心力在平时，譬如实施零缺陷管理、设计良好的防范机制、增强管理的透明度等。排除策略的可选方案包括远离危害最大的风险、迅速解决小问题或小差错以及直接斩除后患。缓解策略主要靠在组织内部设置"隔离墙"或"缓冲阀"、在外部与核心利益相关者建立稳定互动关系等方式实现。转移和分担策略可能被理解为嫁祸风险给弱者或无辜者，实则不然。前者是指把风险传递给理应承受、能够承受的其他责任主体；后者是指将无法排除或难以化解的危机要素分解开来，转移给更多的利益相关者承担，以减轻自身的危机压力，通过合作的力量对抗危机。当然，更经常的情况可能还是直接承受风险，毕竟，风险和危机同死亡、纳税一样不可避免。

作为纽约世贸大厦的最大承租者之一，美国摩根斯坦利公司（Morgan Stanley）在"9·11"事件的第二天就恢复了正常办公，因为他们早在几年前就实施了数据安全战略，斥巨资建设了远程数据防灾系统。当世贸大厦瞬间倒下，摧毁众多公司前途和命运的时候，摩根斯坦利公司的所有重要数据都在几英里外的远程备份系统中正常运转。摩根斯坦利公司的先见之明和幸运来自它的风险意识，公司一直把数据安全问题视为最大风险，因而总是尽一切可能排除这个风险。

能够预防、排除、缓解和转移风险自然是幸运的，但是并非所有的风险都可预见和避免。如是，直接面对风险、整合力量分担风险便成为必然选择。2001 年，美国继"9·11"事件后又爆发了炭疽病毒恐怖事件，美国联邦邮政公司（UPS）的一项重要策略就是立即寻求与美国军方、警方和政府卫生主管部门的合作，使自身遭遇的重大风险同国家利益联系起来，以举国之力化解风险。

海尔公司推行的 OEC 管理模式，即是全面评估风险的一个范例。

案例 4—1

海尔 OEC 管理模式

为了强化管理，规避危机，自 1989 年以来，海尔设计、运行了著名的 OEC 管理模式。在 OEC 模式中，O 代表 overall，意为"全面的"；E 代表 everyone、everything、everyday，意为"每个人、每件事，每一天"；C 代表 control and clear，意为

“控制和清理”。海尔将 OEC 模式凝缩提炼为八个字：“日事日毕，日清日高。”OEC 模式具体包括三项内容：

一是“总账不漏项”。海尔将企业所有工作按“事”与“物”分为两大类，建立总账，使企业运营过程中的所有“事”与“物”都处于控制网络之中。

二是“事事有人管，人人都管事”。海尔将总账中的所有“事”与“物”层层细化并落实到各级人员，制定各级岗位职责及工作标准。每个人都依照职责建立工作账台，明确工作范围与内容、频次与进度、期限与目标。

三是“管事凭效果，管人凭考核”。在海尔，每人每天一张表格，填清每日工作内容、工作量及完成效果，报上级主管审核。海尔的分配机制即建立在每日和月度审核的基础之上，坚持计点到位，一岗一薪。

OEC 模式发挥了良好的风险管理和危机预警功能。海尔认为，企业于竞争中求生存，恰如将一个球体置于斜坡之上，受到来自市场竞争和内部管理等多方面压力因素的作用，倘没有制动力便可能滑入危机。“日事日毕”解决的是基础管理问题，旨在克服企业内部的惰性和麻痹；“日清日高”解决企业的成长问题，旨在化解发展中出现的新问题、新矛盾和各种不确定性风险。

下面以中国人民大学公共传播研究所在 2006 年为“国家学生饮用奶计划”制定的风险管理方案为例，进一步说明风险管理的任务与策略。

案例 4—2

国家“学生饮用奶计划”风险管理方案

2000 年 11 月 15 日，国家八个部委局正式推出“学生饮用奶计划”。该计划由政府主导、企业让利、学校负责具体执行，向青少年学生提供优质廉价牛奶。在计划执行中，一些省市地区发生了学生奶“中毒”事件，由于有的参与方危机管理意识和经验不足，加之个别媒体恶意炒作，项目执行屡遭风险。

为加强学生奶计划执行过程中的风险管理，中国人民大学公共传播研究所受有关机构委托开展了“学生奶应用计划风险管理研究”。经过调查，研究团队将学生奶计划的风险划分为三类：一是由牛奶质量不合格引发的食品安全风险（食物中毒），二是由学生自身体质原因导致的饮奶不适应类风险（乳糖不耐和蛋白质过敏），三是由学生从众心理诱发的群体癔症类风险。

第二和第三类风险的情况是这样的：学生、家长和老师经常将饮奶“不适应”症（乳糖不耐和蛋白质过敏）等同于“食物中毒”，学生之间还存在群体心理的暗示和传染问题，一人感觉不舒服会引发全班同学恐慌，最终人人都觉得自己病了，从而导致危机升级。

研究团队根据风险的危害性，进一步将这三类风险区隔为三个等级：最严重的是食品安全类事故（可能并发群体癔症），其次是不会对学生造成生命危险的群体癔症，最轻微的是饮奶不适应症。经过风险确认和风险评估，研究团队提出了学生奶计划的风险管理对策（见表 4—2）：

表 4—2 学生饮用奶计划风险管理策略

应对策略	策略说明
承受风险	直面风险——食品、青少年、学生，像重视该计划的公益性一样关注其风险性，制定和执行完备的风险识别、评估和应对计划
规避风险	提前给师生、家长、牛奶企业员工和媒体记者进行风险识别和应对培训，避免把饮奶不适应症误认为中毒，避免学生发生群体癔症
排除风险	牛奶企业加强奶源管理、生产质量监控、物流配送管理，学校教师负责监控饮前牛奶有无变质、学生饮后有无不良反应
缓解风险	加强学生奶计划参与各方的沟通与协调，提升各方风险预防和应对的积极性，比如给参与质量监控的员工和教师适当的奖励
分担风险	各部门明确分工，做到守土有责，风险共担

在风险识别和风险评估的基础上，组织可按照既定的策略选择展开风险控制。控制计划得以实施后，尚应进行风险管理的效果评估，以总结经验和教训。计划实施方案参见表4—1，风险管理效果评估可参考本书第十章第三节“危机管理效果评估”的相关内容。

第二节 风险与危机的转化

风险向危机的转化是一个由量变到质变的过程，各类破坏性要素突然汇聚，进行复杂互动和能量交换，最终形成冲击组织生存状态、结构和秩序的强大力量。孙子云：“激水之疾，至于漂石者，势也；鸷鸟之疾，至于毁折者，节也。”（《孙之兵法·兵势第五》）湍流迅疾可以漂石，是因为势不可挡；鸷鸟高飞搏杀燕雀，是因为当机乃发。风险蓄势待发，及至因缘俱足，便形成显在的危机。我们首先看一个案例。美国安然公司破产案为我们提供了一个反面教材：风险既至，决策者未能从善如流，终遭覆灭之灾。

案例 4—3

安然公司的风险与灾难

2001 年 8 月的一天，美国安然公司副总裁瓦特金斯（Sherron Watkins）警告总裁雷伊（Ken Lay）说，安然公司可能会因财务丑闻而“暴毙”。当时，雷伊可以采取特别行动防止破产，拯救即将倾倒的“安然大厦”，譬如让值得信任、没有污点的人接班。但缺乏危机意识的雷伊没有这样做，错过了矫正可怕错误的最后时机。其实早在此前一两年，安然的风险苗头已现，美国《财富》杂志曾发表《安然是怎样赚钱的》、《安然是否被高估》等文章，而安然公司并未理会这些挑战。及至 2002 年初，这家美国第七大公司宣布破产，成为当时“美国最大的公司灾难”。安然的教训说明，如果无视风险或在风险面前毫无作为，真正的危机迟早爆发。

如果在理论上进行深究，风险向危机的转化过程如图 4—2 所示。

在大坐标系 OYX 中，X 轴表示随着时间推进的风险与危机的转化过程，Y 轴表示风险与危机对组织的影响程度。我们可以从如下几个方面解析这一图示：

第一，在 OAA′O′范围内，组织处于常态发展之中，从外部来看风平浪静，但各种矛

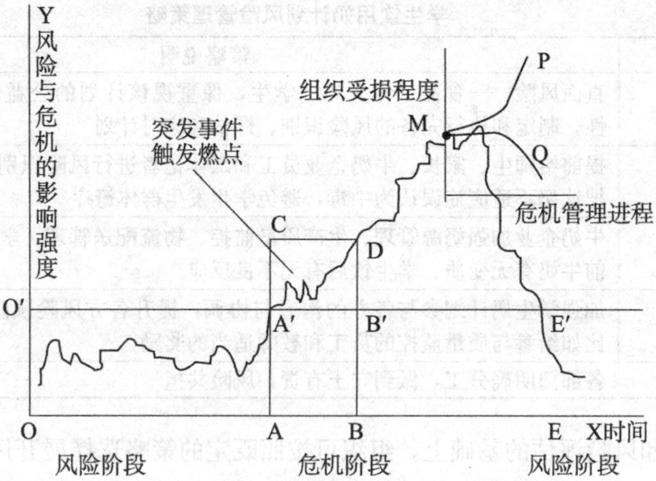

图 4—2　风险向危机的转化过程

盾要素错综复杂，风险曲线波动不已。在此状态之下，风险管理应成为组织日常管理的必要组成部分。

第二，当风险突破 OAA′O′范围的临界，特别是在特定突发事件触发燃点后，便转化为组织的危机。图中 ABDC 矩形反映的正是组织打破平静“水面”，原有生存秩序和发展平衡被打破，走到了风险向危机转化的紧要关头：D 点。此间，一套有效的危机监测和评估机制对于组织化险为夷不可或缺。

第三，D 点到 M 点表示危机爆发，影响范围迅速扩大，危害程度不断提升。在持续监测和科学评估的基础上，对危机做出有效预控乃是此一阶段组织工作的重心。

第四，M 点是一个新的转折点，在其所延展的时空情境下，组织又置身于一个新的坐标系中。如果组织未能采取有力的危机管理策略，危机的破坏力将进一步增强，组织受损程度加大，如曲线 MP 所示；反之，如果组织妥善应对危机，则危机影响将逐渐变弱，组织受损程度减小，如曲线 MQ 所示。起始于 M 点的两条曲线，反映了组织于危机中截然不同的两种生存轨迹，问题的关键在于是否构建了有效的危机应对体系并将之付诸实践。

第五，E′之后，由于管理力量的介入和时间的推移，危机渐渐趋缓。危机趋缓的进度和再次爆发的概率，取决于多种主客观要素的重新组合，其中组织的危机恢复管理策略和新一轮的风险管理机制将发挥重要作用。

图 4—2 显示了风险事态的演进及其向危机的转化，而客观事态并非引爆危机的全部因素，组织和利益相关者对风险的想象和建构同样是危机的发酵剂。本书第一章和第二章指出，危机既是一种客观存在，也是人们在主观上的一种认知框架和价值安排，风险作为危机的前兆亦复如是。风险不仅是一种实在、潜在的威胁情势，而且存乎人们的主观想象和构建之中，意味着失去安全感的焦虑、恐惧和愤怒。因此，风险的客观存在状态和人们对风险的主观感知程度，共同决定了风险能否、何以转化为危机。这大抵应了罗斯福的名言：我们唯一的恐惧就是恐惧本身。①

① 1933 年 3 月 4 日，美国第 32 任总统富兰克林·罗斯福发表就职演讲《我们唯一的恐惧就是恐惧本身》（The Only Thing We Have to Fear is Fear Itself），当时美国正在经历着史上最严重的经济危机。

风险不仅是一种实在、潜在的威胁情势，而且存乎人们的主观想象和构建之中，意味着失去安全感的焦虑、恐惧和愤怒。因此，风险的客观存在状态和人们对风险的主观感知程度，共同决定了风险能否、何以转化为危机。

实际上，唯有考虑到“作为想象的风险”或者说风险的主观感知，才能解释如下事实：有些风险原本微不足道，利益相关者却狂躁不安；有些风险势如洪流，利益相关者却安之若素。如是而观，风险系数不只是前述风险危害性和风险发生可能性相互作用的结果，还必须考量利益相关者的认知、情绪和意志，譬如愤怒。很多研究者认为风险乃是实际危害与利益相关者愤怒情绪的彼此遭遇，据此得出风险公式如下：

$$R=H+O$$

其中，R=risk（风险），H=hazard（危害），O=outrage（愤怒）。

循此思路，规避、控制风险向危机的转化，一项必需的努力是加强风险状态下与利益相关者的沟通。如是沟通不唯事实、知识和技能至上，尚应化解利益相关者心目中的风险想象和图景。组织的努力自然是重要的，而利益相关者的主动参与和创造更加重要，他们必须在风险之下成为自己命运的主人。以下引用国内学者张洁、张涛甫对风险沟通研究的一些观点来拓展我们的论述——这些观点不只关心风险，而且关心人。参见表4—3。①

表4—3　　不同风险级别下与利益相关者的沟通策略

危害vs愤怒	沟通类型	目标	关键语
危害高、愤怒低	预防倡导 precaution advocacy	向缺乏警惕的/漠不关心的人们预警严重的风险	小心！
危害低、愤怒高	愤怒管理 outrage management	针对小的风险，安慰过于不安的人们	冷静！
危害高、愤怒高	危机传播 crisis communication	恰当地帮助人们应对严重的风险	我们将共渡难关！
危害和愤怒都居于中等水平	利益相关者关系 stakeholder relations	与感兴趣的人们讨论一个重要而并不紧急的风险	您的想法是？

仍需重申的是，风险不仅隐匿或显现于产品、技术、服务、政策、制度和合约之中，而且可能潜隐在人们的心里。就后者而论，风险管理者非以“恻隐之心”、“羞恶之心”、“恭敬之心”、“是非之心”（《孟子·告子上》）无以察之。两千多年前，孟子认为这“四心”人皆有之，而在工具理性泛滥、物质主义当道的现代社会如何葆有这“人之初”的善意，显然是一个绕不过去的价值问题。

在20世纪90年代初，万家乐热水器一度风行全国。在一次消费者投诉中，万家乐公司坚信自己的产品没问题——也许事实的确如此，但是该公司在事故中对消费者显然缺少恻隐、恭敬之心，而风险恰恰来自消费者和其他利益相关者的愤怒。最终，万家乐品牌在经历一场严重的舆论危机后黯然衰落。

① 参见张洁、张涛甫：《美国风险沟通研究：学术沿革、核心命题及其关键因素》，载《国际新闻界》，2009（9）。本书作者略有调整。

案例 4—4

万家乐热水器爆裂事件

曾几何时，“万家乐，乐万家”这句广告语是如此深入人心，以至于成为孩子们传诵的童谣。然而，1993 年发生在郑州的一次万家乐热水器爆裂事故改变了这一切。郑州一位用户在洗浴时，万家乐热水器发出一声爆响，让用户惊恐万分。经河南省热水器与燃气具质量检测中心检测，发现爆响是由热水器“干烧”引起部件爆裂造成的。

事故发生后，用户要求万家乐公司郑州服务中心提供维修服务。服务中心答应了用户的要求，但态度较差，并声称须收取零件费。万家乐公司的反应激起了 20 万郑州用户的强烈抵制，许多人联名将万家乐公司告到了消费者协会。

此时，万家乐公司将工作的重点落在了查找热水器爆裂的技术原因上。技术人员最终得出结论，认为爆裂是由热水器阀中的沉淀物引起的，而沉淀物则源于自来水中的杂质。据此，万家乐公司仓促在《郑州晚报》上发布了一则广告，暗示自己完全没有责任，而取自黄河的郑州自来水则问题严重。此举引起了郑州自来水公司的极大愤慨，他们出示水源检测结果，证明万家乐公司在推卸责任，并要求万家乐公司赔偿名誉损失费 100 万元。

万家乐公司反驳郑州自来水公司说，水源没问题并不意味着水中不存在杂质，二次污染的可能性也存在。在长达一年的诉讼中，万家乐公司高层对事故所带来的政治和民意风险并未给予足够的重视，而是据自己之理力争，用户的问题迟迟未得到解决。

1994 年 10 月，全国人大《消费者权益保护法》执法检查组到郑州巡视，并专门就万家乐热水器问题做出了有利于消费者的结论。随行的新华社记者写了一篇题为“郑州多次发生‘万家乐’热水器爆炸事故”的报道，“爆裂”不经意间被演绎为“爆炸”。

新华社的稿件播发后，几乎所有重要媒体都转发了报道，并做了诸如《想买热水器吗？当心!》之类的追踪报道。万家乐陷入一场严重的舆论危机，“万家乐，乐万家”的时代一去不复返。

第三节　危机预警系统

危机预警能力的提升已然成为人类社会最紧迫的事务之一。我们不能要么坐以待毙，要么孤注一掷，前者丧失了人的主体性，后者则代价高昂。我们要对自己的处境做出深刻的检讨，并且对未来高瞻远瞩，如是才能发展出自足、自恃的生命政策。

危机预警并不是在某个紧要关头大喊一声“狼来了”了事，而是基于日常风险管理，着眼战略全局，系统地预报和控制危机的一整套管理机制。从国内外理论研究和实践发展来看，危机预警系统一般由三部分构成：危机监测子系统、危机评估子系统和危机预报子系统。危机预警系统的构成如图 4—3 所示。

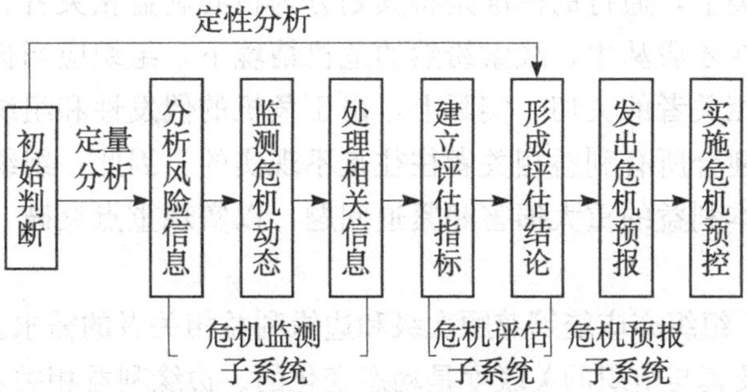

图 4—3 危机预警系统

一、危机监测子系统

危机监测子系统的主要职能有三项：一是对信息的监测，即接续风险管理的任务，深度分析风险信息，监测危机发展动态；二是对人的监测，了解利益相关者对危机的反映和反应；三是收集、加工危机管理的相关历史资料、案例资料、参考文献，以及应对本次危机所需的各种素材和文件，做好危机管理前的知识管理。这三项职能详述如次：

1. 议题监测

危机预警的首要任务是监测、追踪危机议题，了解议题的形成原因、传播机制和变化趋向，为有效设置、引导或改变议题提供决策资讯。危机事件一经传播，便会成为一定时空范围内公众操持的议题。议题的扩散、变异和放大，是主导危机传播环境变化的重要因素。因此，监测媒体和公众议题，施以有效引导，才能为后续危机管理工作打开一扇方便之门。

2010 年前后，专业舆情监测软件被研发出来并广泛应用于各类组织。这类软件采用大数据技术，通过对互联网信息的海量抓取、选择和计算，实时呈现组织所关切议题的发生和发展的轨迹。在某种程度上，舆情监测软件及相关技术平台提升了危机预警的时效性和敏感度。但是，技术无法替代人对危机议题和公共舆论的语境、调性和情感做出准确、灵活的判断。因此，危机议题监测宜采取“人机结合”模式，即计算机完成部分数据采集，接下来由组织的“内脑”和“外脑”做出战略性、专业化的研判。

很多组织并不情愿建立专门的危机预警技术平台和人才团队，因其“费钱、耗时、花架子、多数情况下无用”。这样的顾虑自然是有道理的：孤立地建立预警机制确实会浪费资源、好听不中用——大量的危机预案被锁在抽屉里或挂在墙上落满灰尘。加之有些危机永远猝不及防，有些危机对核心层、决策者而言则早已心知肚明，故而预警机制不过形同虚设。我们主张将危机预警机制嵌入到组织的整个战略系统，实现同其他运营、管理系统的有机结合。在常态下，预警机制可以倾听利益相关者的声音，发现问题、弥补不足，加强风险管理；在危机中则发挥专业的监测、评估和预报作用。如是，预警机制便不致沦为装点门面的“花瓶”，或者经理人的时髦用语。

2. 利益相关者监测

危机预警不仅要着眼于事，更要高度关切人——利益相关者的认知、态度和行为。

在利益相关者的分类上，通行的标准是将其划分为核心利益相关者、次级利益相关者和边缘利益相关者。在矛盾丛生、线索纷然的危机情境下，组织应当抓主要矛盾，重点了解和响应核心利益相关者的关切。实际上，由于危机的偶发性和组织所掌握资源的有限性，试图在危机中迎合所有利益相关者往往是不现实的。因此，组织必须在监测中发现指涉核心价值、根本利益的重大损害和紧迫问题，以实现重点突破，逐渐恢复对全局的驾驭能力。

需要强调的是，组织亦应统筹兼顾次级和边缘利益相关者的需求。所谓法无定法，利益相关者的重要性及其与组织的关联度是动态变化的。边缘利益相关者可能突然强势介入危机管理的核心议题，原来的核心利益相关者也可能悄然淡出或“靠边站”，次级利益相关者亦可能随时进退，这些都需要组织采取相应行动。

新媒体通过突破时空边界和重新分配话语权，加剧了利益相关者角色和地位的转换。在当今的危机事件中，你永远不会猜到在事件之外、利益半径之外的哪一个角落，哪一个人或机构，乃是影响你命运的核心利益相关者。譬如，在石家庄三鹿奶粉事件、“我爸是李刚”事件、药家鑫案等著名危机个案中，在公共空间表现积极、发言活跃者未必是受害者及其家人、代理人等核心利益相关者。只要关心，距离不是问题，人人皆可能在这样一个多中心的时代成为受人瞩目的表达者和行动者。

以上内容充分说明了当代危机管理的复杂性：顺应核心利益相关者，协同次级利益相关者，沟通边缘利益相关者。不仅如此，组织还要敏锐捕捉不同利益相关者角色和需求的变化。这意味着以人为本的危机管理原则不再只是一句口号，而是必须回归到组织价值观的本源，必须落实到危机应对工作的每一个领域和环节。放弃了对“人”的关切，“事”要么纷乱无解，要么徒劳无功。下面以《左传》所载“子产不毁乡校”的故事为证，说明危机中“人”的重要性。

> 放弃了对“人”的关切，“事”要么纷乱无解，要么徒劳无功。

案例 4—5

子产不毁乡校[①]

郑人游于乡校，以论执政。然明谓子产曰：“毁乡校，何如？”子产曰：“何为?! 夫人朝夕退而游焉，以议执政之善否。其所善者，吾则行之；其所恶者，吾则改之。是吾师也，若之何毁之？我闻忠善以损怨，不闻作威以防怨。岂不遽止？然犹防川，大决所犯，伤人必多，吾不克救也。不如小决使道，不如吾闻而药之也。”

故事大意是：郑国人在乡校聚会，议论执政者得失成败。大夫然明对子产说：“把乡校毁了如何？”子产说：“为何毁掉？人们早晚劳作而后到这里游聚，议论施政好坏。他们认为是善的、喜欢的，我们就推行；他们认为是恶的、讨厌的，我们就改正。他们正是我们的老师啊，为什么要毁掉乡校呢？我听说尽力做好事以减少怨恨，没听说过依权仗势来断绝怨恨。很快制止这些议论难道不容易吗？然而那样做就像堵塞河流一样：河坝溃决，

① 《左传·襄公三十一年》。乡校即古时乡间的公共场所，既是学校，亦是乡人聚会议事之处。

伤害的人必然很多，我们无以克救；不如开个口子疏导，我们听取这些议论并视之为治病的良药。”

倘若三鹿公司能够读懂“子产不毁乡校”的故事，并且信奉如是朴素的道理、常识，又当如何？2007年那几个投诉的消费者不是“敌人”，而恰是三鹿公司之“师”，或者按照传统文化的说法，是三鹿公司的“贵人”。遗憾的是，大多数组织及其决策者可能恰如三鹿公司一般，视抱怨者、批评者、挑战者为对立面和敌人，并因此失去与之沟通、合作、共同解决问题的机会。及至对方果然成了不愿回头、不肯沟通的敌人，危机情势已是剑拔弩张、“不克救也”！

3. 知识管理

除了采集危机议题和利益相关者的动态信息，危机预警团队还应做好必要的知识储备工作：组织自身或同行应对类似危机的历史资料，以及其他一切可以借鉴的理论资源和实践个案；与危机相关的产品、技术和服务说明，合约、政策和司法解释，能够证明组织一贯优良的业务表现、市场表现、社会表现和政治表现的数据、报告和文件；第三方权威证言或背景资料；可能需要向政府主管部门、行业监管或自律部门、组织内部利益相关者、上下游利益相关者、传统媒体、新媒体、一般公众、NGO、社区、竞争对象提交、发送的声明和背景资料；等等。这些资料务必齐全、深入、准确，它们正是组织在危机传播管理中“说正确的话、做正确的事”的依据和素材。

二、危机评估子系统

危机评估是一个先谋后动的过程，对制定行之有效的危机管理策略起着决定性作用。一般而言，危机评估至少应包括三方面的内容：一是对危机发展进程的冷静分析，全面描述危机产生的诱因、演进过程和扩散方式，对危机的现实状况做出判断，对未来的变化趋向做出预期；二是对危机危害程度的客观评估，如实反映业已遭受的损害，估计可能发生的潜在损害，研究损害的对象和损害的方式；三是对危机化解可行性的报告，指明应对危机所需要的主客观条件和内外部资源，对危机预控的可行性策略提出建议。这些内容是易于理解的，以下重点强调三个问题：

1. 建立多向度评估指标

鉴于危机的复杂性和多变性，危机评估的指标不应是单一或单向度的，譬如万家乐公司对事故的预判只采取了单一的技术性指标，又如很多政府部门和企业在危机中只站在单向度——自我本位的立场上思考、表达和行动。正如本书第二章所强调的，单一的技术主义、专业主义、制度主义导向，单向度的组织立场，皆不足以化解危机。因此危机评估指标的设置应坚持如下多样、多向度原则：

> 单一的技术主义、专业主义、制度主义导向，单向度的组织立场，皆不足以化解危机。

科学性，评价指标必须客观反映组织于危机中的真实运营状态，数据来源权威，资料翔实，便于操作；可比性，指标之间必须具有纵向和横向的可对照性，以使组织在历时和共时的比较中做出准确判断；灵活性，指标一旦设定便应保持相对稳定，但要注意因时因势而变，根据现实需要增加或裁撤指标，对同一指标亦应适时修正其内涵，扩大或缩小其所指涉的评价范畴；完整性，指标必须涵盖危机状态中的所有主要问题，避免造成重大疏忽，同时指标之间必须是相互关联的，以构成一个完整的指标体系，反映危机要素的交互影响和交互作用。

从上述四项原则出发，组织可视实际情况设置多元、复合的危机评估指标，如时间指标、效益指标、财务指标、人力资源指标、声誉指标和公共关系指标等。

2. 脆弱度检查

几乎所有危机管理研究者都同意，组织有必要建立定期的“脆弱度检查”机制。在这一机制下，组织要拿出足够的勇气、精力和成本，对管理、运营、合作中的那些脆弱环节进行专案研究，使之有所改观、变得坚韧，或者索性放弃以除后患。千里之堤毁于一蚁，即使是那些微细的缺陷也可导致满盘皆输。

在管理学中，有一个著名的“木桶理论”或曰“短板效应”（barrel theory），大致是讲一个木桶能盛多少水，并不取决于桶壁上的长木板，而是受制于最短的那块木板。如果把一个组织比喻为木桶，那么组织的整体实力和可持续发展能力往往取决于自身的短板。换言之，优点可能决定了组织发展的速度和特色，而缺点则决定着实力和质量。大多数危机正是从组织的短板爆破，进而扩散开来。因此，组织在危机预警中要积极“护短”——加以改善，必要时更应勇于“弃短”。

从危机管理角度看，东方文化的忧患意识和中庸观念亦应得到重视，“有所不足，不敢不勉”，“有余，不敢尽。言顾行，行顾言”，从而“致中和，天地位焉，万物育焉”。

西方文化强调竞争，反对四平八稳的整体推进，鼓励组织打造特色、培育核心竞争力，并据此发展出进攻型的管理哲学。而从危机管理角度看，东方文化的忧患意识和中庸观念亦应得到重视，“有所不足，不敢不勉”，“有余，不敢尽。言顾行，行顾言”，从而“致中和，天地位焉，万物育焉”（《礼记·中庸》）。

3. 大处思考

“大处思考”（the big think）是现代公共关系之父伯内斯的重要思想，他主张跳出对具体产品、项目和事务的纠缠，转而采取一种高远朗阔、激扬勇猛的“大处思考”框架。1949 年，马克货车公司面临着来自铁路运输业的强势竞争，对手们指责它的载重卡车损坏了道路，应当课以重税。伯内斯提出的解决方案令马克公司感到吃惊：把眼光从铁路业移开，放弃舆论上的回应和反击，放弃生意上的冲撞和拼抢。他建议马克公司游说国会批准上百亿美元的预算，构筑高效的全美公路系统，如此才能从根本上化解民怨，并避开与竞争对手之间愚蠢、短视的相互伤害。

为此，伯内斯帮助马克公司协调和统一公路运输业内部立场，聚合意见领袖和媒体精英力量，组建“前线行动组织”对各州和重点社群进行动员，利用民生议题吸引公众。一年后，国会通过公路预算法案，大规模拓展公路建设，对美国经济和社会发展影响深远。同样，伯内斯也建议腊肉商、书商等客户不要捡了西瓜丢了芝麻，不要简单粗暴地抢走别人的机会和利益，这样做代价巨大而且可能不道德。

基于大处思考，组织在危机中应舍得一些利益，应站在战略、全局乃至历史的高度看问题，应最大限度谋求合作而非对抗，切忌贪图小利或陷入义气之争。关于危机中的舍得，古今中外皆有很多常识性的智慧，试举三例：

一是中国俗语讲的“弃卒保车”，即舍小求大、保全大局；二是投资管理领域讲的“鳄鱼法则”——当鳄鱼咬住你的脚，你千万不可出手救护和抵抗，因为你可能面临同时失去手脚的厄运，应立即停损、不可贪恋；三是管理学经常论及的“酒与污水定律”，无论把一匙酒倒进一桶污水，还是把一匙污水倒进一桶酒，你得到的都是一桶污水，意即坏东西会迅速扩散和传染，不要抱有任何幻想，应当立即革除之。

三、危机预报子系统

危机预报是根据危机评估的结果，对危机的爆发、演进及其危害，向组织内外的利益相关者发出警报，以唤起各方注意，采取预控措施。

经历 2003 年爆发的“非典”后，中国政府结合国情并参照国际惯例，在全社会范围内建立了公共危机预警机制，制定、出台了《国家突发公共事件总体应急预案》、《国家突发公共卫生事件总体应急预案》以及其他综合性或专门性的应急管理条例和预案。2007 年，第十届全国人民代表大会常务委员会第二十九次会议正式通过了《中华人民共和国突发公共事件应对法》。该法将公共危机划分为四类、四级：自然灾害、事故灾难、公共卫生事件和社会安全事件；按照突发事件发生的紧急程度、发展势态和可能造成的危害程度分为一级、二级、三级和四级，分别用红色、橙色、黄色和蓝色标示，一级为最高级别。

各国政府、企业和其他社会组织对危机的分类和分级自然有所不同，但在思考模式上大体接近。美国危机管理专家史蒂文·芬克（Steven Fink）提出的危机晴雨表（Crisis Barometer Grid）最具代表性。芬克以危机发生概率和危机影响值为横纵坐标，建立了反映危机等级的一个标准模型：危机发生概率处于 0～100%之间，概率低于 50%为低度发生状态，概率高于 50%为高度发生状态。危机影响值是指危机一旦发生后，若不进行干预而产生的危害大小，可以用 0～10 表示对危机影响值的主观判断。据此，芬克将危机划分为四个等级，参见图 4—4。

不同等级的危机，需要以不同的方式向利益相关者发出危机警报。报刊、广播、电视、互联网、手机、文件、会议、海报、告示、演讲、警笛，以及传统的传单、钟声、烟火等都可以成为发送危机警报的管道或载体，问题的关键在于确保警报能够有效到达，使利益相关者警觉危机，并采取预控措施。

从传播学的视角看，危机预报是危机信号从传者发向受者，并期望得到反馈的一个循环过程。按照本书第二章梳理的传播与危机传播模式，危机预报应重点把握几个关键要素和环节：

1. 信源

危机预报主体（组织、组织中的相关部门或组织合作体）担当信源（传者）的角色，需要具备如下几个条件：一是权威性与可信性。信源的可信度越高，预报的告知和说服效果就越好，反之则越低。二是编码与译码能力。危机信号的传播实际是由传者进行符号编

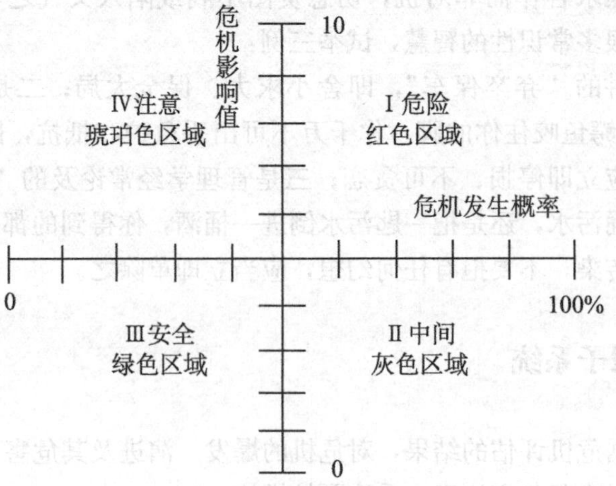

图4—4 芬克的危机晴雨表

码，而后由受者进行符号译码并作出反馈的过程。受者的反馈也是一个编码过程，传者欲了解反馈信息，则又需要译码。因此传者必须明确受者的规模与结构，运用与之相适应的传播技巧，构建有效的传播渠道和共通的意义空间。三是对传播资源的占有与配置能力，即危机预报主体必须掌握足够的信息资源、媒介资源、意见领袖资源和其他保障传播有效性的资源。

2. 信息

有关危机传播管理中的信息内容规划和修辞，本书有专门章节论述。此处只强调三个关键词：正确、准确、明确。正确是指观念、方向、立场和原则等可靠无误，譬如坚守预防为主、以人为本、大局至上，以及先避险再抢险、先救人再救物、先图存再发展等基本原则；准确是指知识、方法、技能和政策等真实无误；明确是指信号清晰、显著、易于识别和理解，人们习惯等待明确的信号，模糊信号往往被忽视或导致不信任。

案例4—6

英国克拉彭铁路事故

1988年12月12日，英国伦敦附近的克拉彭发生火车相撞事故，两列火车共搭乘了近1 300人，死亡35人。在收到克拉彭铁路失事的消息后，伦敦紧急服务中心发出了“黄色预警”。圣乔治医院的电话接线员本可以为减少伤亡做出贡献，但由于不知“黄色预警”为何意，医院员工未能做出相应的反应行动，结果在一定程度上耽误了伤员救治。这个案例的启示意义在于，危机预警信号必须是明确、可识别的，信号的编码者和译码者要具备对等的认知和反应能力，在共通的意义空间下实现危机信息流的循环。

3. 信道

危机预报的信道或曰媒介要具有适应性和便捷性，符合受者定位，是他们最经常、最便捷、最愿意接触的沟通管道。在国内很多县、乡、村，预报自然灾害和突发公共卫生事件的主渠道往往是“大喇叭”和“明白纸”。其中，“明白纸”即宣传单页，在市集上发给公众，或者让孩子们从学校带回家，要求父母阅读后签字再返回学校——以保证信息到达率。同时，危机预报的媒介应是有机组合、立体化的，单一管道往往很难达到预期的警报效果。

4. 信宿

危机利益相关者和普通公众是危机预报的信宿或者说受者。为规避或减少危机损害，他们必须做到如下几点：一是培养危机意识，认识到生命无常和自身所处环境的复杂性、多变性，而不能每天都活在“正面报道”构造的世界里；二是掌握一定的危机预防知识、经验和技能，具备一定的危机应变能力和承受能力；三是一旦接收危机预报，即应按预报指示内容采取行动，对预报主体做出明确、理智、积极的反馈。事实上，来自利益相关者的有效沟通和通力合作，乃是克服危机的最重要的支援力量。

5. 噪音

噪音作为危机预报的干扰因素，预报主体应当将之降至最低，主要做法有：

一是了解可能存在的预报噪音及其属性和干扰机制；二是在预报过程中采取抗干扰策略，增强噪音排除能力；三是及时监测噪音的发展，必要时应面向利益相关者对噪音做出专门解释，以强化他们对预报信息的认知和理解。在今日的信息传播环境下，组织大可直面危机中的反对声音和负面意见，坦诚、客观、真实地做出解释。一真实，就勇敢了。

> 在今日的信息传播环境下，组织大可直面危机中的反对声音和负面意见，坦诚、客观、真实地做出解释。一真实，就勇敢了。

危机实践表明，即使危机管理者在预警阶段的各个环节都做出了完美的设计和努力，也还是有可能会遇到一些令人焦灼不堪的“危机迷情”。所谓危机迷情，即在危机情境下，由于沟通扭曲、利益受损和价值异化，人们在心理和行为上出现的极化、混乱状态。以下列举几种常见的“迷情”状态：

一是80/20法则。希斯在研究中证实，危机管理领域同样存在所谓80/20法则。他发现，无论危机管理者怎样努力，总会有大约20%的公众做出与预警相悖的选择，并且他们往往还会影响和带动更多的人置预警于不顾。这20%的人一般具有如下几个特点：表示未听见预警；喜欢亲自证实消息；恐惧事件带来的后果，对预警采取逃避的态度；相信自己要比预警提供的建议懂得更多。

二是破窗效应。如果一扇窗户被打破了，那么要赶紧修复，否则就会有更多人来打破所有的窗户。这个政治学和犯罪心理学原理同样适用于其他情境：一面墙有一处涂鸦，接下来会出现整墙乌七八糟的图画；一个街角被放了一些垃圾，随之可能堆满垃圾。在危机中，一个人、少数人破坏了游戏规则，便会有更多人参与破坏，乃至肆无忌惮地越过理性、道德和法律的边界。

三是集合行为。其中最直接的反应就是由于恐慌和不确定性引发的集合行为。危机即将引爆或发生后，群体中的质疑、恐慌、愤恨情绪会迅速蔓延，并可能形成一种强大的集体无理性，最终促成社会学所称的“集合行为”。在集合行为中，人们狂欢且狂怒，反对一切，冲撞一切，颠覆规则，戏谑权威；讨要真相而真相对他们并不重要，强调道德而道德只是他们舆论施暴的武器。

法国社会心理学家在一百多年前有关群体的论述，依然适用于今天的危机情境：群体暴躁、偏执、夸张、非理性、不负责任，既脆弱易变又顽固保守，既轻信忠诚又多疑背叛，既崇高仁慈又粗鄙暴虐，既大公无私又锱铢必较。在勒庞（Gustave Le Bon）看来，群体并不需要理性、逻辑、复杂的理想和行动方案，他们只需要简单、有力、便于重复、感染和暗示的口号和信条。公关之父艾维·李也强调，“由于公众并不理性，形塑或激发公众的想法，唯有依靠象征符号和修辞”，因此“不要试图与人民讲理”。①

> 虽然公众并非天然、永远正确，但是政府、企业和其他社会组织皆应尊重公众，并担负起启蒙、教育公众的义务。

虽然公众并非天然、永远正确，但是政府、企业和其他社会组织皆应尊重公众，并担负起启蒙、教育公众的义务。没有一个政府希望治下民众乃是暴民，没有一家企业愿意卷入无良消费群体的纠缠，也不会有任何公益机构期待遭遇无信仰、无底线的群氓。启蒙不是简单教化，而是打开、涵化心智；教育并非粗暴训导，而是给予知识和本领。实际上，危机教育是最好的危机预防策略。问题的关键在于，组织是否有足够的善意和耐心，像争取成功和财富一般，造就成熟、理性、向上、健康的公民。

为了打破危机迷情，组织尚应扩大公众参与，尽可能开放地预警和应对危机。以美国经验看，自 20 世纪 90 年代中后期以来，美国在风险沟通、危机管理领域最突出的一个变化，就是由单向的“决定、宣布、辩护”（decide，announce，defend）模式走向双向沟通，全面扩大公众参与的空间。美国国家环保局在其发布的风险沟通原则中专门强调，“要接纳公众作为具有合法性的合作伙伴。公众有权参与那些可能对其生命、财产和其他可贵之物产生影响的风险决策，风险沟通的目标不是减轻公众的忧虑和避免他们采取行动，而是要造就知情的、参与的、关切的、理性的、有思想的、建设性解决问题的合作群体”②。本书第三章介绍的格鲁尼格等人提出的公共关系双向沟通模式，也正是对公众参与实践所做出的理论呼应。

> 风险沟通的目标不是减轻公众的忧虑和避免他们采取行动，而是要造就知情的、参与的、关切的、理性的、有思想的、建设性解决问题的合作群体。

实际上，组织和公众在危机中各有各的“迷情”。组织的“迷情”又可称为危机管理的“黑洞”——吞噬精力和资源，直至不可自拔、湮没其中。在危机预警中，组织稍有不慎就会误判形势，把大量精力、资源花费在次要、边缘乃至错误的人、事、物上，及至幡然醒悟，已是积重难返。譬如，很多组织在危机中更关心如何撤稿子、删帖子和打压持异见者，而忘记了危机管理的核心任务乃是积极解释和解决问题；又如，很多组织于危机情境下更在意自己“如何说”，却总是忽视“如何做”，殊不知舆论引导是第二位的，解决问题才

① See Ray Eldon Hiebert，*Courtier to the Crowd：the Story of Ivy Lee and the Development of Public Relations*，Iowa State University Press，1966，p. 160.

② EPA：*Seven Cardinal Rules of Risk Communication*，http：//www. epa. gov/CARE/library/7 _ cardinal _ rules. pdf.

是第一位的；再如，很多组织全心全意地看护着自己在危机中的现实和潜在利益，而关乎公信力和决策合法性的价值危机已然全面爆发。

以共同体的眼光看，政府危机的真正预警者乃是人民，民意才是危机的晴雨表；企业危机的真正预警者乃是客户或消费者，他们的意见、行动才是风险和危机管理的指南。其他社会组织亦复如是，发展和危机皆系于人心向背。

【本章延伸阅读】

1. ［美］诺曼·R·奥古斯丁等．危机管理．北京：中国人民大学出版社，2001

2. ［美］凯瑟琳·弗恩-班克斯．危机传播——基于经典案例的观点(第四版）．上海：复旦大学出版社，2013

3. 张洁，张涛甫．美国风险沟通研究：学术沿革、核心命题及其关键因素．国际新闻界，2009（9）

4. ［美］劳伦斯·沙士堪，［美］派屈克·费尔德．群众公关．台北：稻田出版公司，1997

【思考题】

1. 简述风险管理的基本策略。
2. 简述危机预警系统的构成以及各个子系统的功能。
3. 什么是危机迷情？公众陷入危机迷情经常有哪些表现？
4. 为何要在风险沟通和危机管理中扩大公众参与？
5. 你从“子产不毁乡校”的故事中得到了哪些启示？

第五章

危机传播管理的对话范式——基于“事实—价值”模型(上)

CHAPTER 5

危机传播管理的全部问题皆可归结为：通过对话于事实层面促进真相查证和利益互惠，于价值层面实现信任重建和意义分享。唯利事实，无涉价值，甚至损害价值的对话策略是失败的；反之，脱离事实根基的价值协商也终归虚幻。

本章的关键词是对话。在前四章，我们已经论述了沟通的双向反馈问题，格鲁尼格则进一步强调不但要双向，而且沟通者之间要实现地位平等和均衡。正如很多批评者指出的那样，单向的宣传和支配性的说服依然普遍存在，双向均衡不过是一个有关沟通的美好理想。我们认为，格鲁尼格的最大理论贡献在于从价值层面确立了沟通的双向均衡原则，他的缺憾也恰在此处：在彰显价值问题的同时，忽视了沟通在事实层面的权力和利害问题。而批评者及其操持的宣传、说服理论又过于实用主义，认为一切沟通在事实上都是利益的表达。

我们所主张的对话，是真相与信任、利益与意义并彰的双向沟通。换言之，组织与利益相关者之间的沟通，乃是在事实层面分享真相和利益、在价值层面构建信任和意义的对话。具体到危机情境，危机传播管理是一个对话的过程，在事实层面还原真相、补偿利益，在价值层面重建信任、再造意义。

我们所主张的对话，是真相与信任、利益与意义并彰的双向沟通。换言之，组织与利益相关者之间的沟通，乃是在事实层面分享真相和利益、在价值层面构建信任和意义的对话。

本书前四章初步探讨了危机、危机管理、危机传播管理以及事前管理——危机预警的基本问题，本章和第六章导入事实与价值“二分法”，致力于构建危机传播管理的对话范式。这两章共七节内容，主要解决如下问题：一是“事实—价值模型”的提出和论证，二是事实维度的危机对话及其实践路径，三是价值维度的危机对话及其实践路径。

第一节 “二分法”与对话范式

令人遗憾的是，大部分危机管理研究著作都回避了对危机和危机传播问题进行本体论和认识论层面的讨论。诸如“危机发言人要流露坦诚关爱”、“信息口径务求统一”、“灾难现场的发布会不必西装革履”、“多说事实，少说原因”、“不回答假设性的问题”等技巧性分析，占据了危机管理研究的主要精力。造成这一研究困境的原因是多方面的：

在理论层面，危机传播管理及作为其重要学术来源的公共关系理论皆处于“半成品”式的研究状态，理论建设缺少哲学根基。格鲁尼格坦言：“哲学乃是公共关系领域的愿景（vision）和目的”，“学界很少试着对公共关系的认识论与形而上学进行论述”[①]。作为危机传播管理研究的另一个重要学术“母体”，修辞研究的理论成果主要集中在哲学、美学、文学和语言学等领域，搬运、引渡至传播和公共关系研究领域的内容并不丰富。在实践层面，组织属性不同、危机情境不同，决定了危机应对策略和方法的复杂性、多变性，想从纷繁实践中找出共性和规律并不容易。因此，无论在理论还是实践上，危机传播管理都存在明显的“临时抱佛脚”倾向和气质。

本节导入哲学上的事实与价值“二分法”，试图在本体论、认识论层面拓展对危机、危机传播问题的理解。显然，本体论、认识论缺席，必然导致理论之光黯淡、虚幻，沦为对支离破碎的实践经验的简单投射。

一、事实与价值“二分法”

“事实与价值二分法是现代道德哲学和政治哲学的根本前提。”[②] 最早提出事实与价值“二分法”问题的是休谟（David Hume）。他认为，“是”的命题无法直接推导“应当”的命题。“是”指向事实知识，“应当”则指向价值知识，“是”不必然指向“应当”。譬如，欧几里得几何定理正确与否，同他应该怎样——平等或暴虐地——对待自己的仆人无关。又如，一个社会在工业化、城市化进程中实现了物质繁荣，未必在道德、审美和信仰等层面变成了一个美好社会。

经过康德及其后来者的补充和深化，事实与价值“二分法”发展为成熟的认识论命题。事实是客观存在的一切事物、过程、状态和属性的总和；而价值则是客体对主体的效应，是情感、态度、道德和信念的总和。因此，事实总是指向分析命题和客观陈述，而价值则直指综合命题和主观评价。

① 转引自赖祥蔚：《公共关系学想象：社群主义观点》，载《新闻学研究》，2006（80），127～158页。
② ［美］希拉里·普特南：《事实与价值二分法的崩溃》，197页，北京，东方出版社，2006。

那么，事实与价值统一于何处？“二分法”之“分”并不必然导致“对立”，也不必然导致一方投向另一方的怀抱。事实与价值不是水与火的关系，也不是河流与海洋的关系，对它们之间关系的理解必须跳出它们本身。马克思的“实践论”有效解决了事实与价值“二分法”的断裂和缠结问题，这意味着弥合二者鸿沟的可能性。

当我们把眼光投向“人”，恢复人在事实世界与价值世界中的主体地位后，答案就出来了：事实与价值统一于人的实践。换言之，人才是界定、统合事实与价值关系的尺度。

人是行走、穿越于事实世界与价值世界之间的万物灵长。跳出事实与价值中的任何一个世界，人类都无以存续——离开事实世界的劳动、合作、交换、分配的人类是无法想象的；离开价值世界的道统、礼法、信任和信念的人类同样无法想象。这个世界承认事实向度永无休止的纷争，也要求人们捍卫价值向度的“共同道德”、“公共精神”和“大同之境”。恰恰是事实世界与价值世界的“分立而统一”，维系着人及社群、民族、国家乃至全世界的多样性和整体性。

> 这个世界承认事实向度永无休止的纷争，也要求人们捍卫价值向度的“共同道德”、“公共精神”和“大同之境”。恰恰是事实世界与价值世界的“分立而统一”，维系着人及社群、民族、国家乃至全世界的多样性和整体性。

德国哲学家海德格尔（Martin Heidegger）创造了一个迷人、凄冷的名词：向死而生。人是唯一知道自己必死而又无力改变的动物，这是一个令人绝望的事实：所求不得，得之亦幻灭，最终平生一切努力化为乌有。而为了让事实上必死的人生尚有意义可以追寻，人类就必须发展出一套策略——它足以平衡短暂与永恒、放弃与持存、绝望与希望的关系。最直接的策略是创造更多财富，并且尽可能公平地分配它们。这一策略存在双重假定：如果我们拥有更多财富，那么人生一世就会获得极大满足；如果财富公平分配，那么人与人就会和平相处。这是一项立足事实世界，以利益的生产和分配为中心的策略。

但是，事实世界的“利益策略”存在明显的悖论和局限：财富是有限的，欲望是无限的；强者总是得到更多，弱者经常收获更少。利益虽然让人生有动力、有指望，但利益驱策的人生并不圆满和永恒。利益意味着分配，分配则可能意味着纷争乃至战争。于是，在利益策略之外，人们转而寻求新的在世策略，它能够润滑、弥合、导引“利益策略”。这就是价值世界的“意义策略”。

“意义策略”尊重合理的利益最大化，同时致力于个体的德性、审美、尊严和信念等问题，以及人与人、人与社会、人与天之间价值关系的协调。意义将价值上的“不朽”灌注到事实上“速朽”的生命之中：你拥有什么？我拥有仁义礼智信，拥有天人合一、大美至道，拥有博爱，拥有对他者乃至人类命运共同体的慈悲和托付。你死后将如何？在此岸，我的家族、民族、国家、“天下”因我之力（哪怕微不足道）而将延续——在我的奉献乃至死亡中，共同体得以发展，我则获取意义；在彼岸，大道、上帝和诸神会接引我——我在世时曾和他们相与为一，至少曾努力践行神谕，所谓欢喜涅槃、不生不灭。

“意义策略”在价值世界构筑了意义的殿堂，这是人类的伟业之一。意义的殿堂提供了一种价值指引和统摄：让千差万别的个体遵守共同体的价值规范；让我们在无可避免的利益纠缠中走出来，在共同体精神和公共之善层面达成共识。就个体处境而言，受伤了，潦倒了，病痛了，陷入危机了，可以回家。家、族、国、神在那里撑着，搀扶将倒的你。

也正是在这一意义上，鲍曼认定我们的祖先在面对危机时，“无论失望如何之深都不至于绝望”，“相信碰巧陷入的混乱仅仅是暂时的”。这并非片面放大意义的重要性；即使没有意义，我们也尚可为利益而“苟活”。问题的关键在于，正如不存在始终完美的有意义的生活，彻底的“苟活”也是不可能的。意义不是人生的全部内容，但它的缺席，特别是在危机中的缺席，带走了解释、抚慰之门的钥匙。

> “意义策略”在价值世界构筑了意义的殿堂，这是人类的伟业之一。意义的殿堂提供了一种价值指引和统摄：让千差万别的个体遵守共同体的价值规范；让我们在无可避免的利益纠缠中走出来，在共同体精神和公共之善层面达成共识。

如是，完备的人类世界乃是事实世界与价值世界的和谐统一，美好的人生乃是利益与意义的共同丰裕。以共同体的眼光看，一个组织对利益相关者的许诺也是双重的：利益互惠与价值分享。

二、“二分法”与对话范式

如果把事实与价值“二分法”导入危机情境，便可以得出：危机管理实际上就是在常态秩序遭到威胁、破坏的状态下，通过事实层面的应急救困、化解矛盾、补偿损害和革故鼎新，通过价值层面的理性协商、悲悯关爱、道德救赎和信念再造，重建利益互惠机制和意义共享机制。

与之相应，危机传播管理就是在危机情境下组织与利益相关者之间的对话，双方通过对话谋求事实共识，也期待价值共识，重返利益互惠的事实世界，再造意义分享的价值世界。概言之，事实对话与价值对话既是危机传播管理的思维基础，也是其展开方式，二者统一于对话实践。

为什么是对话？为什么不是其他与“沟通”紧密关联的概念，譬如前述的宣传、说服？

本书第二章梳理了现代公共关系范式的演变：由宣传而至说服，再到双向开放和双向均衡。宣传在传者与受者的信息关系上是单向性的，在权力关系上是支配性的；说服承认信息关系的双向性，但在权力关系上依旧是支配性的，说服者要求说服对象接受自己的意志，而非反过来；双向开放、双向均衡范式为公共关系提供了价值观，但忽视了沟通实践和公共关系中的权力和利害问题。

我们之所以选择对话作为公共关系和危机传播管理的新范式，是因为对话能够满足如下条件：

第一，对话在信息关系上是双向的，强调信息反馈和意见交换。同时，对话也承认宣传和说服的合理成分：一般而言，宣传在促进公众认知特定议题上效率很高——瞬时广泛覆盖，说服在改变公众态度上效力很强。

> 事实对话与价值对话既是危机传播管理的思维基础，也是其展开方式，二者统一于对话实践。

第二，在引入事实与价值“二分法”的情况下，对话承认权力、利害关系在事实上的多元化、差异性和不均衡，也强调情感、道德、尊严、信仰等价值范畴的平等和均衡。以对话的观念看，事实世界的不完美不容回避，价值世界的自足和平等不可侵犯。

第三，按照巴赫金的对话理论，对话并不谋求永恒结构和一律思想，它是不同声音的交织和争论，是不同意见和思想形成的复调。“一切都是手段，对话才是目的。单一的声音，什么也结束不了，什么也解决不了。两个声音才是生命的最低条件，生存的最低条件。”① 因此，对话者之间应该是自主、独立的，谁也不是真理的绝对拥有者，谁也不是话语的垄断者。那么，对话将走向何处？人们希望自己被倾听，希望被别人理解，这使对话成为一个开放的、未完成的动态过程。对话的“未完成性”具有深刻的哲学和实践意义，它要求人们不断协商、选择、创造和超越。显然，对话所蕴含的自主、多元、开放和超越精神正是危机传播所必需的意志和准则。

第四，在新媒体的推动下，对话已经成为当今时代的重要主题之一。互联网开启了对话时代。每一种带来根本性变革的技术都有自己的哲学，互联网的哲学是对话。事实上，互联网在技术上的“元逻辑”就是开放、对话，它可以连缀、贯通世界各个角落的个体。世界是平的，我们都站在广场上，“无远弗届”地看得见、听得到彼此；普罗大众获得了前所未有的表达机会，官民对话、民商对话、跨文化对话不再是零星、分散或想象中的协商实践，而成为实时遍在的政治、商业和文化境况；现实社会关系被复制到虚拟空间，虚拟空间形成的社会关系也被嵌入现实空间，关系的建立、投射和激活突破了虚拟与现实的边界。

第五，对话既是方法也是观念，既是手段也是目的。作为方法和手段，对话意味着双向、平等地沟通真相、协商利益和分享价值；作为观念，对话意味着放弃对抗，意味着合作精神和共同体观念，这种观念确信对话是比对抗更优的相处方式和发展策略；同时，对话也自足为目的，特别是在危机情境下，对话本身就意味着一种伦理性选择，对话之路通往共同体精神和公共之善。

> 在危机情境下，对话本身就意味着一种伦理性选择，对话之路通往共同体精神和公共之善。

认同和秩序的根源，不止一端，前述“利益策略”和“意义策略”乃众妙之门。“利益策略”重在创造和竞逐，依靠利害制衡而形成认同、建立秩序；“意义策略”重在心灵、道德和信念的涵化，借由内在认同化育秩序。我们所倡导的对话观念，恰是统观利益与利益意义策略的结果：在事实层面，人们通过对话促进利益的创造和互惠；在价值层面，人们通过对话分享道德、审美和信念，同时对话本身也是一种值得追求的价值目标——让个体与他者相遇，并构筑共同体。

举例而言，2008 年“5·12”汶川地震中的国家危机管理，在一定意义上就是一个官民对话过程。中央政府坚持对话而非管控的观念，并通过各种各样的对话渠道和方式，在事实层面上实现了最大限度的社会动员，在价值层面提振了人民的团结和信心，召唤了普遍人性和公共信念。

以上五个方面，其实强调了一个问题：对话恢复了人的主体地位。我们反复重申，人不是问题而是问题的解决者。正是在对话中，人的主体地位得以确立，解决问题的智慧、

① 【苏联】巴赫金：《陀思妥耶夫斯基诗学问题》，334 页，上海，三联书店，1992。

勇气和德性得以生长和显现。实际上，无论从某一次具体危机事件看，还是从人类文明所经历的整体性危机看，所谓危机传播管理都是通过对话召唤人的主体性和共同体观念，召唤庄重的理想和进步的意志，以期转危为安、化危为机的过程。

> 人不是问题而是问题的解决者。正是在对话中，人的主体地位得以确立，解决问题的智慧、勇气和德性得以生长和显现。

然而，既往的危机传播管理往往在理论上片面强调“形象塑造”的重要性，在实践中过度偏好“丑闻消声”。久而久之，危机传播管理就变成了放大正面、遮掩负面的畸形宣传。这就造成危机管理者对话观念淡漠、对话能力薄弱，甚至对自己与利益相关者公开、平等对话心怀疑惧。很多政治家和企业家宁愿把命运交付给通过躲避、封锁“幸免于难”的运气，宁愿相信权钱交易建造的“防火墙”，也不愿意与利益相关者真实、真诚地对话。躲避、封锁乃至利用不正当手段屏蔽危机，既亵渎了利益相关者的权利和尊严，也消解了政治家、企业家自身的主体性、合法性和公信力。

需要补充的是，把对话视为危机传播管理的核心问题，意味着对话不只反映或曰呈现危机，而且建构危机。在危机中，对话反映了台前的信息飞沫、幕后的利益竞逐、高处的价值审判、私下的“潜规则”和隐蔽秩序，同时也规约、导引着它们的发展方向。因此，危机中的对话一点也不浪漫，它必须在困境中寻找各方认同的出路；同时，危机中的对话也不失理想主义气质，它促成多元主体的相遇和协商，并乐于达成哪怕最低限度的共识。

> 危机中的对话一点也不浪漫，它必须在困境中寻找各方认同的出路；危机中的对话也不失理想主义气质，它促成多元主体的相遇和协商，并乐于达成哪怕最低限度的共识。

第二节　“事实—价值”模型

当我们以对话观念、事实与价值“二分法”来解释和解决危机问题时，危机传播管理的目标和任务就变得清晰起来：通过对话使卷入危机中的人们恢复利益互惠和意义分享，重建彼此共处、共持的事实世界和价值世界。此中，事实层面的参与、协商、交换固然重要，价值层面对他者的尊重和对自身立场的忠实同样不可替代。

> 当我们以对话观念、事实与价值“二分法”来解释和解决危机问题时，危机传播管理的目标和任务就变得清晰起来：通过对话使卷入危机中的人们恢复利益互惠和意义分享，重建彼此共处、共持的事实世界和价值世界。

本节继续围绕危机、对话和事实与价值“二分法”等关键词展开论述，并将之构建为一个作为理论与实践“连接部”的传播模型。所谓“连接部”，是指这个模型自“上”源于危机传播管理的本体论和认识论，向“下”则可衍生对话实践的方法体系。

一、“二分法”与危机传播管理

我们首先看一古一今两个案例：

案例 5—1

楚王问鼎

（楚庄王）观兵于周郊。周定王使王孙满劳楚王。楚王问鼎小大轻重，对曰：“在德不在鼎。”庄王曰：“子无阻九鼎！楚国折钩之喙，足以为九鼎。”王孙满曰：“呜呼！君王其忘之乎？……德之休明，虽小必重；其奸回昏乱，虽大必轻。……鼎之轻重，未可问也。”楚王乃归。（《史记·卷四十·楚世家第十》）

故事最初源自《左传》，发生在鲁宣公三年、楚庄王八年。楚庄王到周天子之边地耀武扬威，周定王派王孙满安抚他。楚王问鼎之大小轻重——取鼎而霸天下，王孙满说，治理天下所靠的是德而不是鼎。楚王说，别拦我，楚国披坚执锐，实力强大，足以取鼎、铸鼎。王孙满说，哎呀，大王您忘记了吗……有德小为重，奸诈大为轻，鼎之轻重不可问。楚王无奈归国。

“德鼎”之喻堪为中华文化的经典智慧。若欲治理天下、开基守业，事实层面的实力、利益至关重要，而价值层面的德行、礼义乃是根基。所谓盛世，必是物质与精神的对等繁荣；所谓大国，必是产业、经济、军事、国土、资源之硬实力与文化软实力的共同强健；所谓伟大品牌，必是产品、技术之卓越与商业伦理、社会责任之壮盛的齐头并进。

类似的故事还发生在孟子和梁惠王之间。孟子见梁惠王，王曰：“叟不远千里而来，亦将有以利吾国乎？”老人家远道奔来，可有利于我国的高见？孟子对曰：“王何必曰利？亦有仁义而已矣。”何必上来就谈利益、好处？尚有仁义为根本，为王道。如果整个国家都为利所惑，那么“上下交征利而国危矣”。孟子建议梁惠王，“王亦曰仁义而已矣，何必曰利？”（《孟子·梁惠王上》）可见，孟子提出的治国方略乃是前述价值层面的“意义策略”，而不唯事实层面的“利益策略”至上。

案例 5—2

宝洁 SK-Ⅱ“金属门”事件①

2006 年 9 月，著名化妆品牌宝洁 SK-Ⅱ于中国内地遭遇“金属门”危机，被指旗下产品含有铬钕元素，有害人体健康。危机引爆后，宝洁公司需要在事实层面澄清两个核心问题：SK-Ⅱ产品是否真的含有危险元素？如果含有，是否一定对人体有害？很快，第一个问题的答案被确认为“是”。

接下来，宝洁公司开始全力搜集“虽然含有危险元素，但并未超标”的证据。在

① 本案例参见《议题管理专题研究——以宝洁 SK-Ⅱ“铬钕门”事件为个案》，见胡百精主编：《2006 中国危机管理报告》卷六，北京，中国人民大学出版社，2007。

拿到国内外“一箩筐”的证据后，宝洁公司不断通过记者见面会、公司网站等渠道进行发布。然而，媒体和公众似乎对一些证据充耳不闻、视而不见。当时的舆论怪圈是，人人都在议论“有害性”问题，却又没什么人认真追问和研究“有害性”的表现和证据。媒体始终按照自身既定的“框架”回应宝洁公司发布的信息，而有的消费者则不由分说砸了商场里的SK-Ⅱ柜台。

是什么把“事实”推挤出公共话语空间？是什么让“真相”和“结论”的表达变得如此无力？

答案无法从“事实”本身寻找。“事实”总是坚硬的，也因此易碎，并且总是遭到“价值”的冲击和改造。当信任已经不复存在，当价值契约已经被撕毁，任何有关事实的言说都可能沦为空洞的旁白，要么被弃之不顾，要么被用来煽点更炽烈的情绪之火。人们津津乐道，乃至怒不可遏，而事实（譬如有关利害问题的真相和结论）不过是谈资，价值（譬如态度、情绪、尊严和道德）往往才是真正的主宰力量，它裁定着事实的“版本”，描画着真相的“面孔”。显然，愤怒和恨意足以篡改所有真相，或者颠覆对真相的理解。

下面以企业为例，补充一些追问：为何有的品牌不但拥有广泛的知名度，而且能够赢得普遍的尊敬、信任和忠诚，而有的品牌虽然凭借“地毯式宣传轰炸”做到了家喻户晓，却未能让公众产生持续、完整的价值联想，譬如温暖和美好？为何有的品牌即使遭遇重大危机却不致一蹶不振，而有的品牌往往在一个产品、一个项目，或者一个环节上点爆危机，便可能造成整个品牌基业的坍塌？譬如可口可乐公司于“二噁英”事件中遭受重创、损失巨大，但可口可乐品牌却未“死掉”，是什么在护佑它基业长青？

人们习惯将品牌区隔为若干维度：知名度、美誉度、信任度、忠诚度等。除知名度属于事实判断的“我知道你”外，其他三个维度皆指向了价值判断——“我对你怀有赞美之意、信任之念和忠义之心”。前述的事实与价值“二分法”框架告诉我们，一个品牌在事实之维的知名度、覆盖率和占有率，并不能“自然而然”地推导出它同时拥有价值之维的美誉度、信任度和忠诚度。

恰恰相反，如果“知名度”与“美誉度”未能均衡发展，那么知名度越高往往意味着声誉风险越大，稍有不慎就会变成恶名昭著。更重要的是，知名度有利于特定时空范围内的销售和推广，而从长远的、战略的视角看，它无法与利益相关者构造一个有关美誉、信任和忠诚的“意义世界”。正是价值层面“意义世界”的厚度和温度，滋养、整合了事实层面的“利益世界”。

当可口可乐于日积月累中将自身价值沉淀为“美国元素”、“美国精神”、“美国文化”时，品牌便获得了无所不在的价值庇护。它的产品可以被批评，策略可以被颠覆，但是由绵延不绝的价值力量所铸就的品牌根基坚固稳定。遗憾的是，更多品牌执迷于事实、利益的纠缠，而忽略价值、意义的构建。当一家企业把主要精力、资源和智慧投入到事实元素的开掘之上，譬如价格、渠道、产品属性等，意味着至多创造一个品牌的事实世界，而价值世界则被荒弃。

我们把眼光拉回危机传播管理领域。由“事实”切入危机传播管理，不是视角不对，而是陷入了褊狭：“体”的问题不能“削平”为“点”、“线”、“面”来解决。它片面地指向了危机的“事实”之维，而忽略了危机的“价值”之维。在危机管理实践中，政府、企业和其他社会组织也更偏重于事件应对，而往往忽略价值重建，最终导致前述种种问题的出现。本书第三章所引证的巨能钙“双氧水”风波也证明了这一点：巨能公司在危机发生后积极应对，召开了数次新闻发布会，政府部门证明其“无害”，媒体随后也报道其“清白”，但公司最终还是一蹶不振、风光不再。

为什么积极应对仍然落得破镜难圆乃至难逃一死的下场？为什么拿出有利证据和结论打赢了官司却赔了公司？按照传统看法，危机管理的最大目标不就是权威机构、意见领袖和媒体宣告自己无罪吗？这些问题同样适用政府和其他社会组织、群体。譬如，官民冲突未见得官方一定错，医患冲突未见得医生总是太过分，然而危机舆论却常常宣告官为恶、医无良。

当我们获得事实与价值“二分法”的解释框架，在事实无解的留白处挺立价值思维时，就会获得整体性判断：巨能公司在事实层面的积极作为无可挑剔，却忽略了价值层面的信任重建。换言之，巨能公司只完成了危机管理的一半任务——在事实层面还原了真相，证明了利害关系上的清白；而另一半任务——在价值层面与消费者的信任契约尚未恢复，加之往常并未与消费者建立深厚的情感认同和道德认同，风雨过后仍是飘摇危脆。

经由以上考察，我们可以对危机传播管理的基本范畴做出如下界定：

1. 危机预警

所谓危机预警，是指组织采取定量与定性相结合的方法，对危机诱因及征兆进行事实监测和价值评判，并据此做出危机警示的管理行为。片面的事实监测或单纯的价值评判，都不足以完整地认知、理解和预控危机。所谓有备无患，一是针对山雨欲来风满楼之客观形势做好准备，二是对人性、人情、人伦之价值变数做好准备。

2. 危机处理

所谓危机处理，又称危机事中管理，是指在危机发生后，组织围绕事实损害和价值异化而开展的应对行为。组织对内、对外的传播管理是危机处理的中心任务。如前所述，我们将危机传播管理的范式确立为自主、平等、开放的对话。通过对话，危机之中的人能够了解真相，恢复信任，实现利益互惠和价值同构，回归常态的情境、秩序和结构。

3. 恢复管理

所谓恢复管理，是指在危机紧急事态得到遏制后，组织通过持续的恢复策略，重建事实契约、再造价值体系，并实现可能的超越的过程。此中既包括对事实损害的弥合与补偿，也包括对价值异化的修复与救赎。从根本上讲，真正的恢复管理应当超越“了结事端”的事功主义和自我本位主义，利用危机带来的积极力量，实现自我价值的创新和升华。

二、事实与价值模型的构建

我们可以对前文内容归纳如下：从本体论上看，危机是事实损害与价值异化的聚合体；从认识论上看，事实判断与价值判断是正确认识危机的基本手段；从方法论上看，危机传播管理的实践路径存在两个基本导向：事实导向与价值导向。

以事实与价值“二分法”为解释和解决问题的基本框架，组织在危机中的决策存在两个基本原则：有利于维系事实契约——利益互惠，有利于护念价值信条——意义分享，二者不可偏废。从危机传播管理的理论建设和实践需要出发，考虑到传播、公共关系、修辞、对话的特殊性，我们尚应在“利益”和“意义”之外，于事实层面补充“真相”范畴，于价值层面补充“信任”范畴。为了论述的方便，有关事实之维的真相与利益、价值之维的信任与意义，我们留待本章下一节进行界定和详述。

基于这些论断，我们正式提出危机传播管理对话范式的“事实—价值”模型。该模型的核心假设是，危机传播管理的全部问题皆可归结为：通过对话，于事实层面促进真相查证和利益互惠，于价值层面实现信任重建和意义分享。唯利事实，无涉价值，甚至损害价值的对话策略是失败的，反之，脱离事实根基的价值协商也终于虚幻。

危机传播管理“事实—价值”模型如图 5—1 所示。

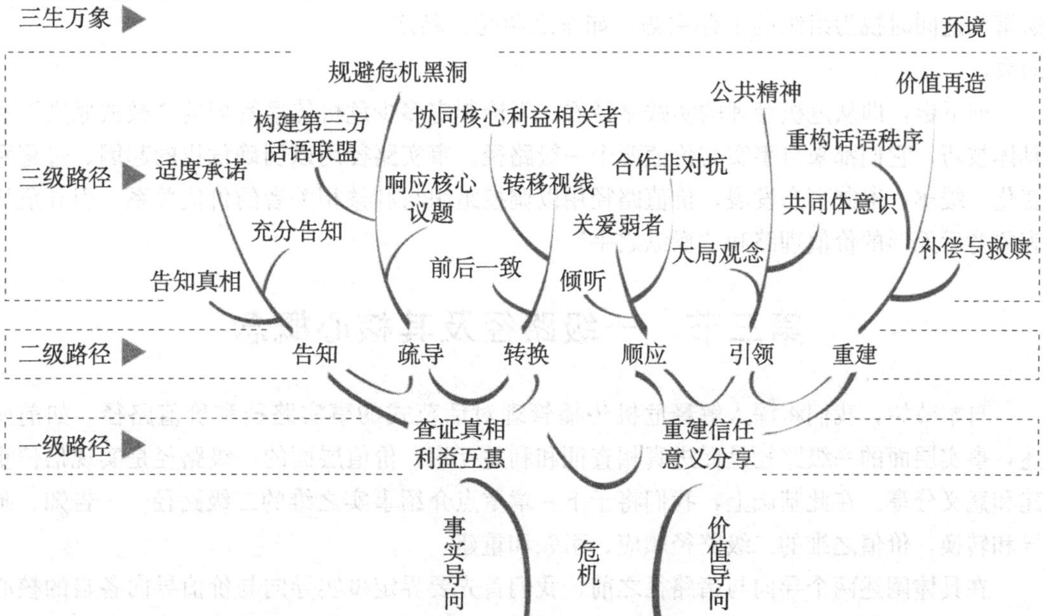

图 5—1　危机传播管理“事实—价值”模型

在整合本体论、认识论的同时，“事实—价值”模型也于方法论层面提供了危机传播管理的实践路线图。倘若套用哲学上的“第一原理”的说法，那么通过对话促进真相查证与利益互惠，实现信任重建和意义分享便是危机传播管理的“第一原理”，或者说是“思考基模”。实际上，它们也构成了危机传播管理实践的一级路径。由此可以生发出危机传播管理的二级实践路径：事实导向的告知、疏导和转换。价值导向的顺应、引领和重建。循此两个导向、六个二级路径，可以拓展出诸如告知真相、充分告知、议题管理、合作非对抗、引领社会公共精神等若干三级路径。循此可以推演出四级、五级乃至更多适应具体危机情境的方法谱系。

由是观之，“事实—价值”模型，既是一种学术话语，也是一种实践路径，是对学术与实践进行双重关照的产物。它充满理想气质，又不割裂理想与现实的纽带；它有所超越，又忠诚于传统——重建有意义而非完全由利益主导的世界；它甚至与那些时髦一时的“理论”相衔接，譬如价值地带才是真正的“蓝海”，拥有价值弹性才能长出竞争和发展的“长尾”；它并不完美，不承诺解决所有问题，但呼应了前述“向上”与“向下”的双重开放：

> “事实—价值”模型的核心假设是，危机传播管理的全部问题皆可归结为：通过对话，于事实层面促进真相查证和利益互惠，于价值层面实现信任重建和意义分享。

向上走，即从危机管理的思想体系看，事实与价值的并立和缠结要求组织树立危机意识和可持续发展观。危机是偶然性与必然性的统一体，其偶然性往往根源于“事实”的多变与偶发，而必然性则主要归因于价值相对缓慢却注定发生的异化。这意味着组织必须抱持强烈的忧患意识，理性对待历史、社会与自身发展的偶然性和必然性。一如本书第一章所主张的，应把危机管理和财富创造同时视为组织的生存主题，如车之两轮、鸟之两翼。

向下走，即从危机管理的实践路径看，无论制定多少危机传播管理的“教战原则”和具体技巧，它们都来自事实与价值两个一级路径。事实路径用以明确危机的起因、过程和变化，缓解、遏制事态发展；价值路径用以调控组织与利益相关者的价值关系，引导危机表象背后无形的价值理路和“操纵之手”。

第三节　一级路径及其核心概念

自本节始，我们将深入解释危机传播管理对话范式的事实路径和价值路径。如前所述，事实层面的一级路径是促进真相查证和利益互惠，价值层面的一级路径是实现信任重建和意义分享。在此基础上，我们将于下一章重点介绍事实之维的二级路径——告知、疏导和转换，价值之维的二级路径顺应、引领和重建。

在具体阐述两个导向与诸路径之前，我们首先要界定事实导向与价值导向各自的核心范畴，以为统领。这些范畴包括：事实之维的真相与利益，价值之维的信任与意义。

一、事实之维：一级路径与核心概念

事实之维的首要问题或曰一级路径，是促进真相查证和利益互惠。加上“促进”二字，是一种实事求是的态度：传播并非利益生产的本源，甚至也很难说是利益的直接创造者——它不能替代利益的生产与分配、供给与需求；它更多的是推动、激发利益相关者的相遇、对话，使各方了解有关利益的事实和真相。人们只有掌握充分的信息、准确的真相，才能真正交换意见、讨价还价、协调利益。真相不明状态下的利益生产和分配，往往是缺少正当性的。它可能沦为欺诈和愚弄、蛮干和冒险，即使偶获成功也会埋藏危机的种子。

在传播学和公共关系领域，关于“公众是否有能力知晓真相”历来存在争论。在20世纪20年代，美国舆论学家李普曼和哲学家杜威曾就此发起学术论战。李普曼是悲观派，

认为外在世界的复杂性和内在的顽固成见使公众无法了解真相，无法做出理性判断，“今日的普罗大众如同坐在剧院后排失聪的观众，他本应关注舞台上展开的故事情节，实则无法使自己保持清醒”[①]。相反，杜威则对公众的心智和能力持乐观态度，“重点在于完善辩论的方法，扩大讨论的空间，改良劝服的方式。这正是当下公众的问题所在”[②]。

公共关史上的两位重要奠基人伯内斯和艾维·李分属悲观派和乐观派。伯内斯提出，“从理论上讲，每位公民都可以在公共议题和私人事务上做出自己的决定。而实际上，如果人们必须在艰深的经济、政治、道德范畴对所有问题进行考量，他们会发现自己什么结论也得不出来”[③]，因此必须由少数聪明人——公共关系专家来引导舆论、制造认同。艾维·李相信，大众之所以活在感性、偏见和冲动之中，是因为他们无权获知真相，“我一直坚持的信念是：将你的故事告诉公众……让大众知晓一切，如果你是对的，你会成为赢家”[④]。当然，艾维·李在公众实践中受到的最严厉的批评之一，就是他经常“拿一小块小块的事实，拼接出带有明显立场和倾向的主观图景”。

哲学史上有关真相的态度，大抵有三种：独断、怀疑和缄默。独断者声称能够发现作为对象的真相；真相不仅存在，而且可以被我们认识。怀疑者认为真相是虚无的，面对同一事实，每个人都会拥有各自版本的真相，这本身就说明真相乃是幻象。譬如佛教哲学认为“凡所有相皆是虚妄”，又如后现代主义者宣告“一切不过是个说法”。以康德和维特根斯坦（Ludwig Wittgenstein）为代表的缄默者认为，真相自在，却不可念想、不可言说，因此必须保持缄默。由是观之，“真相”本身就是一个迷局。

> 危机加剧了真相的迷局。那些被认定的“真相”，也许只是事实的“草稿”，甚至与事实全然无关。在众声喧哗中，只存在“你的真相”和“我的真相”，而所有人都是孤独的诉说者。

危机加剧了真相的迷局。在危机状态下，利益各方处于去中心、去秩序、非理性的互动状态，混乱的符号和不确定的意义弥漫其间，舆论“旋涡”激荡。那些被认定的“真相”，也许只是事实的“草稿”，甚至与事实全然无关。在众声喧哗中，只存在“你的真相”和“我的真相”，而所有人都是孤独的诉说者。

鉴于此，我们秉持两种利益“真相观”：一是将真相的查证视为一种责任，即危机管理者必须对真相负责；二是将真相视为一个开放系统，即发现真相作为一个协商并达成共识的过程而存在。对真相负责，意味着讲真话的勇气、原则和方法；谋求真相的“共识态”，意味着对共同关心的议题的捕捉、疏导和转换。舆论乃是事实转述和意见竞争的场域，它含纳着真相，但是真相“自在”却不“自显”。人们要通过对话获得足够的勇气、智慧和资源，穿越舆论泡沫所堆积的幻象之墙，靠近或抵达真相，而后围绕利益问题讨价还价。

当然，真相本身也是讨价还价之物。

事实之维的另一个核心概念是利益。“利”，以刀割禾，收获、占有；“益”，水满而

---

① Walter Lippmann, *The Phantom Public*, New Brunswick, Transaction Publishers, 1993, p. 3.

② John Dewey, *The Public and its Problems*, New York, Holt, 1927, p. 208.

③ E. L. Bernays, *Propaganda*, New York, Horace Liveright, 1928, p. 10.

④ Ivy Lee, *Publicity: Some of the Things It Is And Is Not*, Industries Publishing Company, 1925.

出，饶也，增也。因此，“利益”就是可获得的好处，也包含顺应物性、宜于功用之意，特别是那些看得见、摸得着的“好处”，如经济利益、政治利益。同时，依《说文解字》之说，“利”字含“刀”，潜隐锋刃、杀气之意。及至现代，“利益”泛指一切需要、愿望的满足。

危机中的利益问题，首先是私利与公利之争。危机管理者，特别是其中的公共关系团队，总是隶属或受雇于特定的利益主体，为其谋划私利“义不容辞”；同时，危机管理又强调捍卫“公共利益”，悖弃公共利益则无以应对危机。实际上，公利、私利之辩，在中西方思想史上皆占有重要地位。这场辩论并未终结，大体理路如下：

> 人们要通过对话获得足够的勇气、智慧和资源，穿越舆论泡沫所堆积的幻象之墙，靠近或抵达真相，而后围绕利益问题讨价还价。

一是各走极端，要么主张“大公无私”，要么强调“人不为己，天诛地灭”。二是走折中路线，由比较公利、私利谁大谁小、谁先谁后，转向为公利、私利划界，试图让二者两相分明，互不侵犯。三是自哈贝马斯始，“大公有私”的观念逐渐深入人心。哈贝马斯提出的“公共领域”是一个公私兼顾的概念，它介于国家、社会系统和生活世界之间，充当系统与生活世界的调节器和交往平台。在公共领域，“‘公’和‘私’不是截然分离，而是高度统一，也就是说，大公不是无私，而是有私”①。

相对而言，“大公有私”的利益原则强调“公”为“大”，也承认“私”之“有”，因而更适合于组织和利益相关者在危机中协调彼此关系。

二、价值之维的核心概念：信任与意义

“事实—价值”模型于价值之维的核心主张是实现信任重建和意义分享。“信任”同“利益”、“真相”、“意义”一样，是一个常用却难以界定的概念。我们彼此信任吗？我们如何建立信任？这些问题类似于“我们从哪里来，向何处去？”，问起来很轻，答起来却很重。由于信任是构建人与人、人与组织、人与社会乃至人天秩序的基本因素，因此几乎所有人文社会学科都介入了有关信任问题的研究，并形成了如下几个主要视角：

一是道德论视角。这一视角下，信任被理解为一种内在的道德观念，是基于人伦、情感和交往形成的一种“托付”。“我信任你”意味着“我把自己托付给你”。这种信任观既扎根于日常生活体验，也为一些经典哲学和神学所认同。在日常生活中，寻找可信任的人和让自己成为可信任的人乃是人生在世的基本渴望和冲动，即使陷入轻信和迷信也在所不惜；而从“神性”或人生之超越性上看，信任是“神恩”或善在人性中的显现，是人之为人的不可破坏的“本真伦理”和“完美本性”。②

二是经验论视角。从这一视角看，信任是一种基于既往知识、经验的一种心理定式和行为惯性。如“太阳照常升起”、“他素来诚实可信，这次也不例外”、“他们依旧以腐败的

---

① 曹卫东：《从公私分明到大公无私》，载《读书》，1998（6）。
② 参见［加拿大］查尔斯·泰勒：《自我的根源——现代认同的形成》，372页，南京，译林出版社，2006。

方式运作，依旧在事关重大利益的问题上说谎”、“他们一直幻想通过宣传而非品质获得成功”。这种信任实际上是政治学者沃伦所称的“纯预期性解释”和“归纳性断言”，可以内化为稳定的心理结构，也可以外化为对制度规范的期待和依赖。[1] 前者是指信任的自我强化和凝结，直到沉淀为某种心理成见——我就信任（或不信任）他！后者是指信任的制度化、程式化和规范化，直到形塑一种制度理性。正如英国哲学家休谟所言，我们应该设计一系列的政府制度，即使流氓占据政府职位时，我们也相信他将为我们的利益服务。

三是功能论视角。基于这一视角，信任被归结为一种利益交换和社会资本。我之所以信任你，说到底是因为我期待你为我的或我们的利益和价值行事，或者说信任可以让我们以更高的效率和更低的成本相遇、协商和合作。因此，信任就是风险投资，就是可以生产、流通、增益、损耗的社会资本。利益导向的信任观，不高尚却真切、实在。信任作为社会资本可以直接创造财富和价值，亦可与财务意义上的运营资本相互增益和转化。事实上，财务上的破产尚可挽救，信任破产则往往意味着彻底倾覆。就此而论，信任乃是任何一个社会主体最宝贵、最“伤不起”的财产。

在对信任的理解上，道德论强调了人性、超越性和托付，经验论强调了心理定式、行为惯性和制度理性，功能论则更看重社会资本的创造和转化。而以融合的视角看，信任在功能层面意味着对利益、行为和制度的信心，在价值或超越性层面意味着对人性、神性、伦理和理想的信念。以危机中的信任救赎为例，危机管理者应同时做好功能层面的信心加法和价值层面的信念加法，前者好比修复断桥，后者有如再续灯火。

在危机中，信任代表了这样一种意志——与那些被视为异己的人一道发掘共同价值。具体言之，危机传播管理对话范式在如下意义上理解信任：

第一，它是对话得以发生、持续并产生结果的前提，是真正的交流的基础、理解的源泉。缺少信任的对话不过是“历史的初稿”，被抽空了意义：“原则变成漠然，胆量成为兽性。”对危机管理者而言，无论如何都要让公众觉得你是可信任的，否则便从根本上失去了对话的可能性。

第二，它是尊重、关爱、诚实、负责、勇敢等多种价值要素的汇聚与凝结。唯有信任才能使所有卷入危机的人走到一起，成为命运的共同体，珍惜“我们”的完整性。人类文明正是在“我们”，而非某一个“我”克服灾难的整体经验之下获得进步和提升的。

> 唯有信任才能使所有卷入危机的人走到一起，成为命运的共同体，珍惜“我们”的完整性。人类文明正是在“我们”，而非某一个“我”克服灾难的整体经验之下获得进步和提升的。

第三，它是一种社会资本和互惠机制。“我们彼此信任”在危机状态下往往是成本最低、效率最高的一种协作机制，它可以避免大量不必要的分歧、误解和愤怒。

接下来讨论“意义”。显然，我们在此处追问的价值层面的“意义”不同于作为信息构成要素的“意义”，后者与“符号”相对，是指信息的含义、内容或意思。那么何为意

① 参见［美］马克·E·沃伦编：《民主与信任》，24页，北京，华夏出版社，2004。

义？生命的意义在哪里？如前所述，人类明确知道自己向死而生，因此必须寻觅在世的意义，否则就是苟活，而苟活同样艰难。

古希腊人相信真理，相信神谕，相信人神对话。柏拉图认为存在一个看不见的理念世界，它是万物的统领，决定着万物的存在形态和方式。这个理念世界抽象、永恒，只有理性才能指引人类到达。让自己的体格和灵魂同样强健，通过理性靠近真理，实践神谕，是古希腊人找到的生命意义。在中国的先秦，儒家强调仁爱，讲人生的意义在于独善其身而兼济天下；道家的老子讲道法自然，庄子讲无用之用，皆属本真性的生命主张。在与古希腊、先秦大体同时代的古印度，佛教讲空生万有，普度众生而无有一众生可度。我们还可以列举更多的古典思想，它们同样在围绕自我、人人关系、人天秩序解释和解决生命的意义问题。

古典思想和传统时代的生活实践，创造了人类在情感、道德、审美和信念等层面的意义体系。不同族群、国家和文明所创造的意义体系并不完全相同，却为各自的共同体和个体提供了安身立命的根本。谓之根本，是因为这些意义体系在衣食和繁衍之外，确立了人之为人的价值依据和灵性理由。换言之，当人类过上有感情、有道德、有灵韵、有美感、有信仰的生活时，必死的生命就获得了意义，乃至可以不朽。

除了对个体生命的价值，意义体系实质上是人类认同的最重要的来源和皈依。情感认同、道德认同、审美认同和信念认同等皆是人类构建共同体的动力源泉。缺少意义体系的指引和统摄，任何利益上的认同都是短暂和危脆的。一旦意义消逝、价值灯火熄灭，共同体就会消失在黑暗丛林之中，分崩离析，相争于利。

然而，现代社会遭遇了严重的意义的危机。“如果我们分享的意义之间毫不相干，那么就很难组成一个完善的社会。目前的社会普遍在意义的分享方面缺乏凝聚力。”[①] 实际上，人类从未放弃过意义的创造和分享，只是世俗化、现代化的过程蚕食鲸吞了“共同意义”及其确定性。意义消逝，利益当道。

> 意义体系实质上是人类认同的最重要的来源和皈依。缺少意义体系的指引和统摄，任何利益上的认同都是短暂和危脆的。一旦意义消逝、价值灯火熄灭，共同体就会消失在黑暗丛林之中，分崩离析，相争于利。

意义消逝，实际上是现代性和现代化造成的危机。这场危机既是现代社会的整体困境，也是每一个现代人所承受的生之艰辛。现代性肇端于西方的启蒙运动，它首先意味着启蒙所建立的主体性和理性，即人从神性和王权中解放出来，成为认知、行动和权利的主体，追求理性和进步。在实践层面，现代性表现为以工业化、城市化为主要手段的现代化，即以经济建设为主导，实现民富国强和社会进步。德国社会学家马克斯·韦伯将现代理性区分为工具理性和价值理性，前者重视科技进步、程序设计、效率优先和功利至上，后者强调审美、道德、信仰等精神价值和终极追求。

而启蒙的一个“意外”后果是，工具理性过度膨胀，价值理性衰落凋敝，在进步中失去信仰、在繁荣中失去意义成为现代性的魔咒。现代性颠覆了传统价值，人性开始免受神性等形而上力量的系缚之苦——“上帝死了”，却也因此切断了终极意义的来源。

① ［英］戴维·伯姆：《论对话》，34页，北京，教育科学出版社，2004。

幸好理性和俗世的幸福填充了意义的留白。理性的神话许诺了线性展开的科技进步、财富增长、生活改善、个体自由和由低级向高级的社会进化，这种因果逻辑在工业化时代大体能够安顿人类的身心——疲惫而满怀希望。譬如，发达的生产带来了繁荣的消费。人人都渴望成功和财富，然后通过消费，特别是对符号——身份、地位和名望的表征——的占有来打理人生。快感代替了快乐，效果代替了意义。

随着现代性危机日重，后现代主义逐渐崛起。后现代主义起源于20世纪中后期建筑和文艺领域的“反叛”运动，随后普泛为一种对后工业社会的“逻辑叙述”。为了克服现代性的诸多病症，后现代性因而采取了“反～”、“去～”的叙事结构，比如反因果明晰的宏大叙事、反统摄一切的整体观、反工具理性、去秩序、去中心、去权威。作为一种世界观和生活观，后现代性排斥普遍主义和基础主义，捍卫多元话语和差异性。这些主张和行动，在今天的危机事件中屡见不鲜。

然而，后现代性并未发现拯救之道。“世界已经毁掉了自身，它解构了一切，余下的乃是支离破碎之物。人们所做的就是玩弄这些碎片。玩弄碎片，这就是后现代。”① 在反对一切、解构一切后，后现代性滑向了虚无。仅就意义的危机而言，后现代主义者对工具理性的泛滥深恶痛绝，进而怀疑在现代性土壤里生长的所有理性果实——秩序和知识皆建立在流沙之上。按照后现代性提供的路线，人从理性和结构的限制中逃逸出来，却可能失去最后的心灵庇护之所，所得到的不过是浮萍般的自由，无依无靠，而非自在无碍。

在中国，由于复杂的历史和国情，前现代、现代性和后现代性并置于当前的社会转型阶段。关于前现代，传统威权主义依然强势——权力和关系主导社会系统的运行；儒释道等传统文化依然令人眷恋，乃至呈现一派复兴景象。关于现代性，以工业化、城市化为主要内容的现代化进程高潮迭起，工具理性、财富欲望炽盛，秩序和中心情节强烈。关于后现代性，消费文化崛起，互联网革命狂飙突进，政治、经济和文化话语权实现再分配，去中心、去秩序浪潮汹涌。几乎在今日的每一场公共危机、企业危机和社会事件（比如郭美美事件）中，前现代的痼疾、现代性的病症和后现代性的弊端都会并发。

显然，我们要抱持进取精神、建设情怀和革新意志，正视危机，重新发现社会进步的动力之源、历史方位和意义之所在。在寻找失落的意义的过程中，我们尚应重申启蒙，重彰理性。这是因为现代性危机、意义消逝的源头正在启蒙，我们要构建工具理性与价值理性、事实世界与价值世界均衡发展的美好社会，就是要克服启蒙的局限，同时传承启蒙的主体性精神——让人做自己命运的主人。在孵化现代性的启蒙年代，康德提出启蒙就是人类脱离自己加诸自己的不成熟状态，“要有勇气运用你自己的理智！”②

我们要抱持进取精神、建设情怀和革新意志，正视危机，重新发现社会进步的动力之源、历史方位和意义之所在。在寻找失落的意义的过程中，我们尚应重申启蒙，重彰理性。

以上简要界定了危机传播管理对话范式于事实之维的两个核心概念——真相和利益，价值之维的两个核心概念——信任和意义。接下来的一

① Jean Baudrillard, “Game with Vestiges” in *On the Beach*, 1984 (5).

② 康德：《历史理性批判文集》，22页，北京，商务印书馆，1997。

章，我们将展开对“事实—价值”模型二级、三级路径的探讨，它们皆以一级路径的真相查证与利益互惠、信任重建和意义分享为逻辑和现实起点。

最后，我们以2007年发生的重庆“史上最牛钉子户”事件为个案结束本章内容。

案例5—3

2007年重庆“史上最牛钉子户”事件

2007年3月，互联网各大论坛开始流传一个帖子，标题是“史上最牛钉子户”，帖子中有一张图片：一个直径超过百米、深度超过10米的大坑，坑中蓄了污水，有一小块地基尚存，上面立着一栋破败不堪、顽强抗拆的二层小楼。图片铅灰色调，画面触目惊心。

这是一张来自重庆的拆迁图片。《中国青年报》引用一位学者的话说：“这张极其现实主义的照片，同时也是超现实主义的，它既是中国重庆市九龙坡区一处街道上2007年的真实景观，又像是在中国人内心深处已经存在了近30年的人生经历与精神体验。”①

重庆当地人说，轻轨站旁的这栋房子相当有名，主人是杨武、吴苹夫妇。自20世纪40年代起，这栋房子就是杨家的财产，杨武父母去世前叮嘱他“保护祖屋”。对杨武夫妇来说，拆迁不只会失去房子，而且要断了家族的精神血脉。还有一些细节让夫妇很生气，比如在房管局和法院的通知和文告中，吴苹的名字一直被写成吴萍，从来没人向她核实名字。这让她觉得自己不过被当作一个拆迁户、一个有点麻烦的符号，官方和开发商对她缺少起码的尊重。

杨武站在风雨飘摇的危楼上，挥舞着国旗。楼上还悬挂着一幅他自制的白布横幅，上面写着：“公民合法的私有财产不受侵犯！”吴苹淡定自若地面对各路媒体记者，她说：“我是公民，不是刁民！”《南方周末》在进行2007年度人物评选时说：“她敢于挑战公权力的执拗，突破了社会底层习惯隐忍的集体性格。”

惊人的图片、惊人的举动、惊人的话语，一时让杨武夫妇成为舆论的焦点，二人在举国瞩目下上演了一场有关利益、公平、尊严、情感和信念的公共仪式。吴苹告诉媒体，开发商根本就不和她平等协商，“每次谈判出现分歧，对方都会说‘那就这样，不谈了’，并拂袖而去”②。吴苹还大声疾呼：“他们让我说话的机会太少了！”

显然，杨武夫妇渴望拿到合理乃至更多的利益补偿，但是他们想要争取的远不止这些，他们还需要对话、尊严、平等、公民权、精神抚慰以及失去祖屋后的内心安宁。

实际上，九龙坡区政府有关部门始终在努力解决此事，但直到事情僵持了一段时间，并被媒体和互联网炒得沸沸扬扬后，才发现应该与吴苹全面、深入地对话。区委书记郑洪亲自接见了吴苹。吴苹一开场就独白了40多分钟，郑洪一边倾听一边记录。吴苹感谢郑洪对她的尊重，并提出如果郑洪有难处她可以去找市领导，郑洪明确拒

---

① 徐百柯：《拆迁时代的一个典型样本》，载《中国青年报》，2007-03-28。

② 郑褚：《钉子户为何这样牛》，载《中国新闻周刊》，2007-04-02。

绝，表示法律和司法的权威就是政府的脸面。郑洪最后把自己的手机号码留给吴苹，吴苹后来又给他打过三次电话，“大家谈得很愉快”①。

随后，政府有关部门和开发商设身处地为杨武夫妇找到了问题解决方案。2007年4月2日，在“孤岛”困守12天之久的杨武拔去插在屋顶上的国旗，并通过开发商连夜赶制的长梯离开祖屋。“史上最牛钉子户”事件终于落幕。

【本章延伸阅读】

1. ［美］希拉里·普特南．事实与价值二分法的崩溃．北京：东方出版社，2006
2. ［英］安东尼·吉登斯．现代性的后果．南京：译林出版社，2000
3. ［英］约翰·埃里德里奇主编．获取信息——新闻、真相和权力．北京：新华出版社，2004

【思考题】

1. 简述事实、价值“二分法”的基本内容。
2. 为什么以“对话”为核心范畴构建危机传播管理范式？
3. 简述危机传播管理“事实—价值”模型的核心主张与一级路径。
4. 怎样定义和理解危机中的真相？
5. 怎样定义和理解信任？
6. 什么是意义的危机？

① 张悦：《重庆“钉子户”拆迁事件：那十五天发生了什么》，载《南方周末》，2007-04-12。

危机传播管理的对话范式——基于“事实—价值”模型（下）

第六章

CHAPTER 6

倘若组织于劫后余生中果然有深切的自省，必会发现自我和他者、“小我”和“大我”之间共同的命运感。发现和提升价值共同体意义上的命运感，正是人类文明独特、精妙、澄明之处。正是在危机的历练下，人类持续增进对在世状态、发展道路和公共福祉的理解，提升改造自我和世界的本领，熏染和净化整体精神。

本章探讨“事实—价值”模型的二级路径和三级路径。二级路径包括事实之维的告知、疏导和转换，价值之维的顺应、引领和重建。三级路径生发于二级路径，朝着具体危机情境伸展开来。如是路径设置依循了“情境—关系—策略”框架，即危机公关和危机修辞两个危机传播管理研究流派的整合框架。这一框架接纳了危机公关的“关系论”，也吸收了危机修辞的“情境论”，进而确立对话策略。

对话范式和“事实—价值”模型在倚重“传播的观点”的同时，也承认、借鉴“管理的观点”观照全局的优越性：从传播的视角看，化解危机之下的混沌状态更多地依靠“对话”而非“控制”；从管理的视角看，体制和机制的再造绝非一两个漂亮的传播策略所能实现。显然，合则两美，离则两伤。对话范式试图做到两相结合：在事实之维的两个核心范畴中，作为协商过程的“真相查证”主要是一个传播问题，而“利益补偿”更多是一个管理问题；价值之维的两个核心范畴——“重建信任”和“意义分享”，既是对话和协同问题，也是体制和机制革新问题。

第一节　事实之维：告知路径、疏导路径

本节以 2002 年美国攻打阿富汗期间，五角大楼新闻发言人克拉克（Torie Clarke）群发给媒体总编们的一封信开场：

我们向你们道歉。这几天发生的事情暴露了我们工作中存在的问题。在支持新闻媒体报道美国在阿富汗的军事行动方面，我们的准备工作不够充分。

我们肩负着重要的责任——为你们报道战争情况提供支持。我们会认真对待这个责任。我们的政策一如既往：时刻牢记，我们要确保行动安全，保护军人的安全。我们愿意最大限度地进行公开报道，并尽可能不浪费时间。而过去的几天并不令人满意，特别是报道瑞诺基地的伤亡情况时，我们并没有履行承诺。

前方的路并不平坦。在报道这场非常规战争的问题上，虽然我们并不能满足你们的所有要求，但我们可以保证一件事：我们在所有问题上，都将一如既往地保持公开透明的原则。①

克拉克的信件体现了危机传播管理在事实之维的一些重要原则和路径：公开透明、诚意致歉、适度承诺等原则，以及告知以掌握话语权、疏导以引领核心议题、转换以缓解情势和赢得谅解等路径。

一、告知

告知是指危机管理者面向利益相关者发布危机信息，是主体的"单方"话语在危机情境下传播并接受选择的过程。在如何"告知"危机事实上，英国危机管理专家罗杰斯特（Michael Regester）提出的"3T 原则"最具代表性②：

> 主动告知是危机传播管理的一项重要原则，主动的一方会形成一种持续强化的传播势能，所谓"越主动者越主动"。

一是主动告知（tell your own tale）。组织应积极、主动地发布危机事态信息，这一方面是为了让自己成为消息来源，以抢占危机话语权和解释"框架"，一方面也是对利益相关者负责，尊重和满足利益各方的知情权。主动告知是危机传播管理的一项重要原则，主动的一方会形成一种持续强化的传播势能，所谓"越主动者越主动"。这与危机中的"墨非定律"（Murphy's Law）如出一辙："越是觉得会出错的事，越是会出错。"③

二是全部告知（tell it all）。组织应毫无保留地发布危机事态信息，诸如危机诱因、损害和下一步的发展趋势等。在这一问题上，危机公关与危机修辞两个学术流派的观点分殊鲜

① ［美］特里·克拉克：《说出真相》，21 页，上海，东方出版社，2008。

② See Michael Regester，*Crisis Management：How to Turn A Crisis into An Opportunity*，New York，Hutchinson Business，1998.

③ 墨非定律：If anything can go wrong，it will。以美国空军研发工程师墨非（Edward A. Murphy）的名字命名，后泛指"越是觉得会错的事，越是会犯错"，譬如"如果你担心某种情况发生，那么它就更有可能发生"。

明：前者基于对利益相关者“知情权”的考量，主张全面告知，“你所知道的，也是媒体和公众所应知道的”；而后者则认为“全部告知”是不明智的言说策略——相反，为了高效、稳妥地应对危机，在不背离共同体利益和公共精神的情况下，危机管理者可以有所掩藏和隐瞒。显然，罗杰斯特属于危机公关阵营。我们主张视具体危机情境而定，下文对此有专门论述。

三是迅速告知（tell it fast）。组织应最大限度争取时间，以最高效率发布危机事态信息。这一观点已得到学界和业界的普遍认同，在危机中，时间不仅意味着金钱和效率，而且一念之间关乎是非和生死。迅速告知并非不择时机，盲目释放信息，而是强调合适的人在合适的时机以最高的传播效率讲合适的话。

基于罗杰斯特“3T 原则”，我们提出“告知策略”之下的三个“三级路径”：告知真相、充分告知和适度承诺。以下分而述之。

1. 告知真相

诚实是危机应对的基本原则，同时也是首选策略。谓之“基本原则”，是因为“接近真相”从来都是利益相关者和公众的基本权利，同时也是危机管理者的基本义务。讲真话，在 20 世纪初期即已被确立为现代公共关系的“底线性操守”。

> 没有比真相更好的保护，没有比坦诚更好的策略。

谓之“首选策略”，是因为在当前的信息传播环境之下，再精致的谎言也不过是透明之物。一个谎言，往往需要更多的谎言使之“看起来很美”，而最终则是徒劳。谎言会把危机管理者逼到旋涡的最深处，导致更深重的沉沦和更持久的灾难。相反，危机管理者发布的事实真相越充分、越有说服力，媒体和公众猜测、质疑和散布谣言的可能性也就越小。没有比真相更好的保护，没有比坦诚更好的策略。正如公关之父艾维·李所鼓励的，要直面危机，“亲自表达，坦诚表达，完整表达”。

案例 6—1

松花江污染事件中哈尔滨市政府的新闻发布

2005 年 11 月 13 日，吉林石化公司发生爆炸，导致松花江严重水污染，位于下游的黑龙江省哈尔滨市成为灾区。21 日上午，哈尔滨市政府面向市民发布公告，称全市“因供水管网设施进行全面检修”停水四天，隐瞒了水污染真相。

在此前几天，人们早已通过互联网、手机等手段获知水污染的消息。当政府宣称“管网检修”后，市民陷入恐慌。大量市民涌入超市疯狂采购，争抢瓶装水、袋装鲜奶，平时只卖 1 元钱的矿泉水被卖到 15 元。惶恐之下，人们制造、传播各种谣言，譬如哈尔滨马上要发生五级以上地震。很多人扶老携幼，“逃离哈尔滨”。紧张局势愈演愈烈，社会秩序或有失控之势。

面对严峻形势，哈尔滨市政府发布了一则新公告，承认停水系“中石油吉化公司双苯厂胺苯车间发生爆炸事故”所致，真相大白于天下。时任省长张左己后来总结说：

“人民群众的理解、信任和支持对我们战胜这次突发的水污染事件十分重要。政府特别是我个人对此都非常感动和感谢。事件发生之初，确实出现了群众恐慌和怀疑，一个原因是我们以‘管网检修’为由发布的停水公告……不到 10 个小时，我们就纠正了这个‘善意的谎言’，向群众公布了真相，得到了群众的谅解。通过这件事，我们感到，在突发事件来临时，必须维护群众的知情权和参与权。一旦群众了解了真相，认为政府是正确的，就能支持你，就能与政府一道，共同战胜困难。实践证明……只要政府与人民站在一起，就没有克服不了的困难。”

2. 充分告知

充分告知是对罗杰斯特“全部告知”原则的传承和修正——要选择性地告知尽可能多的危机信息。“信息是最好的武器，它越是详尽全面，被剥夺了秘密的敌人也就越能被彻底地解除武装。”① 鲍曼强调了信息的全面性，与罗杰斯特所见略同。我们对此则持保守支持态度。

几乎所有危机实践都表明，全部告知在大多数情况下只是一个充满风险的理想。信息泛滥以至于让人无所适从，同信息匮乏、真相不彰一样，于人于己、于内于外都是不负责任的。人们与其说是渴望获取全部信息，还不如说是期待一个负责任的行动者。我们所主张的充分告知原则，一方面摒弃“消极沉默”，一方面也拒绝草率的冒险。它不在某个极端一意孤行，而是坚持如下三个原则：

人们与其说是渴望获取全部信息，还不如说是期待一个负责任的行动者。我们所主张的充分告知原则，一方面摒弃“消极沉默”，一方面也拒绝草率的冒险。

一是寻找“共同关心”进行理性、周全的告知。所谓“共同关心”是指那些同时关乎各方利益的基本问题，而不只是危机管理者自己的利益和立场，也不只是少数人的需要和主张。单边诉求或者片面诉求即使再充分，也无助于良性的危机对话。

二是寻找适宜的人、时机和渠道进行有效告知。所谓“适宜的人”，是指具有良善价值观和杰出专业技能的危机新闻发言人，而“适宜时机”和“适宜渠道”，是指辨识和选择最佳的信息告知情境和方式。人、情境和方式的组合，重点在其有效性，比“告知”更重要的是“告知效果”。

这一原则也意味着系统规划告知的内容和节奏。充分告知强调站在全局的高度规划告知内容，调控告知节奏，理顺信息通路。这一过程涵纳了话语结构的所有关键面向：场域（field，发生了什么事）、调性（tenor，参与者及其倾向、关系）和方式（mode，表达的媒介和方法）。

三是在缺少确切信息、可靠结论的情况下，要做到“没结论，有态度”。危机的突发性和紧迫性经常导致危机管理者陷入“想说话却无话可说”的尴尬：人们焦急地等待有关危机起因、损害和结果的确切结论，而危机管理者尚无足以对各方负责的说法和结论。在这种情况下，危机管理者要用态度空间换取应对时间，以平等、开放、理性、建设性的态度，创造与利益相关者的对话空间，为查证真相、解决问题争取更多时间。换言之，在真相、结论缺失时，危机管理者应通过“充分表达诚意”来弥补未能“充分告知信息”的不足。

危机管理者要用态度空间换取应对时间，以平等、开放、理性、建设性的态度，创造与利益相关者的对话空间，为查证真相、解决问题争取更多时间。

事实上，“不充分”的公开和“过度”的公开都可能导致

① ［英］齐格蒙特·鲍曼：《被围困的社会》，2页，南京，江苏人民出版社，2005。

灾难性的后果，以下案例证明了这一点。

案例 6—2

拉萨“3·14”事件与“5·12”汶川地震中的信息发布

2008 年 3 月，西藏拉萨发生打砸抢烧事件。部分人打砸抢烧拉萨市区主要路段的中小学、医院、银行、电力、通信设施和新闻单位。拉萨电视台、拉萨晚报社等新闻机构遭到严重破坏，外界与西藏的通信联系一度受阻。仅 14 日当天，拉萨全城就有火灾 160 多处，其中有 40 多处为重点火灾。

当日 17 时 12 分 42 秒，新华社发出拉萨“3·14”事件的第一篇英文快讯，题目为“拉萨发生商店遭暴力纵火事件”。快讯正文译成中文共有 39 字：

“拉萨市 14 日下午发生商店遭暴力纵火事件。目击者看到，有几家商店被烧，附近商店已暂时停业。”

这篇快讯抢在了西方媒体之前发布了消息，赢得了宝贵的第一时间。遗憾的是，由于信息内容过于简单，加之未附上反映实情的新闻图片，快讯引发了国内外的猜测和质疑：到底发生了什么？情况怎样了？为什么？图像资料的缺失直接导致西方媒体移花接木，将“尼泊尔警察平息骚乱”的照片冠以“中国军警殴打藏民”之名刊发。

2008 年 5 月 12 日，汶川发生 8.0 级大地震。中国采取了西方媒体称为“罕见”的信息公开力度，全面发布地震灾害的各种信息。5 月 18 日，《纽约时报》发表题为“When the Kremlin tried a little openness”（当克里姆林官小试公开）的文章说，中国政府的公开态度令人赞赏，但是如此急促、大规模、（与既往）反差鲜明的信息发布也令人担忧：不要重蹈苏联覆辙，脱离社会现实和各方的承受力，造成剧烈的社会动荡。文章反复强调的观点是“A dash of openness can be a dangerous thing in an autocratic state”（剧烈的信息公开可能会成为“威权国家”的危险）。尽管文章基调、措辞过于“美式”，所指出的问题也未必那么严重，但对危机情境下信息公开“度”的看法却不无道理。

3. 适度承诺

> 对受害者而言，危机管理者的承诺意味着走出困境、获得补偿的可能性，意味着安全和护佑的希望。在危机中，承诺往往具有仪式性价值，“我承诺”往往意味着危机情境和情绪的转折点。

承诺是危机“告知”中的一个关键环节，它同时作为一种表达、姿态和行动而存在。面对无所不在的压力，危机管理者企图回避承诺几乎是不可能的。对受害者而言，危机管理者的承诺意味着走出困境、获得补偿的可能性，意味着安全和护佑的希望。在危机中，承诺往往具有仪式性价值，“我承诺”往往意味着危机情境和情绪的转折点。

在危机管理实践中，存在一个有关承诺的矛盾：一方面利益相关者对危机管理者的承诺高度关切、强烈期待，甚至将之“放大”为有关信念和利益的仪式；一方面危机管理者在危机中兑现承诺的能力严重下降，承诺可能变成压垮生命的“承重”。有鉴于此，危机情境下的承诺宜注意两个问题：

> 在很多情况下，危机管理者之所以能够摆脱危机、渡过苦厄，乃是因为利益各方见证、感受到了其做出改善的诚意，而未必是精致完美地解决了人们指出的全部问题。

一是切忌虚假承诺和过度承诺。那些虚假的或没有把握兑现的承诺，只能换取短暂的支持和喝彩，一时缓解危机情势。及至承诺落空，幻象破灭，人心亦失。过度承诺所造成的信任透支，堪比谎言被揭穿，危机管理者可能就此失去在公共空间对话的机会。

二是坚持有效承诺。危机管理者所做出的承诺务必可履行、可兑现，哪怕是局部的、细微的承诺和改善也是必要的。在某种意义上，过度承诺其实是一种欺骗。在儒家思想中，“诚”首先是不自欺，而后才是不欺人。危机管理者要正视危机带来的局限，承认理想与现实之间的距离，但坚持于危机之下“众善奉行”、“勿以善小而不为”。

实际上，危机管理者持续兑现那些可以履践的承诺，正是在公共空间为自己做好信心和信任“加法”，并从道德洼地走出来，获得同情、理解和支持的上策。在很多情况下，危机管理者之所以能够摆脱危机、渡过苦厄，乃是因为利益各方见证、感受到了其做出改善的诚意，而未必是精致完美地解决了人们指出的全部问题。

案例 6—3

2008 年甘肃陇南群体性事件

2008 年 11 月 17 日，甘肃陇南爆发大规模群体性事件，上千人与干部、警察发生冲突，造成 60 多人受伤。陇南是秦人的发祥地，素有“早知有陇南，何必下江南”之美誉。

陇南市行政中心位于武都区。2006 年，市政府提出加快武都区城市建设，实施“东扩西进、南北贯通、东西畅通”工程。位于武都区东部的东江镇，有 2 000 多亩农田被征用。农民获得了政府“拆旧补新”的承诺后，住进了过渡房。

然而，从 2008 年 3 月起，市行政中心将搬往成县的流言开始在武都区传播：“武都不建了，政府搬成县了。”被拆迁的东江镇农民开始上访，而武都区居民也因害怕失去行政中心优势后自己的生活将受到影响而人心惶惶。

3 月 24 日，在东江新区开发建设指挥部全体成员会议上，陇南市政府发出了《关于陇南行政中心搬迁风波有关情况的通报》，称行政中心搬迁纯属谣言。此间，市委市政府领导讲话都强调坚定市区开发建设的信心。陇南媒体对此加强了报道：“陇南市行政中心搬迁的谣言纯属无中生有，纯属造谣生事。”

5 月 12 日，四川发生大地震，与四川交界的陇南成为灾区。陇南市政府将行政中心搬迁计划提上日程。8 月，部分陇南离退休干部再次致信有关部门，反对行政中心迁建并提出相应理由。政府再次郑重“承诺”：绝不迁建。

9 月末，甘肃本地媒体报道了陇南市政府拟搬迁行政中心的计划。与第一次传言被陇南政府称为“非正规渠道”的谣言不同，这一次，武都区民众看到了本地媒体的正式报道。老百姓议论纷纷：“走了也就走了，为什么一而再、再而三地承诺说不走?”，“行政中心搬迁也不是不行，但是要说实话，要扩大民主决策”，“不要把老百姓当猴耍”①。

10月，反对行政中心搬迁的声音开始公开化。有人公开站出来反对陇南市政府的决定，有人将反对的声音写成“小字报”张贴于市区多个角落：“反对搬迁”、“兑现承诺”。

11月，第三波传言又爆出：陇南市党委、人大、政府、政协“四大班子”将于2009年1月前搬到成县办公。彷徨和不安点燃了愤怒之火，“11·17”群体性事件由此爆发。

二、疏导

危机管理者经由“告知”路径主动、快速、充分地发布危机信息，解决信息“覆盖面”的问题，“疏导”路径则强调针对核心议题寻求重点突破。危机改变了常态的秩序和规则，每一个卷入危机的人都在不同的角落分割所谓“真相的世界”。这意味着圆满回应所有人的质询和挑战几乎是不可能的，出路在于抓住主要矛盾、引领核心议题。

一般而言，危机中的主要矛盾、核心议题也正是权力博弈、利益交锋的关键所在，舆论的漩涡大多激荡于此。在漩涡之中，得失进退不单要靠危机管理者自身的努力，尚应寻求外部话语同盟的助力，并且要绕过危机黑洞。据此，我们在“疏导”路径之下提出三个三级路径：响应核心议题、构建第三方话语联盟、规避危机黑洞。

1. 响应核心议题

在传统政治话语中，人们习惯使用“舆论控制”这个词，而如今它正在成为被时代淘汰的概念之一。在特定时代，舆论的确是可以“控制”的：一个电话通知、一句不可辩驳的禁令，舆论就可能遭到封杀，像给自家的鸡笼上锁那般容易。然而，曾经被控制者认为坚不可摧的那些要塞，在信息传播技术狂飙突进、大众权力崛起的当今时代已经被打磨为易碎、透明的玻璃之门。替代“舆论控制”的，是一个新概念——议题管理。

公共舆论无论多么复杂、多变，总是由一个或数个核心议题引发、影响和支配的。在动辄如海啸般狂野的危机舆论下，危机管理者要像寻找岸上的灯塔一样发现、辨别核心议题。唯有周密管理、有效响应这些议题，展开充分对话，利益各方才能走出冲突、走向和谐。实践表明，危机管理者经常偏离媒体和公众关切的核心议题，这主要表现在如下两个方面：

一是议题错位，危机管理者所表达的内容，不是对方所关切的，纵使口吐莲花、雄辩滔滔，也不过是自说自话、无的放矢。

二是过度纠缠边缘议题，譬如“我们已经对责任人进行停职审查”——问题却未解决，“我们正在启动调查”——结果不了了之，“他已经离职，他是临时工”……这些议题错位、本末倒置的做法，加剧了众声喧哗的混乱和虚耗。参与对话的各方穿梭于“言说世界”的边缘地带，除了摧毁最后一点耐心和理性，没有别的事情可做。

① 相关引述来自《陇南“11·17”事件：搬迁传言如何引发恶性冲突》，载《南方都市报》，2008-11-26。

倘若“无意为之”而造成以上两种状况，危机管理者一旦发现错位和脱轨，则应果断将对话主题拉回到核心议题上来；如果“蓄意为之”，试图避重就轻乃至瞒天过海，则在道义上不足取，最终将是聪明反被聪明误。

案例 6—4

北京奥运会筹办期间的海外传播议题[①]

塑造和提升国家形象是北京奥运会的重要目标之一。中国人民大学人文奥运研究中心相关研究成果显示，“文化”是海外意见领袖最为认同的中国国家形象要素，支持率远远超过政治、经济、外交、军事、科教等其他要素，达到77.8%。这说明，北京奥运语境下的国家形象传播应以“文化中国”为核心议题。进一步而言，“文化中国”是中国国家形象战略的根本定位和核心主张。

由于历史、国情和“言说的身份”等原因，自改革开放以来，中国政府对外传播的议题主要集中在经济建设成就方面，文化表达则应进一步加强。事实证明，单纯经济议题导向（主要是经济增长奇迹）的国家形象传播容易造成海外公众的认知偏差，“中国威胁论”就是其负面效果之一。文化要素能够弥合中国表达与海外认知之间的断裂。

调查同时发现，海外媒体对2008年北京奥运会的报道议题主要集中在政治环境上（36.3%），这与海外意见领袖对中国文化议题的期待之间形成了明显错位。按照议题管理的基本原理，传播者应通过设置媒体议题来影响公众认知，政治、经济、文化三者之间的议题应当保持大体一致。这意味着中国要进一步增强对海外媒体的议题管理能力，特别是在文化议题上输出和对话。

调查显示，北京奥运会在筹备期间恰恰对文化议题表达不足。以北京奥运会“三大理念”的传播情况为例，在以官方为信源的新闻报道中，“绿色奥运”议题所占比重最高（57%），“人文奥运”（25%）与“科技奥运”（18%）议题则相对偏低。具体言之，有关环境、场馆、交通等方面的建设和投入成为核心议题，而人文议题彰显不足。

2. 构建第三方话语联盟

第三方作为在场的“他者”，特别是其中的权威人士，在危机传播中发挥着重要作用。这里指称的第三方，主要包括三类社会角色：一是危机涉及领域的权威人士，如专家学者、政府主管部门官员和行业组织负责人等，即“专业意见领袖”；二是危机舆论场域的公共意见领袖，他们未必是某一危机议题的专家，但是“粉丝”众多、声名远播，往往在信息扩散、意见交锋、情绪渲染乃至发起网络动员和社会行动方面，能够扮演中转站、放大器和组织者角色；三是公众中的意见领袖，即分散在不同的利益相关人群中，对群体其他成员的认知、态度和行为有重要影响的少数权威者，一般被称为“草根意见领袖”。

---

① 本案例引证内容来自国家社科基金项目“北京奥运的人文理念、社会价值与文化中国国家形象构建研究”相关成果。

专业意见领袖和公共意见领袖具有明显的身份优势、知识优势和传播优势，尽管韦伯近乎刻薄地指出："他们之中总是混迹着假冒伪劣的精神偶像。"[①] 他们拥有，或者被认定拥有敏锐的洞察力、超然的立场和可靠的证据，因而能够进行最专业的解读和最公正的评判。尽管今日的一些专家经常被网民戏谑为"砖家"，一些"公共知识分子"亦黯淡了公共性和社会良知，但是舆论依然需要他们，大众似乎无可避免地投入权威的怀抱。有学者干脆称这些权威的第三方"消息来源"为"信息沙皇"（information Czar），垄断着危机话语权。[②]

草根意见领袖也直接影响着危机舆论、对话的走向。他们之中，一些人对危机根源、诱因的看法，影响着其他人对危机事态的认知；一些人对危机发展、变化的分析，影响着其他人对危机后果的评价；一些人对组织所发布信息的公开表态，影响着其他人对这一信息是抵御还是接纳。因此，团结了草根意见领袖，往往也就意味着团结了群体中的大多数人。

3. 规避危机黑洞

一般而言，危机充满不确定性，遍布陷阱和迷障。危机管理者稍有不慎便可能落入本书第三章提出的危机黑洞——将时间、精力和资源投入到错误的人、议题和环节中去。直至输个精光，才发现竟是一场致命赌博。规避危机黑洞的办法是多样的，譬如建立科学的危机预警机制，开展有效的危机管理训练，以及"局外"专业团队的指引，等等。前路注定变幻莫测，问题的关键在于自己是否做好了上路的准备。

希斯认为，媒体的过分关注和错误引导往往会造成危机黑洞。譬如一次飞机坠毁事件，媒体可能众口一词地认为是恐怖袭击所致，官方便投入大量精力四下搜寻恐怖分子，而真正的原因——飞机故障却掩蔽不彰。实际上，在危机处理中，任何无效的或错误的信息，以及对信息的不当加工，都可能使组织决策陷入黑洞。危机信息本身即处于混沌不明的状态，倘若监测、评估环节再出差错，则极易形成落入其中而不自知的黑洞。

案例 6—5

1996 年美国环球航空公司空难

1996 年 7 月 17 日，美国环球航空公司的 TWA800 次航班从纽约飞往巴黎途中发生爆炸，230 名乘客全部罹难。灾难发生后，媒体共发表了 140 多篇报道探讨飞机失事的原因；不同背景的专家、学者和航空技术人员也纷纷发表看法，各执一词；公众中也存在种种传言。在各方的强烈呼吁和强势监督下，政府交通部门的调查机构花大量精力排查了包括导弹袭击、炸弹袭击、陨石袭击和电击在内的各种可能性。

这场花费高昂、声势浩大的事故调查历时 17 个月，最终证实是由于一个微小的电火花点燃了燃料箱中的气体导致爆炸。此前，早有人建议从飞机自身故障入手展开调查，但是由于其他意见和呼声过于强大，以致蒙住了决策者的眼睛。

---

① ［德］马克斯·韦伯：《学术与政治》，7 页，北京，三联书店，2005。
② 参见吴宜蓁：《危机传播——公共关系与语艺观点的理论与实证》，66 页，苏州，苏州大学出版社，2005。

第二节 事实之维：转换路径、个案检验

本节首先阐释事实之维的最后一个路径——转换，而后以一个案例对事实之维的三个路径——告知、疏导和转换进行全面检验。

一、转换

“转换”路径的着眼点有三个：与过去的话语相呼应，即所谓前后一致；与核心利益相关者的意见相会，争取最值得、最需要依靠的人；借由“事件”转移视线、再造情境，使事态朝着有利于大多数人的方向发展。

1. 前后一致

这一路径强调由“当下”向“之前”转换，即回到危机发生之前组织的主张、话语及其调性，回到对利益相关者的一贯承诺。在危机中，人们恐惧、狂躁、愤怒的一个重要原因，是“熟悉的规则不见了”。正如海德（Fritz Heider）和费斯廷格（Leon Festinger）对“不和谐”做出的解释，就是“一个个体面临两种冲突着的认识要素的程度”，当不和谐发生时，“人们本能地去躲避、消除”——直到和谐再次发生。① 事实上，当眼前的困境如此具体时，人们总是无比怀念既往安宁的岁月。

“前后一致”实质上是一种“补差性”努力，即弥合危机发生前后人们对组织认知和评价的落差。它通过回归常态秩序、唤醒集体记忆，来消解“当下”的不确定性。这就要求当事主体认真回溯、深刻检讨此前的主张和承诺，特别是那些指向“关键利害”的既往言行，并在危机中庄重持守。显而易见，回路被切断是让人最惶恐不安的事情之一。

2. 协同核心利益相关者

争取核心利益相关者态度和行为的转变，使之与组织协同渡过危机，是危机对话的主要任务之一。从事实层面看，实现危机管理者与核心利益相关者的协同主要有三种方式：

一是不躲避，不漠然，不轻易引发对抗，尤其不要把对方“逼上梁山”，把意见领袖逼成异见分子。即使对方以反抗者、异见分子的身份出现，亦应关心对方关心的事项，在对话中寻找哪怕是底线性的共识。事实上，倘若核心利益相关者未能转变态度，对危机处理不同意、不满意，危机事态则很难平复。纵然通过强压一时风平浪静，亦可能随时烽烟再起。

二是鼓励对方与自己一道寻找真相，使之由旁观者、对抗者转化为共担风险的主人。在必要和可行的情况下，让利益相关者参与、体验危机管理进程，是获得支持和谅解的重要途径。对话和参与其实是一个赋权的过程，核心利益相关者很可能以主人的身份寻找解释和解决问题的方案，而不再是不屑一顾的旁观者和不顾一切的反抗者。

> 对话和参与其实是一个赋权的过程，核心利益相关者很可能以主人的身份寻找解释和解决问题的方案，而不再是不屑一顾的旁观者和不顾一切的反抗者。

三是承诺将其损害降至最低，并补偿对方应得的利益。实际上，要促进核心利益相关者角色的转换和协同，组织

① 参见［美］E. M. 罗杰斯：《传播学史》，309页，上海，上海译文出版社，2006。

应首先实现自我角色的转换和改造。诚如危机管理学者沙士堪（L. E. Susskind）和费尔德（P. T. Field）所言："只有跳出自身利益之纠葛，并且站在对方的角度审度事情时，才能找到最基本的利益所在。"①

3. 转移视线

所谓转移视线，是指在危机中把媒体和公众关注的焦点转移到那些可以摆脱组织责任或者于组织有利的问题上去。转移视线通常有两种做法：一是把组织描绘成不公正环境或体制的牺牲品，以引起人们对替罪羊的同情和对真正的责任人和问题根源的追问；二是"制造"另外的新闻事件以引起公众对新问题的关注，从而转移各方对危机的注意力，放弃对危机事件无休止的纠缠。

究其实质，转移视线一靠议题转换，即摆脱"厄运型"议题，传达组织的积极信息；二靠事件策划，让令人愉快的事件覆盖危机事件。同时，转移视线可分为主动转移和借力转移两种模式：前者是指当事主体自主设置新议题、策划新事件；后者是指当事主体借外部舆论议题或事件之力，以为我所用。

转移视线不应滥用，而要坚持如下原则：创造性，即视"转移"为一个创造的过程，要形成既与之相关又区隔于原有危机议题的亮点、热点和焦点；公共性，即强调新议题的传播效能，不要设置那些公众不感兴趣的"自言自语"式的议题；互惠性，即确保转移的"正当性"，使新议题实现自身利益与公众利益的契合，而非麻痹和欺骗公众。

就此而论，转移视线与其说是把注意力"牵引"到于组织有利的问题上去，还不如说是引领到于大多数人有利的方面。一个正直、有韬略的决策者会发现，只有对大多数人有利，才对组织有利，皆大欢喜才能各得其所。我们有必须重申艾维·李在 1903 年发布的公共关系原则宣言：凡有利于公众的才有利于组织。

二、个案检验

2004 年 11 月 30 日，香港某媒体爆出"创维董事局主席黄宏生及一干人等被香港廉政公署逮捕"的消息。创维公司面临巨大挑战。此前不久，曾经红极一时的新疆德隆、广东健力宝等公司都因领导人危机而陷入泥潭。以下通过详述创维危机应对案例，进一步讨论、检验"事实—价值"模型于事实之维的三个二级路径——告知、疏导、转换及其操作化策略。

案例 6—6

创维应对企业领袖危机

2004 年 11 月 30 日，"彩电大王"黄宏生结束了在日本的谈判后直奔香港，准备召开例行董事会。上午 9 点，100 多名香港廉政公署调查员像空降部队般出现在黄宏生的办公室，日本记者描述说："简直像香港电影一样。"

此时，香港证交所尚未开盘，刚吃过早茶的香港人还奔走在上班的路上。"创维

① ［美］劳伦斯·沙士堪、［美］派屈克·费尔德：《群众公关》，66~67 页，台北，稻田出版公司，1997。

数码”香港控股公司高层正在筹备下午的董事会。所有资料都显示利好、利好，还是利好。

“集团出事了，下午的会开不成了，黄董不能与外界联系。”上午10点，创维集团董事局副主席、副总裁张学斌刚结束在深圳的一个洽谈，在赶往香港开会的途中接到了电话。到达香港后，张学斌收到两条信息：“（黄宏生）一干人等被香港廉政公署带去问话，也没说发生什么事”；“公司的一切事务暂时由你负责”。

1. 告知——争夺媒体话语权

当天下午，张学斌返回深圳，组织部分董事会成员和创维旗下几个产业公司老总成立了“危机处理领导小组”，下设五个专业小组：新闻、法律、财务、政府关系和运营。公司制定了危机处理的几条原则：统一认识，统一组织，统一步调，统一行动。

当晚9点，新浪网发布了黄宏生被拘的消息。创维立即反应，两小时后通过新浪网向社会证实这一消息，并表示“集团一切生产、经营、管理活动均正常进行”，“创维积极向上的发展势头不可逆转，创维将一如既往地为消费者奉献更好的产品”。

与此同时，创维广邀全国各大媒体齐聚深圳。第二天下午5时，新闻发布会在深圳创维大厦召开，所有董事会高层手挽手集体亮相。在没有确切结论的情况下，他们把这次发布会定位为一次公开表态的媒体沟通会议。张学斌对媒体表示：由于事起仓促，事件尚处具体调查之中；他们对事件的了解也是从香港媒体报道中知晓的，难以提供更多详情；希望媒体朋友能够给予配合，一旦有任何最新消息，公司将及时对外发布。

在发布会上，创维还明确告诉媒体，张学斌负责对事件表态，品牌中心主管孙伟中负责动态信息发布。

简评：危机发生后，创维公司在“如何告知媒体和公众”上做了如下几项工作：一是迅速反应、及时告知，当天即成立危机管理小组，证实危机突降，并做出相应承诺；二是主动告知，掌握话语权，当晚即邀请全国相关媒体，第二天召开新闻发布会，对媒体报道敞开大门，避免了媒体的主观猜测和可能滋生的谣言；三是指定新闻发言人，媒体在整个危机事件中都能够准确找到采访对象，对创维而言则有效保证了口径统一；四是在真相不明、结论未定的情况下，创维先给出一个建设性的态度，而不是消极躲避，等“黄花菜都凉了”再站出来说话。

2. 疏导——寻找意见领袖、建立第三方联盟

在掌握了媒体报道的主动权后，创维着力寻找新的危机应对突破口。建立第三方话语同盟，获得上、下游合作伙伴和银行、政府等部门的支持，是创维采取的第二项主打策略。

上游供应商：以彩虹集团为代表的八家彩管供应企业纷纷表态支持创维渡过难关。彩虹集团公开表示将预留3 200万港元应对创维危机，保证创维彩管的正常供应。

下游经销商：当时家电领域的四大巨头国美、苏宁、永乐、大中的领导人也公开表示：“无论发生什么情况我们都力挺创维，不为所动。”这几位行业领袖的表态，有效控制了危机对创维终端销售市场的影响。

金融机构：广发、兴业、民生、工商、深发展、招商、农业等七家银行的深圳分（支）行负责人也集体出现在创维大厦，向媒体表示支持创维。

政府部门：深圳市主管副市长专程赶往创维集团了解情况，并表示创维作为深圳名牌企业，将会继续得到政府在宏观环境和相关产业政策上的支持。

简评：构建第三方话语同盟是创维最终能够转危为安的关键策略之一，使之避免了在危机中单兵作战、独力苦撑。借助上游供应商、下游经销商，以及银行、政府等不同层面的力量，创维基本上扭转了危局，整个事态朝着可预期的良好态势发展。

3. 转换——隔离损害、重塑形象

在事件发生后，创维始终努力向媒体和公众传达一个信息：厘清深圳创维集团、黄宏生本人、香港创维数码三者之间的关系。将事情的基调确定为：黄宏生被捕是由于香港创维数码公司操作问题引起的，这与深圳创维集团之间不存在必然联系。

不到一个星期，创维召开了全体董事大会，宣布原深圳电子商会会长王殿甫出任创维新的 CEO，同时原先黄系人马也全部退出董事会，再度使人们看到了创维欲划清与黄宏生本人界限的决心。

创维同时发布公告，公司创始人、最大股东黄宏生辞去董事局主席兼首席执行官职务，转任公司非执行董事。同时，黄宏生家族成员集体终止了集团所有附属公司的管理职务。涉案的其他董事也被排除在管理层之外。

暂时脱险的创维公司随之启动了一轮公关攻势，通过制造一系列公关事件转移媒体和公众的注意力。创维在深圳的一项重大投资项目正式开工建设，政府官员、行业代表和一些媒体记者出席了开工仪式。

一系列关于创维良好销售业绩的报道也纷纷出现。为了让消费者进一步感受到实际情况，创维还与国美、苏宁、永乐等家电连锁卖场大搞终端促销。CEO 王殿甫利用上任的新闻效应，透露创维即将上马手机项目等经营决策。

简评：创维的转换策略表现在三个方面：一是“破旧”，划清涉案人员与公司大品牌的界限，隔离危机损害，所谓舍小求大；二是“立新”，推出公司的新领袖和管理层，以形塑“气象一新”、“明天会更好”的品牌印象；三是制造新议题，策划、实施“建设性”的投资项目和营销项目，将媒体和公众的视线牵引至健康、向上的议题上去。

以上详细考察了告知、疏导和转换三个二级路径，以及各自衍生的三级路径，它们共同构成了危机传播管理对话范式在事实之维的策略框架。沿此路径而下，可以推演出更繁复也更适用于具体危机情境的多级应对策略。以告知路径为例，告知之下可以衍生出：告知真相——召开新闻发布会——发言人说无可奉告、少用专业术语、坦诚表达、关爱弱者，告知真相——投放新闻稿——开掘新闻价值——讲好故事——图文并茂，等等。

第三节　价值之维：顺应路径、引领路径

现代社会遭遇的最大困境之一即价值危机的蔓延。剧烈的政治、经济、文化和技术变革，使祖辈们“年轻的单纯”一去不复返。彼此信任竟是如此之难，作为个体生命价值和族群认同来源的意义体系破败不堪。往昔持久、稳定的价值不见了，落在边缘或者被遗忘；而新的价值则尚待生成，它显然不像进步日新的技术那样易得，因为我们也不希望它如进步日新的技术那样易逝。

吉登斯、贝克、鲍曼说得恰到好处：我们的世界是一个人为制造的不确定的世界；不确定性不是我们能补救的，而是我们创造的，我们甚至以更大的规模和力度在创造新的不确定性。我们生活在风险社会和危机时代，外在“事实世界”变幻莫测，内在“价值世界”混沌不明。也许下面这个说法更准确：更大的繁荣与更大的危机相随如影。

不仅如此，价值危机——尤其表现为信任的透支和意义的消逝——乃是一种整体性危机，渗透到所有具体危机事件之中。在某种程度上，每一场危机都是价值危机的同病别发。

价值危机——尤其表现为信任的透支和意义的消逝——乃是一种整体性危机，渗透到所有具体危机事件之中。在某种程度上，每一场危机都是价值危机的同病别发。

本节和下一节即在上述背景之下，探讨危机传播管理的价值路径：顺应、引领和重建。

一、顺应

“顺”是中国传统世界观和人生观中的一个重要概念，所谓“言顺”、“耳顺”、“顺天”、“顺生”，强调于极端、纷乱之间取其中道，“致中和”；“应”是回响反馈，依势而变，孙子兵法主张“变而应之”、“火发其内，应之于外”。由是观之，顺应意味着顺势而为却不取悦逢迎、随波逐流，这需要一种整体的理解力，以及对环境和自身的良好判断力。

具体到危机情境，顺应主张随顺时势和建设性的妥协。所谓建设性妥协，即危机管理者基于救赎精神，对遭受损害的利益相关者做出让步。这既表现为具体利益的割舍，也反映为一种策略性思维——守弱，以待时机。“顺应”之下存在三个三级路径：倾听、合作非对抗和关爱弱者。

1. 倾听

之所以将“倾听”放在价值之维进行考察，诚如有学者所言，因为它是世上最美的动作之一。倾听意味着让彼此拥有充分的诉说的权利和机会，这本身就是解决问题的过程。同时，倾听不只是于对话中了解事实、获取信息，它所成就的乃是一个充盈着尊重、互信、和谐的场域。喧嚣之下，是专注倾听而非提高嗓门，使我们获得真正的勇气、理性和智慧。

倾听意味着让彼此拥有充分的诉说的权利和机会，这本身就是解决问题的过程。同时，倾听不只是于对话中了解事实、获取信息，它所成就的乃是一个充盈着尊重、互信、和谐的场域。喧嚣之下，是专注倾听而非提高嗓门，使我们获得真正的勇气、理性和智慧。

在相互倾听中，人们获得了自己的存在感和双方的平等地位——无论我们之间有怎样的差异和冲突，当下我们平等了。我们首先搁置己见，倾听对方的想法，进而寻找我们的共同之处。这种“共同思考”和“思考共同”的意识状态，正是倾听的奇妙力量之所在。它让对话者建立信任、分享意义，而非盯着彼此的分歧一决高下。

在危机中，危机管理者总是希望“洗清”自己、降低损害和转移责任，而利益受损者则更期待找到“真凶”、追究责任和寻求补偿。冲突、对抗也正是在这一过程中产生，各方皆企图让自己表达的力量压倒他者。而一旦危机管理者采取了倾听的立场、姿态和思考方式，情况将发生微妙的改观：

当一方坐在另一方对面，头脑清明、内心真诚地倾听的时候，所收获的不只是信息内容，而且是彼此关系的改善——由陌生人转换为对话者，由冲突中的对抗者转化为共同寻求解决之道的对话者。简言之，除了能够了解对方的需求外，倾听的另一个价值在于重构彼此之间的关系。

对危机管理者而言，倾听应优先于表达而成为首要之策：先倾听再表达，先建立对话关系再选择对话内容。倾听而后有对话，或者说倾听才是对话的真正开始。实际上，倾听本身即意味着一种价值选择和德性修养，繁体汉字的听（聽）字，正可会意为“王道之德”。

2. 合作非对抗

合作非对抗是危机管理的基本精神，这实际源于一项常识性“换算”：在大多数情况下，合作的成本会低于对抗的成本。危机始于对抗，而危机管理则应始于合作。危机中的任何决策，皆应考量如何促进了合作关系，而非将对抗进行到底，尤其要避免将所有挑战者逼成对立的联盟。即使是回击那些恶意的挑衅者，也需要以建立广泛的合作联盟为前提。按照本书第二章提出的危机传播管理“3F”假设，若欲消除危机噪音流，对话、合作、合光同尘显然比吵架、对抗更明智，后者只会徒增噪源、放大噪音。危机之下的合作，需要当事主体坚持两个原则：

一是平等。平等是合作的基础。危机管理者应怀平等之心，最大限度谋求与不同利益相关者的合作。沙士堪、费尔德认为：“当人们受到伤害，并且在有权力的人面前感觉抬不起头时，愤怒之火最为炽烈。”① 希斯则进一步指出：“所谓平等，是不同的思想、观点在公众面前强度的均衡。”② 也就是说，危机管理者应对不同的愿望和主张等量齐观。傲慢、偏见、恃强凌弱所激发的愤怒，有时远甚于利益伤害本身。

二是妥协。讲原则的妥协也是必要的。妥协一方面来自救赎之心，即承认自己为利益相关者带来的损害，并愿意为此做出补偿；一方面也彰显了一种战略观念：退一步，是为了更长久、更安全的重新起跑。尼采说：“在我们与另一个人的关系中，如果在我们自己的天平秤盘里放上几克不公平，友谊便恢复了公平的平衡。”③ 在必要的情况下，危机管理者要有勇气让对方获胜，假如让对方获胜能够平稳渡过危机，那么何乐而不为？

> 在大多数情况下，合作的成本会低于对抗的成本。危机始于对抗，而危机管理则应始于合作。

案例 6—7

南京冠生园陈馅月饼事件

2003 年 9 月 3 日，据中央电视台报道，南京冠生园公司大量使用霉变和回收馅料生产月饼。9 月 18 日，南京冠生园针对中央电视台的批评，对外发表正式声明称：

① ［美］劳伦斯·沙士堪、［美］派屈克·费尔德：《群众公关》，34 页，台北，稻田出版公司，1997。

② R. L. Heath, “Public Relations As a Weapon of Modern Warfare,” in *Public Relations Review*, 2001 (17), pp. 107-116.

③ ［德］弗里德里希·尼采：《人性的，太人性的》，242 页，北京，中国人民大学出版社，2005。

“某媒体9月3日播出的南京冠生园大量使用霉变及退回馅料生产月饼的报道，不但歪曲而且完全失实！……对蓄意歪曲事实、毁损我公司声誉的部门和个人，我公司将依法保留诉讼的权利。……我公司绝无在月饼生产中使用发霉或退回的馅料生产月饼的行为。记者利用隐藏式摄像机将本公司所谓各生产过程片段拍下，……这是怎样的用心呢？这有什么样的目的呢？”

声明发出后，全国媒体掀起了“围剿”南京冠生园的高潮。除南京本地一些媒体说了几句“好话”外，大部分媒体都对其口诛笔伐。例如，《中国青年报》发表了长篇评论《坑消费者还不够吗，凭什么要救冠生园?》。

南京冠生园未以坦诚、主动的态度与媒体进行充分、有效的对话，反而陷入了与媒体激烈对抗、把媒体逼成了对立联盟的境地。在批评报道出现后，冠生园一开始“躲”媒体，然后矢口否认事实，继而公开叫板媒体，最后不得不面对媒体时，又因缺乏起码的媒体沟通知识和技巧而惹来更大的麻烦。

公司负责人在接受媒体采访时拉同行“下水”，他说（用霉变或回收馅料加工月饼在）“全国范围这是一种普遍现象。……没有一个厂家做几个卖几个，都用陈馅做新馅。……日期在整个食品行业中有一个模糊的空间。”[①] 如是，南京冠生园非但没有在危机中与业界建立信息、利益和价值共同体，反而把大火引向邻居。

3. 关爱弱者

危机处理自始至终存在一个价值排序的问题。所谓价值排序，是指在危机决策和实践中对何者优先、何者为重的选择。一般而言，在利益和“物”的层面，大局利益优先于个体和局部利益；在“物”与“人”的关系层面，“人”永远大于“物”；而在“人”与“人”的关系层面，弱者利益应优先得到照顾。因此，危机管理者应给予弱者更多的关爱，让那些陷入困境、沦为边缘，又被迫沉默的人们得到解放，使他们有权利诉说不幸，并获得持续的支持。

> 危机管理者应给予弱者更多的关爱，让那些陷入困境、沦为边缘，又被迫沉默的人们得到解放，使他们有权利诉说不幸，并获得持续的支持。

在危机中，危机管理者要动员、召唤各种积极的力量，化解人们在物质、道德和精神上的焦虑，分享安宁、重树信心。这对危机中的弱者而言显得尤为重要。当然，“关爱”本身也存在正当性问题，危机管理者切忌把“关爱弱者”变成旨在“漂白”自己的一场表演。对弱者持以慈悲和宽容之心，才是真正的关爱之道。

但是，弱者天然是光荣正确的吗？美国芝加哥大学社会学者赵鼎新认为，在现代社会的三个行动者中，国家、企业往往被认为是坏的，人民则被认为是好的。前二者因为掌握权力、资本和信息而占据统治地位，因此对其进行监督和批评乃是合理的，而这并不意味着人民天然正确。人民是驳杂的、冲动的，甚至时常是破坏性的。[②] 我们在第五章也提出，官民冲突未见得官总是错，民商冲突、医患冲突亦复如是。

---

① 樊宏伟：《今年月饼竟用去年馅 央视暗访掰开“黑心”饼》，载《北京青年报》，2001-09-04。
② 参见赵鼎新：《社会运动和“人民”登上历史舞台》，载《东方早报》，2013-08-07。

然而我们必须强调的是，民之于官、商、医等，在权力、资本、信息和知识上处于明显的弱势地位。强弱冲突之中弱者未必天然正确，但是强者应当积极担当责任，主动照顾弱势一方。为此，除了依照法纪回应和满足弱势一方的合理利益主张外，尚应在个性、情感、面子、道义和信仰上给予对方最大限度的关爱和尊重。面对受伤害和受侮辱——哪怕来自想象——的人们，危机管理者的言说和行动不仅要合法，而且要合理、合情，情理法一个都不能少。

二、引领

在亚里士多德的修辞理论中，“省略三段论”是核心概念之一。关于省略三段论的经典例子是：人终究会死去，苏格拉底是人，因此苏格拉底终究会死去。“人终究会死去”是公认的真理性前提，因而在逻辑推断中经常被省略，我们直接说“苏格拉底是人，因此苏格拉底终究会死去”就可以了。显然，省略三段论能够存在和生效，是由于人皆认同的“真理性前提”存在并生效。

> 危机之下，对话者之间人皆以为然、不言自明的真理性前提不是被“省略”了，而是被打垮、遗忘和消逝了。真理性前提缺失的对话必然难以为继，甚至出现“一对话就对抗”的僵局。

同逻辑“三段论”一样，修辞“三段论”也经常缺省“真理性前提”，譬如“诚实是美德，他是一个诚实的人，因此他是一个有美德的人”。① 其中，“诚实是美德”大多在修辞中被省略。同理，一旦真理性前提缺失或无效，修辞者、对话者之间的共识性逻辑就会瓦解。譬如，当某人认为诚实并非美德而是蠢行，当某人认为即使老师也应该在地震中先救自己随后再理会学生，而这些观念刚好与你相反，你与某人之间的对话前提便已不复存在，余下的就只有争吵了。推而广之，当一个社会的多元利益主体无法认同一些基本的“真理性前提”时，共同体存在和发展的根基就动摇了。

我们导入逻辑和修辞“三段论”的目的，在于重拾公认的真理性前提。危机之下，对话者之间人皆以为然、不言自明的真理性前提不是被“省略”了，而是被打垮、遗忘和消逝了。“省略”是一种内化、默识状态，无须提及却始终存在；而消逝则意味着潜隐不彰或者不复存在。真理性前提缺失的对话必然难以为继，甚至出现“一对话就对抗”的僵局。

那么，危机对话需要重拾的真理性或曰公约性前提是什么？我们认为，从价值层面看，危机对话的前提主要有三个：面向组织内部利益相关者的大局观念，面向外部利益相关者的共同体意识，和面向媒体的公共精神。

1. 大局观念

这一前提指向了组织在危机中的内部利益相关者，即在危机爆发后，组织首先要把“自己人”引领至大局利益上来。实践证明，几乎所有危机当事主体都存在“自毁长城”现象，“内耗”往往是代价最高的危机损耗。在大多数情况下，外界的猜测、质疑和谣言，

---

① 当然，逻辑“三段论”和修辞“三段论”也有明显的差异。前者的前提与结论之间存在“必然”确定性——人必死，因此苏格拉底必死；后者的前提与结论之间只存在“或然”确定性——他诚实，但他可能同时非常贪婪或者残暴。

首先来自组织内部的纷乱和冲突。这也正应了一条人尽皆知的“革命智慧”：堡垒总是在内部被攻克。

“攘外”之下的“安内”策略，存在“治标”、“治本”之分。所谓“治标”，即在危机显现后，通过有效沟通让内部利益相关者尽快统一到“大局利益”上来。以组织内部的员工为例，他们分散于不同岗位，扮演不同角色，彼此间有着千差万别的既往和不确定的将来。组织应尽力动员不同岗位上的员工以大局为念，同舟共济，协力渡过难关。

常见的“战前动员”方法有三个：一是组织领导者要勇于担当、身先士卒并富有团队精神。“领袖都肩负着使命，因为没有他们，那么群体，实际上整个人类都将一事无成。”①二是尽可能让员工知情和参与危机处理，赋予大家以共同的命运感。三是分层逐级进行信息通报，特别是要统一信息“口径”。

“口径”不见得是一律化的说辞。换言之，口径不是“口令”，要给员工结合自身岗位进行理解和解释的空间。倘若员工对正在经历的危机一无所知，或者只能被动接受“口令”，甚至要通过“外部人”和媒体才能臆测自己所在组织的危机，他们就可能产生极强烈的挫败感和受辱感。这种负面情绪将消解组织内部的凝聚力和向心力，甚至会导致众叛亲离的败局。

所谓“治本”，强调的是组织要在平时加强内部公关、内部文化和内部价值观建设。危机所考验的，绝不只是组织临场发挥的能力，更多的是“平时成绩”。很难想象一个价值观涣散、内部文化贫瘠、内部公关空白的组织，于危机之下能够迅速生长出集体“勇敢的心”。组织修炼自己的价值观，正如一个人完善自己的灵魂和人格，点滴滋养、小心护持尚可为之。危机剥去了价值观建设看起来含糊、奢侈的外衣，让人们真切看到它是组织的生存之本。

案例 6—8

中美史克“康泰克 PPA 风波”

2000 年 11 月，国家药监局发出通知，禁止在药品中使用盐酸苯丙醇胺（phenylpropanolamine，PPA）成分。作为中国感冒药市场上的重要品牌，中美史克公司生产的“康泰克”一夜之间被绑上了舆论的审判台。

11 月 16 日，中美史克公司接到天津市卫生局的叫停通知后，立即成立了危机管理小组。小组下设几个分组：一是领导小组，负责确定危机应对的基本政策、立场基调和统一口径，并协调各小组工作；二是沟通小组，负责信息发布和内部、外部沟通，在整个危机事件中扮演“信息源”角色；三是市场小组，负责加快新产品的研发；四是生产小组，负责组织调整生产并处理正在生产线上的中间产品。

16 日上午，领导小组发布了危机管理纲领：执行政府暂停令，向政府部门表态，坚决执行政府法令，暂停生产和销售“康泰克”；通知经销商和客户立即停止销售，取消相关合同；停止广告宣传和市场推广活动。

当时，铺天盖地的负面新闻指向了康泰克。尚不知情或知之甚少的普通员工显然

① ［法］塞奇·莫斯科维奇：《群氓的时代》，173 页，南京，江苏人民出版社，2006。

被强大的媒体攻势镇住了：怎么会这样？公司将何去何从？我是否会受到牵连？大难临头之际，公司上下人心惶惶。

17日中午，中美史克召开全体员工大会，公司总经理杨伟强告诉员工公司到底出了什么问题，公司的解决方案是什么，并保证公司不会裁员。面对PPA风暴，公司生产线被迫停工，一半员工无所事事，但是总经理许诺绝不抛弃员工，不让一个工人回家。公司的做法使员工大为感动："我们要和企业经历风雨、荣辱与共。"

同日，全国各地的50多位销售经理也被召回天津总部，危机管理小组为其进行危机培训，卸下他们的思想包袱。有销售经理说："过去我们总以为我们很强，很厉害，公司内部画地为牢，在各自的势力范围里你争我斗，现在大家都有了很强的危机感，整个公司空前团结，我们准备大干一场。"①

中美史克在内部公关中赢得了员工的信任和支持，员工表示甘愿与企业共患难，为化解危机奠定了坚实的内部基础。这让人联想到相反的一个案例：盛极一时的爱多公司身陷危机，当时很多员工不了解公司真相，导致谣言四起，一些员工在公司最需要的时候离开了，甚至还偷走了公司所有值钱的东西。

2. 共同体意识

这一前提指向的是所有卷入危机的外部利益相关者，特别是其中的核心利益相关者。前文在事实层面强调，组织应鼓励利益相关者与自己一道寻找真相以重建信息共同体，抓主要矛盾、协同核心利益相关者以重建利益共同体，此处则主张重建价值共同体。

> 在危机爆发后，危机管理者应以强烈的共同体意识和对话意志，将人们召回至共同体利益和价值上来。让人们从各自"避害"转向协同"趋利"，由单纯"自保"转向彼此"互救"，从分崩离析转向重返共同体。

在大多数危机中，特别是在危机爆发初期，人们之间的共同利益和价值链条依旧联结一体，断裂的只是对话机制。危机突然降临，由于震惊、惶恐和义愤，人们本能地"避害"以保护自己，所谓"树倒猢狲散"、"墙倒众人推"。人们站在各自的立场上，寻找着自救、自保方案。危机管理者与利益相关者之间、不同利益相关者之间的自救方案必然存在抵触和冲突，而对话缺位或无效，则造成共同利益和价值的彻底流失。

因此在危机爆发后，危机管理者的行动方向不是急于在公共舆论中遮掩是非、争论得失，而应以强烈的共同体意识和对话意志，将人们召回至共同体利益和价值上来。坦率地讲，就是让人们从各自"避害"转向协同"趋利"，由单纯"自保"转向彼此"互救"，从分崩离析转向重返共同体。在此过程中，有两个问题值得注意：

一是在面向核心利益相关者时，直接面对面的沟通往往更有效。这一主张所遵循的沟通原则是：让对话者之间尽可能靠近。新闻媒体对危机的强大干预造成了一个假象，人们认定媒体才是危机管理的主战场，甚至视媒体事务为危机传播管理的全内容。实际上，在所有可能的对话方案中，没有比鼓起勇气、直接面对面沟通更有效了。

二是如果与核心利益相关者直接对话存在种种困难，那么第三方的介入便显得必要。

① 谢丹：《康泰克事件与危机管理》，载《南风窗》，2001-11-01。

权威、公正的第三方不但扮演着仲裁者的角色，在很多情况下还发挥着“缓冲平台”的作用。公正的行业组织负责人、有良心的专家学者，往往是第三方“中介”的首选。

下面仍以中美史克“康泰克 PPA 风波”为个案，说明危机中共同体意识的重要性。

案例 6—9

中美史克“康泰克 PPA 风波”（续）

2000 年 11 月 18 日，在中美史克公司成立康泰克 PPA 事件危机管理小组两天后，全国各地的销售经理带着中美史克《给医院的信》、《给客户的信》返回各自所辖的销售区域，向医院、客户说明情况，传递信心。

20 日，中美史克公司在北京召开新闻媒体恳谈会，表达了不停止投资的态度和决心，并宣布：“无论怎样，维护广大群众的健康是中美史克公司自始至终坚持的原则，将在国家药品监督部门得出关于 PPA 的研究论证结果后，为广大消费者提供一个满意的解决办法。”公司总经理杨伟强频繁接受国内媒体专访，为公司争取说话的机会。

21 日，中美史克公司开通了 15 条消费者热线。公司专门培训了数十名专职接线员，对客户、消费者问询做出准确、专业的回答，以打消各方顾虑和误解。公司意识到，如果客户、消费者抽身而去，放弃了康泰克，那么公司自保康泰克是没有意义的。

面对新闻媒体的一些不公正报道，中美史克公司采取了对话不对抗、解释不追究的策略。

面对同业竞争者的大肆炒作和攻击行为，中美史克公司始终保持冷静，没有说竞争对手一句坏话，表现出一个成熟企业的品牌素养和风范。

中美史克公司取得了显著的危机管理成果。《天津日报》报道说：“面对危机，管理正常，生产正常，销售正常，一切都正常。”①

中美史克公司的外部危机管理指向了如下几类利益相关者：一是消费者，通过开通热线电话等形式，架起公司与消费者有效沟通的桥梁，承诺维护消费者利益，使消费者的顾虑、抱怨和投诉等负面因素减到最少；二是医院和各类分销客户，奔赴全国各地的销售经理将公司的沟通触角延伸至他们面前，面对面的坦诚对话恢复了他们的信心；三是同业竞争对手，公司坚持宽容大度、和谐共存的行业共同体意识，回避了不必要的纠缠和消耗。

这一切都反映到了媒体报道上：中美史克是一家自身利益遭遇严重损害，却坚持消费者利益至上，与医院、客户、同业竞争者合作共赢的令人尊敬的公司。到了 PPA 事件后期，一些媒体开始以“中美史克树立企业社会责任典范”、“中美史克的价值观”为题对这家险遭灭顶之灾的企业进行正面报道。

3. 公共精神

这一前提指向了媒体，即危机管理者在危机中要将媒体引领至公共精神上来。新闻媒

① 转引自宋常桐编：《公共关系与现代礼仪》，249 页，北京，清华大学出版社，2004。

体被称为社会“公器”、“守望者”或者“灯塔”，这些譬喻说明，公共利益和公共精神乃是媒体评判危机事件的根本尺度。实际上，公共精神乃是族群、社会、国家认同的最大公约数，危机管理者只有适应、尊重这一尺度，才能与“天然和危机亲近的新闻媒体”展开建设性的对话。几乎所有危机实践都表明，危机管理者倘若伤害、背离公共精神，那么很难通过媒体和民意的“考试”。

坚守公共精神，也意味着对媒体失误和偏差的纠正。“（记者们）不得不试图扮演着上帝的角色……他们必须在混乱的瞬间判断中，以闪电的速度构造这个世界。”① 实事求是地看，媒体虽然被誉为“无冕之王”，但也存在主观和客观上的局限性。主观局限性如记者的道德水准、价值取向和业务能力，客观局限性如时间压力、经费压力以及危机信息的多变和含混。

这些局限性决定了媒体的“合理质疑权”并非无可挑剔。譬如，一些媒体经常不谨慎地挟“公平”、“正义”之名，恶意炒作、发起舆论暴力；为捍卫一时、局部之“利益”，而让历史付出长久代价；更有甚者，竟敲诈、勒索陷入危机的当事者。对当事者而言，唯有坚持公共利益至上、守护公共精神，才能对媒体某些“不节制”的干预泰然处之。在必要情况下，当事者可以通过直接敦促、公开讨论和寻求法律保护等手段，对媒体的“偏差性”行为进行纠正。

在一些危机情境下，危机管理者可能有机会革新和增益公共精神。如是，当事主体不仅可以让自己在事实层面转危为安、化危为机，甚或能赢得普遍的信任、尊敬和赞誉。譬如在汶川地震、甲型流感等公共危机中，政府除了应对灾情、疫情和舆情，尚可涵化和升华普罗大众的生命意识、健康观念和公共理性；企业在卷入产品、财务、管理、竞争、环境污染等危机时，除了如履薄冰、恪尽职守地处理危机事务外，尚可坦诚地公开自己的经验和教训，使之成为所有利益相关者乃至全社会的共同财富。

> 危机管理者可能有机会革新和增益公共精神。如是，当事主体不仅可以让自己在事实层面转危为安、化危为机，甚或能赢得普遍的信任、尊敬和赞誉。

第四节　价值之维：重建路径、个案检验

本节探讨价值之维的最后一个二级路径——重建，而后如第二节一样导入案例对价值之维的顺应、引领和重建诸路径进行检验。补偿与救赎、重构话语秩序和价值再造是重建路径之下的三个三级路径。其中，前二者将于本书第十章《危机恢复管理》进行专门论述，本节重点落在价值再造上。

一、重建

重建路径一般被称为恢复管理，是指在危机事态平息后恢复常态秩序、结构和价值的

① ［英］约翰·埃里德里奇主编：《获取信息——新闻、真相和权力》，4页，北京，新华出版社，2004。

过程。除了回归正常的生产、生活秩序外，重建路径旨在开创一个经历危机、涅槃重生的价值共同体。组织借此向利益相关者许诺一个共处、共持，充盈着信任和意义的崭新世界，“它是一种理想化的东西，但它是我们要求实际的社会和制度与之接近的理想”①。因此，重建路径的根本目标是在价值层面修复形象、重建信任、产制意义。

台湾学者吴宜蓁提出，危机传播管理的效能（effectiveness）大体可以归结为三类②：

一是媒体效能，包括“危机管理机构被引为主要消息来源的程度”、“媒体报道对危机管理机构的正面或负面评价”、“媒体记者个人对危机管理机构的整体评价”。

二是社会效能，包括“是否促成大众对某种议题想法的改变”、“是否促成政治辩论”、“是否促成制度改变”。

三是组织学习效能，即“组织记取前车之鉴”，从伤害中学会保护自己和他人，改善自己和他人的生存处境。

重建路径旨在开创一个经历危机、涅槃重生的价值共同体。组织借此向利益相关者许诺一个共处、共持，充盈着信任和意义的崭新世界。

吴宜蓁的概括可谓真切而实际，如果在学习效能之上增加价值层面的考量则更为全面。在危机传播管理的效能上，组织除了要促成现状、事实之改善，还应致力于价值体系的改造和超越。“在平常时期，组织的学习和改变是缓慢的，甚至排斥改变，然而危机当头，这些阻力可能会降低或者消失不见，可以在短时间内迅速促成改变。”③ 如是而论，危机会“教化”、启示组织于生死两重天的境遇中，重新思考“我是谁”、“我为何存在”、“我向何处去”等基本问题，即再造自身的价值体系。

倘若组织于劫后余生中果然有深切的自省，必会发现自我和他者、“小我”和“大我”之间共同的命运感。发现和提升价值共同体意义上的命运感，正是人类文明独特、精妙、澄明之处。正是在危机的历练下，人类持续增进对在世状态、发展道路和公共福祉的理解，提升改造自我和世界的本领，熏染和净化整体精神。

大多数危机管理者会认同，危机之下的得失进退往往系于一念。而一念之间的取舍和行止，实则生发于平素的慈悲、智慧和其他种种价值修持。这些修持会提示我们，危机和繁荣皆无定式，对抗和对话亦非永恒，什么是非多寡、盛衰荣辱，皆不如爱和宽容重要。

二、个案检验

2001 年爆发的“9·11”事件，使沉浸在“辉煌与梦想”之中的美国民众遭受了巨大的打击。这场灾难动摇了美国民众引以为荣的民族精神，很多人认为，美国何去何从已成为“一个重大危机问题”。盖洛普公司 2002 年度的民意测验显示，全球 53%的受调查者表示自己不喜欢美国，特别是在伊斯兰世界，连美国盟国的公众也不例外。④“美国自大、自

---

① ［美］詹姆斯·博曼、［美］威廉·雷吉主编：《协商民主：论理性与政治》，153 页，北京，中央编译出版社，2006。

② 参见吴宜蓁：《危机传播——公共关系与语艺观点的理论与实证》，280～282 页，台北，五南出版公司，2002。

③ Eric Stern，“Crisis and Learning：A Conceptual Balance Sheet，” in *Journal of Contingencies and Crisis Management*，1997，5（2），pp. 69-86.

④ See Thomas L. Friedman，“Listening to the Future?”，in *The New York Times*，2002 - 05 - 05.

私、伪善、自我沉迷与蔑视其他国家的形象深深种植在全世界人民心里。”①

面对国内外的民意危机，小布什政府开展了“9·11”一周年纪念活动。这次活动，一方面旨在安抚民众、凝聚人心，重振美国精神；一方面也为发动反恐战争、实现国家利益创造有利的国内和国际环境。以下结合本章第三、四节介绍的顺应、引领和重建三个价值路径简要整理和分析这一案例。当然，本书读者要对案例中不可避免出现的意识形态问题有足够的批判力。

案例 6—10

美国政府“9·11”事件周年纪念活动

1. *以总统为中心的中央政府纪念活动——表现整个国家的哀悼和决心*

2002 年 9 月 11 日上午 8：46，白宫。这是一年前“9·11”事件中第一架客机撞上纽约世贸中心的时刻。华盛顿国家大教堂钟声响起，布什与夫人劳拉在白宫南草坪率领国民默哀一分钟。

9：37，五角大楼。这是一年前第三架被劫持的客机撞向五角大楼的时刻。布什出现在五角大楼广场，率领 100 名儿童现场宣誓。随后，他发表了在整个纪念活动中的第一场正式讲话：

“去年此时此地，……逝者把生者、把他们的家庭和子女留在了身后。我们不能忍耐针对无辜者的谋杀。他们死于悲剧，但是不会白白送命。”

“我们要从这里开始赢得战争的胜利，”面对现场的军人，布什说，“是你们让我们充满信心！”

12：35，宾夕法尼亚州。布什出现在一年前美国联合航空公司航班坠毁处。他与劳拉在坠机地点齐膝高的草丛中，向遇难者献花圈。当一名海军陆战队员将花圈放下时，军乐手吹响哀伤的号角。

17：00，纽约。布什在大风中抵达世贸中心废墟，在曾经屹立双子星大厦的空地上献上花圈，拥抱遇难者家属。

21：01，纽约爱丽斯岛。在象征着宽容和独立的爱丽斯岛上，以自由女神像为背景，布什向全国发表电视讲话，鼓励在悲伤中度过了一年的美国人摆脱恐惧，自由地生活。他说：

“令人心碎的场景不断浮现在我们面前，……那些新生儿降临到这个世界，却没有看到自己的父亲。

“无论现在还是未来，美国人民都将生活在自由而不是恐惧之中，美国人民永远不会听任外国阴谋和权势的摆布。”

2. *以纽约州政府为代表的地方性纪念活动——抚慰民众*

纽约州政府也于当日举行了隆重的纪念活动。活动主题为：为了所有民众。在“9·11”事件中，纽约消防局、警察局、卫生局以及纽约和新泽西港务局是最直接为

① Peter G. Peterson, “Public Diplomacy and the War on Terrorism,” in *Foreign Policy*, 81 (5), 2002 (9/10), p. 77.

市民提供公共服务，维护生命、财产安全的政府机构。这些机构在前一年的英勇、无畏表现，赢得了全美国的赞扬和尊重。

纪念活动当天的凌晨零点，上述政府机构的部分工作人员组成乐队发起游行。在他们的带领下，纽约市五个行政区同时举行游行活动，最后在世贸中心废墟汇集。乐队吹响忧郁的风笛，悲伤、哀悼之情弥漫整个纽约。

在世贸中心废墟上，纽约州州长乔治·帕塔基朗诵了美国前总统林肯为纪念南北战争死难者而发表的著名的“盖茨堡演说”：

“那些在这里奋斗的勇敢的人们，活着的和死去的，已经使得这块土地神圣，远非我们的能力所能增减。……我们活着的人应该献身于在此作战的人们曾如此英武地推进而尚未完成的工作。

“我们在此坚决地表示，要使他们不至白白地死去，要使这个国家在上帝庇佑之下得到自由的新生，要使那民有、民治、民享的政府永世长存。”

在哀婉的大提琴声中，前纽约市长朱利安尼以及部分罹难者家属和纽约州、纽约市的官员分别读出一个个罹难者的名字。时任美国国务卿鲍威尔、前第一夫人希拉里等也参加了宣读罹难者名单仪式。

黄昏时分，现任纽约市长布隆伯格在巴特里公园点燃长明火。他说：“我们对逝者的怀念永不止息，并将点燃照亮全世界的自由之火。”正在纽约参加联合国大会的阿富汗总统卡尔扎伊、日本首相小泉纯一郎和加拿大总理克雷蒂安等一些国家的领导人，以及联合国秘书长安南也参加了巴特里公园的纪念仪式。

当天夜里，市民们手持蜡烛，在纽约各个公园中为死难者守夜。钟声回荡在纽约城市上空。音乐在纽约的每一处响起，《纪念序曲》、《上帝保佑美利坚》、《天赐恩惠》、《自新大陆》、《回家》和《安魂曲》飘荡在人们耳际。

为了做好“9·11”纪念活动，纽约市政府此前主动向市民征求意见。一个月内，政府收到了 2 764 封电子邮件、264 个电话留言和 5 000 封信件。

简评：从美国国内情况看，白宫和纽约州政府通过一系列公共关系活动，顺应了国内民众的伤逝情绪，引导了积极向上的社会性格和共同体意识，重塑了美国精神。在这些活动中，政府真诚哀悼死者，安抚生者，达到了整合民意、增强国家认同的效果。借由这场宣扬美国价值的纪念仪式，美国民众从悲痛和恐惧的阴影中走出来，开始“自由地生活”。

从国际影响看，小布什政府一时修复和改善了国家形象。很多国家的媒体报道甚至直播了美国的纪念活动，美国向全世界传达了三个重要信息：一是恐怖袭击使美国民众经受了巨大的损失和伤痛；二是美国政府关爱民众，美国精神永不言败；三是美国有信心、有决心打赢反恐战争。

从小布什本人的角度看，这次政府公关活动树立了他对国家、民众负责的形象。小布什将自身对恐怖分子的强硬形象与对美国民众的亲和形象有机结合起来，赢得了民众的信赖与支持。据美国媒体报道，纪念活动后，小布什的支持率一度明显提升，为他此后制定和实施一系列国策、争取连任奠定了基础。

以上全面考察了危机传播管理价值之维的三个二级路径：顺应、引领和重建。顺应策略主张依势而为，让信任本身创造信任，它包括倾听、合作非对抗和关爱弱者三个三级路径；引领强调主动造势，重拾危机对话的“真理性前提”，它包括引领大局观念、共同体意识与公共精神等三级路径；重建旨在通过补偿与救赎、重构话语秩序和价值再造等三级路径修复和升华价值共同体。

同事实之维一样，沿价值之维的二级和三级路径，可以进一步演绎出四级、五级乃至更多直指繁复危机情境的策略和方法。譬如关爱——优先关爱弱者——依法救助——道义救助，又如重建——补偿与救赎——精神抚慰——心理康复，等等。无论于实践中发展出怎样精细的手段，主旨却始终在于恢复信任和重构意义。

【本章延伸阅读】

1. ［美］丹尼斯·麦奎尔．麦奎尔大众传播理论．第四版．北京：清华大学出版社，2006

2. ［英］戴维·伯姆．论对话．北京：教育科学出版社，2004

3. ［美］鲁迪·朱利安尼．领导：纽约市长朱利安尼自述．南京：译林出版社，2005

4. ［美］特里·克拉克．说出真相．北京：东方出版社，2008

5. 胡百精．对话与改革：美国进步主义时期的公共传播与社会共识．中国人民大学学报，2012（4）

【思考题】

1. 简述危机传播管理对话范式在事实之维的三个二级路径。
2. 简述危机传播管理对话范式在价值之维的三个二级路径。
3. 简述“告知”路径的主要内容。
4. 简述“疏导”路径的主要内容。
5. 简述“转换”路径的主要内容。
6. 简述“顺应”路径的主要内容。
7. 简述“引领”路径的主要内容。
8. 简述“重建”路径中“价值再造”的主要内容。

第七章 危机议题管理

CHAPTER 7

在一个不缺少胆识，以至于无所敬畏，更不缺少见识，以至于知识爆炸、信息成灾的时代，于变幻莫测、光怪陆离的社会图景中守护常识反倒弥足珍贵。

我们在第六章论及“舆论控制”的观念正在让步于“议题管理”(issue management)。观念革新反映并引领了组织与利益相关者博弈方式的改变：从“硬控制”转向“软管理”，从幕后的权力施加、利益交易转向前台的公共讨论和意见交换。也正因为如此，一些发达国家认为议题管理乃是关乎民主和善治的社会管理模式——通过多元意见的对话、协商，促进公共政策的形成和优化。

现代社会在摆脱传统专治和威权的路途中，所“渡过的一个难关”就是从刀剑相加的暴力统治走向舆论建构，舆论成为维系社会运转的重要力量。① 放弃对舆论的严密封锁和管控，并不意味着放任其自流。我们在庆幸和赞叹舆论主导现代社会系统的同时，亦应看到其局限。舆论并不天然代表真相、真理、正确、正义；舆论散漫而纷乱，有时“兀兀都疑梦，昏昏半是愚”，有时暴躁不安、草率行动。因此，有序开放的舆论场域尚需有效的议题管理，“善用沟通以达成共识”，“不致使各方的努力因彼此冲突而相互抵消”。②

---

① 参见［英］布莱恩·麦克奈尔：《政治传播学引论》(第二版)，第一版序言，3页，北京，新华出版社，2005。

② 参见卜正珉：《公共关系——政府公共议题决策管理》，自序Ⅴ页，台北，扬智文化事业有限公司，2003。

本章首先介绍议题与议题管理的基本问题，探讨其理论来源——从议程设置到议程建构的思想脉络，而后重点论述危机议题管理的两个中心环节：设置媒体议程、影响意见领袖。

第一节 议题与议题管理

本节主要包括两项内容：一是对议题和议题管理内涵的界定，二是对议题管理内容和任务的描述。

在日常生活中，人们一般把议题（issue）理解为沟通、交往中各方讨论的主题（theme，subject，topic）。在政治学、社会学、传播学和公共关系领域，人们所论及的议题是指那些利益相关者普遍关心，而又尚未决定的事件（event）。希斯将议题直接表述为一种“争论”（argument）：议题就是不同利益相关者之间，对于某一项涉及公共利益的问题所持有的不同意见和争论。①

在希斯看来，议题是公共政策（public policy）的前身，它产生于各方对事实、真相、价值观、政策和组织行为的争论；当争论和冲突越来越剧烈，就可能需要通过立法或者修正公共政策加以解决。希斯的定义指明了两个问题：

一是议题产生于特定事实、价值之争，但根源是它关乎“公共利益”。这就决定了议题的两个重要属性：影响的广泛性和利益相关者的高度参与性。譬如，中国《物权法》、《劳动法》、《反垄断法》、最高人民法院和最高人民检察院对网络谣言转发量的司法解释等，从立案到生效发布，始终是政府、企业、媒体和公众高度关切的议题，整个过程也表现为多元意见的介入和协商。

二是议题以争论、冲突的形态产生、发展、演变和消亡，最终可能促成公共政策和法案的研定和优化。这意味着议题同时还具有生命周期属性和积极的建设性。譬如2004年的“孙志刚事件”，“在汹涌澎湃的议题交锋”之下促成了《城市流浪乞讨人员收容遣送办法》的废止。② 又如2012年发生的“唐慧事件”在全国范畴内掀起了针对上访和收容制度的大讨论，虽然没有直接改变政策法规，却将相关问题从个体层面“显化”、提升为公共议程。③

既然议题表现为广泛的公共论争和冲突，那么议题与危机有何联系和区分？

美国危机管理学者巴顿认为：“只要事先能预防的危机，都只是一种议题；凡是在预期之外产生压倒性的负面冲击者，才是危机。”④ 班克斯提出了类似的观点：“其实两者之间是彼此流通、可以代换的，因为处理不好的议题可能引发甚至成为危机。”⑤ 吴宜蓁也认为：“偶发性议题，如果处理不当，很可能升级为复杂难解的议题；潜伏的议题，也可能

---

① See R. L. Heath, *Strategic Issues Management: Organizations and Public Policy Challenges*, California, Sage, 1997, pp. 12-14.

② 2004年，湖北黄冈青年孙志刚在广东被收容致死，最终促成相关政府部门废除《城市流浪乞讨人员收容遣送办法》，媒体称之为“以一己之死终结滴血收容”。

③ 唐慧，又被媒体和网民称为“上访妈妈”，湖南永州人，因幼女被逼卖淫而持续上访。2012年8月，当地政府以严重扰乱社会秩序的名义，宣布对唐慧处以劳教一年半。唐慧不服上诉。在唐慧、网友和媒体的推动下，此事一时成为全国焦点议题。2013年7月15日，唐慧胜诉。

④ Laurence Barton, *Crisis in Organization*, Cincinnati, OH, South Western College Publishing, 2001.

⑤ 转引自吴宜蓁：《危机传播——公共关系与语艺观点的理论与实证》，29页，台北，五南出版公司，2002。

爆发成意想不到的危机。”[①]

巴顿、班克斯、吴宜蓁等人视议题为危机的征兆或前奏。联系本书第四章有关风险概念与危机概念的论述，他们实际上是把议题界定为危机爆发之前的一种风险，特别是肇端于公共利益的舆论风险。我们更倾向于将议题定义为一种公共意见的集合及其趋势。议题之中潜藏危机之火，危机之中充满议题之争。危机传播管理框架内的议题管理，就是在事前、事中、事后监测和引导危机中的公共意见及其走向、状态。

> 我们更倾向于将议题定义为一种公共意见的集合及其趋势。议题之中潜藏危机之火，危机之中充满议题之争。

1977 年，美国公共关系学者查斯（Howard Chase）最早提出了议题管理概念，他认为：“社会议题虽然无法完全进行人为操纵，但是可以经由专业之管理程序加以管控和导引。”[②] 1978 年，美国公共事务协会（The Public Affairs Council）总结了议题管理的基本功能：定位议题及其发展趋势，评估议题影响并设定管理的优先顺序，明确机构立场和主张，规划机构行动和对策——如宣传、游说、打官司、广告等。[③] 后经过多位学者的努力，议题管理的内容和任务大抵被明确为五个方面：

一是议题识别与定义，即确认议题是否存在，理解议题的内容和本质，并初步评估其影响。在此过程中，议题管理者要定义和解释议题内涵，对议题发生的诱因进行查证和辨别，对议题的真伪、利害、轻重做出判断，对利益相关者可能的态度和行为做出预估。

二是议题监测与分析。即通过监测和分析回答如下问题：议题呈现怎样的发展趋势？媒体、意见领袖和其他利益相关者对议题介入程度如何？议题背后的权力、利益关系是什么？事实信息和价值信息各反映了什么问题？议题干预的可能性以及为此需要付出怎样的代价？

三是议题管理目标及其优先性设定。即基于议题定义和监测，当事主体提出议题管理目标，以之为奋斗的方向和愿景。目标本身可能是复合的，包含远近、轻重、急缓之取舍，因此有必要区隔目标层次，并设定其优先性。目标及其优先性的确立，决定了议题的应对重点、策略模式和资源投入。

四是议题管理策略的选择与执行。策略是对目标的谋划性解释和行动性呼应，是对议题管理具体路径的筛选和实践。实际上，议题管理策略的执行是一个话语表达和修辞过程，即在特定语境下，决定由谁、对谁、说什么、怎么说，以达到预期效果。

五是政策、法案的形成和修正。议题管理的最高任务是借由舆论引导和社会对话，推动政策、法案的形成和改善。西方学界之所以对议题管理表现出强烈的研究兴趣，就是因为它具有潜在的民主和解放力量——在尽可能广泛、深入的论争中，各方达成共识并将之制度化。事实上，那些重大公共议题的形成和解决，以及由此带来的观念和体制革新，已经成为现代社会进步的一个重要标志。譬如，在 2008 年“三鹿问题奶粉”事件之后，中国政府在民众、媒体、行业协会、专家学者的呼吁之下制定、实施了《乳品质量安全监督

---

① 吴宜蓁：《危机传播——公共关系与语艺观点的理论与实证》，30 页，台北，五南出版公司，2002。

② 转引自卜正珉：《公共关系——政府公共议题决策管理》，62 页，台北，扬智文化事业有限公司，2003。

③ See R. L. Heath, *Strategic Issues Management: Organizations and Public Policy Challenges*, California, Sage, 1997, p. 14.

管理条例（草案）》。

然而，并非所有的议题管理都会顺利达成解释和解决问题、改善决策和政策、通过或修正立法的目标。下面以2007年以来公众反对PX化工项目的一系列事件为例，说明议题管理的重要性和复杂性。

案例7—1

2007年以来公众反对PX化工项目事件

2006以来，厦门、大连、宁波、成都、昆明等地相继发生了公众激烈反对兴建PX（二甲苯）化工项目的大规模群体性事件。“PX”一步步被妖魔化，板结为地方政府“不敢碰”的负面公共议题。显然，这是一种“多输”的结果：产业发展受损，地方经济受损，公众收入和就业受损，官民关系受损。

1. 厦门反对PX项目事件

2006年7月，厦门腾龙芳香烃公司获得国家发改委批准，准备投入108亿元在厦门海沧建设PX化工厂。该项目得到厦门市委市政府的鼎力支持，但很多公众表示并不知情。

2007年3月，以中国科学院院士赵玉芬为代表的105位全国政协委员联署了“关于厦门海沧PX项目迁址建议的议案”，提出距离居民区仅1.5公里的PX项目存在泄漏或爆炸隐患，厦门百万居民面临危险。随后，国家环保总局、国家发改委相继派出调查组考察调研，但PX项目并未停建。

2007年5月20日前后，有人通过手机短信号召厦门市民于6月1日进行“集体散步”，以反对PX项目。26日左右，有关部门开始采用技术手段，监控、屏蔽此类短信，但短信内容已经通过人际、网络等多种途径大规模扩散。5月30日，厦门市政府宣布缓建海沧PX项目。

6月1日，上万名厦门市民走上街头，他们以黄丝带为标志，手中举着“反对PX，保卫厦门”、“要求停建，不要缓建”、“爱护厦门，人人有责”、“保卫厦门，拒绝劈叉”、“STOP PX”、“抵制PX项目，保市民健康，保厦门环境”等标语。市政府发出公告：“现在项目已经停工，正在进行区域规划环评，环评需要半年以上时间，你们有什么好的意见和建议，请你们通过正常渠道向市政府反映，我们一定将你们的意见和建议转达环评专家。”示威人群在数小时后和平散去。第二天，仍有部分市民坚持“散步”，在市政府大楼附近与警察发生了小规模冲突。

12月16日，福建省政府和厦门市政府决定将该项目迁往漳州市漳浦县的古雷半岛兴建。厦门市民反对PX项目事件影响深远，《南方周末》和《南方人物周刊》都将“厦门市民（人）”评为“2007年年度人物”。

2. 大连反对PX项目事件

2011年8月8日，受台风“梅花”影响，大连福佳大化PX工厂堤坝出现两段垮塌，存在海水倒灌风险。当地抢险指挥部提出了一旦发生泄漏立即组织社区和企业疏散的预案，这一消息在市民中引发了恐慌。随后，传出福佳大化殴打中央电视台记者的消息，引发市民的不满和猜忌。

接着，国内各大论坛、新浪微博上纷纷出现号召大连市民于8月14日前往人民广场进行“散步”的消息，但很快被删除。8月14日，上万名大连市民自发组织上街游行，他们穿着特别制作的“反PX”文化衫并唱起国歌，最后在市政府大楼前请愿示威，要求化工厂搬出大连。

上午10点，大连市委书记唐军出现在一辆警用面包车上，他向游行市民宣布“福佳大化PX项目即日停产并尽快搬迁”。下午稍晚，大连市委市政府再次承诺福佳大化PX项目立即停产，并正式决定该项目搬迁。

3. 宁波、成都、昆明等地反对PX项目事件

2012年10月22日，宁波镇海湾塘等村数百名村民，以该市一家PX化工厂距离村庄太近为由，到区政府集体上访，并围堵了城区一交通路口，引发了举国关注的群体性事件。10月28日，宁波市政府宣布“坚决不上PX项目”。

2013年5月，成都和昆明几乎同时发生市民反PX项目事件，事件过程和结果与厦门、大连、宁波、事件基本一致：“没有太多新鲜的地方——要建某一大型重化工项目，项目遭到民意反对，博弈数日，事件升级，地方政府做出妥协，项目下马或暂时终止。”①

2013年6月24日，《人民日报》刊文指出，PX项目属于基础性化工项目，对PX项目环境损害风险作出控制，已经是目前全球化工业里一项比较成熟的技术。“PX的毒性和咖啡差不多。”此间，很多专家也站出来讲，PX利国利民，不应被“妖魔化”。

官方、专家和媒体所指出的当然都是事实，然而在价值层面，官民之间的互信已然到了破碎的边缘。对地方政府来说，能否成功上马一个新项目，不单要靠真金白银的投资，更要看另一种资本实力——社会信任。同时，由于公共参与、社会对话机制缺席，导致公众长期被排除在重大公共议题讨论之外，平日无对话，关键时刻就对抗。更重要的是，PX议题管理连续失败——决策取消、政策松动，昭显了官、商和民公共讨论、民主协商之理性和能力的严重匮乏，而这正是现代文明社会的基本构成条件。

> 公共参与、社会对话机制缺席，导致公众长期被排除在重大公共议题讨论之外，平日无对话，关键时刻就对抗。

第二节　从议程设置到议程建构

与议题管理相近的一个概念是传播学领域的议程设置（agenda setting），二者在实践原理上是一致的：通过传播管理和舆论运作，将一方的议题或议程转化、设置为利益相关者或普罗大众关心的议题或议程。问题的关键在于：谁在设置议程？怎样设置议程？议程设置概念在最初被提出来的时候，是指大众媒体能够设置公众议程；随后人们发现，是消息来源——政府、企业、知识精英以及其他各类社会组织和意见领袖设置了媒体议程；进而有更多的研究证实，议程乃是消息来源和媒体协商、建构的结果，并非以哪一端为“中心”。

① 《如何才能避免下一次“PX事件”》，载《新京报》，2012-10-30。

及至今日大众权利崛起、新媒体勃兴的年代，议程更是成为多元社会主体对话的产物。

在概念的使用上，若以媒体为中心则称议程设置——大众媒体的一种影响机制，以消息来源为中心则称议题管理——社会主体的一种管理手段，以多元协商的视角看则称议程建构（agenda building）。

> 议程乃是消息来源和媒体协商、建构的结果，并非以哪一端为“中心”。及至今日大众权利崛起、新媒体勃兴的年代，议程更是成为多元社会主体对话的产物。

一、议程设置与媒体中心论

1972 年，美国学者麦库姆斯（M. E. McCombs）和肖（D. L. Shaw）总结了他们在 1968 年总统大选期间有关媒体如何影响民意的研究成果，提出了著名的议程设置（agenda setting）假说：大众媒体具有一种为社会公众设置“议事日程”的功能，媒体赋予各种“议题”不同程度的显著性，影响人们对周围世界的“大事”及其重要性的判断。在 1972 年美国大选期间，麦库姆斯和肖在卡洛特（Charlotte）又进行了一次追踪调查，对公众议程和媒体议程做出交互分析，印证了正是媒体议程影响公众议程的假设。

议程设置假说揭示了现代社会的这样一种运行机制：在政治、经济、文化和日常生活等诸领域，媒体为公众设置了可资关注、思考和谈论的议题，这些议题成为公众生活的日程安排。媒体对某一议题越强调，公众对这一议题的关注度也越高；反之，媒体对特定社会议题的熟视无睹或故意忽略，也会使公众削弱或放弃对这一议题的关注。

事实上，早在麦库姆斯和肖之前，李普曼、诺顿（Norton Long）和科恩（B. C. Cohen）等人就已论述过媒体的议程设置功能。20 世纪 20 年代，李普曼在《公共舆论》一书中阐述了“新闻媒体影响我们头脑中的图像”的观点，认为媒体勾画了现实的图景，影响着人们对外在世界的思考和判断；1958 年，诺顿在论文中指出“报纸是设置地方议题的动力”，强调报纸影响了公众的生活议题；而科恩则在 1963 年明确提出“在多数时间，报纸或评论不能左右读者怎样想，但在让读者想什么上却是惊人成功的”[①]。

> 媒体对某一议题越强调，公众对这一议题的关注度也越高；反之，媒体对特定社会议题的熟视无睹或故意忽略，也会使公众削弱或放弃对这一议题的关注。

议程设置假说提出后，引起了传播学、社会学、政治学和公共关系等学科的高度关注，人们围绕“是谁”、“怎样”设置议程展开了大量后续研究。这些研究成果可以概括为三个路向：媒体中心论、消息来源中心论和“消息来源—媒体协商论”。

麦库姆斯和肖提出的议程设置假说其实就是典型的媒体中心论：在现代社会，媒体设定和管理着社会议程。美国学者费斯曼（Mark Fishman）在《制造新闻》一书中精练地表达了媒体中心论的基本思想：“这个世界是以新闻媒体和记者的需要，规划组织框架和社会结构的。”[②] 在“怎样”设置议程的问题上，媒体中心论的主要观点如下：

---

① 有关议程设置假说学术源流的论述，详见胡百精：《公共关系学》，237～240 页，北京，中国人民大学出版社，2008。

② Mark Fishman, *Manufacturing the News*, Austin, TX, University of Texas Press, 1980, p. 51.

一是媒体不但设置议程的内容，而且设置人们对议程的思考和讨论方式。1985年前后，麦库姆斯在检讨早期的研究假设时提出，任何议程都包含着诸多不同的面向，每一面向都具有不同的属性；人们总是思考议程的某些侧面，而不是另一些，正是由于媒体已经为他们预设了视角、标准和方式，因此，议程设置既能影响人们思考什么问题，也能影响人们怎样思考。

二是议程设置不只预设公众的认知，同时也影响和形塑公众的态度与行为。早前，议程设置被明确定位为“认知效果”，人们对它在态度和行为层面的效果比较悲观。这一状况直到20世纪八九十年代才有所改变。耶鲁大学研究员艾英戈（Shanto Iyengar）和金德（D. R. Kinder）发现，电视新闻不仅能够排列总统大选议题的“优先级”，不仅提供思考方式，而且能够直接影响人们对候选人的态度，进而关乎投票行为。

艾英戈将大众媒体的这一影响机制称为“底色作用”（priming，或翻译为“铺垫效果”）①。“底色”和“铺垫”意味着媒体无法做到不偏不倚，而总是有其正向或者负向的价值判断——即使每一条新闻看起来都是客观、中立的，但媒体在整体上已经预设特定的价值倾向。在媒体对某一议程进行“突出”设置时，已然为之涂上一层底色或者做了铺垫，此议程不但获得了显著性，而且会使公众情绪和态度遭到浸染。公众的认知、态度和行为，乃是“染色”的产物。

总之，媒体中心论认为媒体可以实现多重“设置”：议程内容、思考方式、议程“底色”和价值情境。作为一个整体的大众传播系统，通过持续的议程设置，几乎安排了社会发展中的所有重大问题。譬如在当下中国，建设社会主义和谐社会、发展市场经济、推进民主法制建设、实现“中国梦”便是媒体设置的公共议程；而在美国，维系美利坚的光荣与梦想、推行美式价值体系则是媒体极力鼓吹的优先议程。

在媒体对某一议程进行“突出”设置时，已然为之涂上一层底色或者做了铺垫，此议程不但获得了显著性，而且会使公众情绪和态度遭到浸染。

二、消息来源中心论

消息来源中心论者提出，社会是由互相竞争的利益团体构成的，媒体不过是社会政治、经济和文化结构中的一环。这一路向的学者认为，媒体中心论者太过武断和天真，世上岂有生存于真空之中、拥有完全自主权的媒体？如果说媒体设置了公众议程，那么谁在设置媒体议程？

1978年，英国文学研究学者霍尔（Stuart Hall）提出初级界定者（primary definer）和次级界定者（secondary definer）的关系问题。霍尔认为，媒体在信息产制过程中，不得不依附于各种“可靠”、“权威”和“精英”的消息来源，不得不向统治阶级靠拢，因此实质上复制了主流意识形态。统治阶级才是议题真正的“初级界定者”，媒体不过是基于

① S. Iyengar, A. Simon, “News Coverage of the Gulf Crisis and Public Opinion,” *Communication Research*, 1993, 20 (3).

自身特性对议题进行筛拣的“次级界定者”。

1990年，英国学者斯莱辛格（Philip Schlesinger）在补充霍尔的观点时强调，以往的议程设置研究过于强调媒体中心主义，因为纷杂的媒体事务遮蔽了研究者的眼睛，以至于未能看清新闻信息产制的社会过程和权力背景。譬如，研究者全神贯注地观察记者的采访路线、写作方式和报道风格，咬文嚼字地解读媒体编辑方针和“媒体老板”的价值观，却忘记了更宏大也更具穿透力的视角：媒体在整个社会关系网络中的位置和角色。在斯莱辛格看来，消息来源要么通过权力支配媒体议程，要么通过公共关系策略向媒体“推销”议程。[①]

媒体是作为权力的场域存在的，每一权力主体都可能影响媒体议程设置。这些权力主体主要包括：外部压力团体，如政党、官方主管部门、行业协会、司法部门、相关民间组织等；特定利益团体，如事关媒体命脉的广告商；同业竞争者、上下游合作者；专家学者；受众和关联公众；新闻事件的当事人和其他信息提供者。媒体最终呈现和传播的内容，绝非一己之见的放任表达，而是诸多权力主体作为消息来源进行博弈的结果。

指明消息来源的身份并不是问题的全部——消息来源是怎样设置媒体议程的？

> 媒体最终呈现和传播的内容，绝非一己之见的放任表达，而是诸多权力主体作为消息来源进行博弈的结果。

1974年，美国社会学家戈夫曼（Erving Goffman）提出了社会信息产制和传播过程中的“框架”（frame）概念。按照戈夫曼的定义，“框架”是符号交往论中的一个变量，是诠释的基模（schema），即理解社会行为、处理交往事务的一套原则。人们借由特定框架赋予情境以意义，因此框架实际上是人们对事件、资讯、议题的设定、感知、辨识和标示。基模是指人类认知的心理结构，它决定人们“看到”什么，“忽视”什么，进而影响理解、记忆和评价。[②]

举例而言，一些西方利益团体和新闻媒体在认知和评价中国时，往往存在三个相对稳定的框架或曰基模：意识形态偏见框架、利益竞夺框架和人道主义框架。凡中国社会发生的重要议题，大抵会被纳入这三大框架。各类贪污腐败事件、拉萨“3·14事件”、新疆“7·5事件”、重庆“11·15”事件、打击网络谣言、有关宪政问题的争论等，一般被归入意识形态偏见框架；能源、矿产、中国在第三世界战略、中国企业海外并购等，一般被归入利益竞夺框架；“5·12大地震”等自然灾害、贫穷落后现象、弱势和边缘群体、持异见者，一般归入人道主义框架。

国内亦如是。一些官方机构和媒体在呈现和报道群体性事件时，已然形成板结化的框架：×月×日×地，发生一起不法分子（或别有用心的一小撮人）利用×原因（或时机），煽动（不明真相）群众的非法聚集（或打砸抢烧）事件。×××高度重视，立即启动×级应急预案，并（冒着严寒或酷暑或风雨）赶往现场。×××说，……他还说，……他强调，……他指出，……最后他认为，……现场群众情绪稳定，群众×××说，这样做破坏了安定团结的大好局面，群众×××也说，这是不得人心的……事态已经得到控制……在

---

① See Philip Schlesinger, “Rethinking the Sociology of Journalism: Source Strategy and the Limits of Media Centrism,” in M. Ferguson (ed.), *Public Communication and the News Imperatives*, London, Sage, 1990, pp. 283-306.

② See Erving Goffman, *Frame Analysis: An Essay on the Orgnization of Experience*, Cambridge, MA, Harvard University Press, 1974.

事件总结和表彰大会上，×××指出，这是人民的胜利。

显然，媒体拥有自己的“框架”，消息来源，特别是那些实力雄厚的政治和经济利益集团也拥有强大的、层层叠叠的“框架”。消息来源将欲输出的意义“框架化”，而后交由媒体表达和呈现。最终结果是，每一媒体议程皆“框现”了一些事实，同时也“框限”了另一些事实。议程来源于事实，却不过是“传真”、“逼真”或者“拟真”。

每一媒体议程皆“框现”了一些事实，同时也“框限”了另一些事实。议程来源于事实，却不过是“传真”、“逼真”或者“拟真”。

三、消息来源—媒体协商论

与媒体中心论和消息来源中心论不同，协商论主张在消息来源和媒体的互动、对话关系中寻找议程设置机制。1988年前后，罗杰斯和迪尔林（J. W. Dearing）提出从早前狭隘、极端的“媒体议程设置公众议程”或者“统治阶级议程设置媒体议程”，扩展至全方位的“议程设置过程”（agenda setting process）。据此，他们提出了“议程建构”（agenda building）概念以区别于“议程设置”。[①] .

议程建构强调将媒体议程（media agenda）、公众议程（public agenda）、政策议程（policy agenda）的三方互动视为一个完整的建构过程。罗杰斯和迪尔林认为，公众议程一旦为媒体所设置或反映，就影响了精英决策者的政策议程，并在有些情况下左右政策的贯彻执行；同时，政策议程对媒体议程和公众议程通常也具有直接、强烈的影响。

议程建构打破了以往“决定论”的线性思维，将议程的形成和转化视为多元对话、建构的过程。麦库姆斯和肖承认：“这的确提供了全新、全面的框架和视角。”[②] 此前，人们更关心议程设置的效果和“谁支配了谁”的主客体关系，而罗杰斯和迪尔林则呼吁人们统观议程设置的整体过程。自此，有关议程设置过程的诸多变量，譬如多元主体间的互动、情境、步骤、效果产生的次序等，皆得到建设性的讨论和研究。

在罗杰斯和迪尔林的启发下，肖等学者提出了“纸草性议程”概念：消息来源和媒体的议程设置是自上而下的、纵向的，仿佛经线；但公众也有自己的议程，而不唯媒体议程马首是瞻，这些议程一般是水平流动的、横向的，仿佛纬线。媒体议程与公众议程纵横交错，形成了错综复杂的传播网络。

其实，早在1980年前后，厄布林（Lutz Erbring）、戈登伯格（E. N. Goldenberg）和米勒（A. H. Miller）等人就提出，媒体议程与公众议程之间存在一种双向关系：一方面前者设置后者；一方面前者的各级“把关人”对后者的“新闻兴趣”持有总体的看法，对新闻价值亦有相对稳定的判断，因此后者也可以设置前者。[③]

---

① See E. M. Rogers&J. M. Dearing, “Agenda-setting Research: Where Has It Been, Where Is It Go?” *Communication Yearbook*, 1988 (1), pp. 555-594.

② M. E. McCombs, & D. L. Shaw, “The Evolution of Agenda-setting Research: Twentyfive Years In The Marketplace of Ideas,” *Journal of Communication*, 1993, 43 (2).

③ See Lutz Erbring, N. E. Goldenberg&A. H. Miller, “Frontpage News and Real World Cues: A New Look At Agenda setting By The Media,” *American Journal of Political Science*, 1980 (24), pp. 16-49.

更早一些，1968年，学者纽曼（E. N. Neumann）和马塞斯（Rainer Mathes）在有关反越战游行的研究中发现，媒体中也存在意见领袖（opinionleader），主流媒体的议程总是能够影响其他媒体的议程，二人将媒体之间的议程设置称为“共鸣效果”（resonance effect）；随后，马塞斯等人在有关反公娼、抑制国民IC卡等研究中提出，“边缘”媒体的议程也可以流向主流媒体，此为“溢散效果”（spillover effect）。

如果进一步追溯，现代公关之父伯内斯在1923年出版的《舆论的结晶》一书中指出：“在一些根本性问题上，媒体看似在塑造舆论，实则不过是常与舆论尽量保持一致。”在他看来，“公众引导媒体”和“媒体引导公众”两个相反的说法都有道理。伯内斯还提出，对公共关系顾问及其雇主来说，“遵从新闻媒体的标准是非常重要的，同样重要的是他们在向新闻媒体提供观点时，也必须遵从公众最基本的理解和判断”①。

当单向的议程设置发展到双向协商，进而走向多元对话时，从社会主体的视角看，议题管理就获得了民主、平等、开放的政治和社会价值。当然，媒体始终是“多元”之中关键的“一元”，无论组织进行议题管理，还是公众参与议程建构，媒体都是重要的呈现平台和建构力量。本章下一节即从组织视角探讨危机情境下的媒体议题管理。

对公共关系顾问及其雇主来说，“遵从新闻媒体的标准是非常重要的，同样重要的是他们在向新闻媒体提供观点时，也必须遵从公众最基本的理解和判断”。

第三节　危机中的媒体角色

信息传播技术变革一直是现代社会发展和进步最重要的推动力之一。无论在西方还是东方，报刊都参与了推翻封建专制的现代革命和大众启蒙运动，广播和电视都影响、引领了工业社会和消费文化，基于互联网技术的新媒体都在初兴的前三十年就深刻地改造了人类文明的整体图景。技术改造媒体，媒体改造社会，也正是在这一意义上，有什么样的媒体就有什么样的社会。

在如是改造中，媒体的“双刃剑”属性越来越明显：一方面，媒体为人类社会创造了有目共睹的福祉；另一方面，媒体也为社会发展的结构、规则和秩序带来了巨大的挑战。具体到危机管理领域，正如人们所见证的，媒体既是化解危机的利器，也是危机的始作俑者、扩散者和放大器。所谓成也媒体，败也媒体。

社会要作为一个统一的整体存续下去，就需要在社会成员之间建立和维系最低限度的共识，以确保人们对社会发展的目标、规范和道路有大体一致的看法。唯此，人们的认识、判断和行为才会有共同的基准，社会系统才能协调运作。在传统时代，社会共识的达成主要依靠教育、礼法和宗教等；而在促成现代社会共识的诸多力量中，大众媒体位居要津。媒体通过观念和现实的选择、加工和传播，把相同或近似内容的信息扩散到整个社会的不同群落。人们在趋同信息和议程的影响下认识外部世界，并据此做出自我

媒体既是化解危机的利器，也是危机的始作俑者、扩散者和放大器。所谓成也媒体，败也媒体。

① 爱德华·L·伯内斯：《舆论的结晶》，110～111页，北京，中国传媒大学出版社，2013。

调整、适应或改变。

按照传播学功能论的说法，媒体通过发挥环境监测、意见协商、地位赋予、知识传承和文化娱乐等作用，在社会系统中扮演着“共识动员者”的角色。美国学者格伯纳(George Gerbner)认为，媒体不仅是现代社会的“叙事者”(storyteller)，而且是缓和社会各异质要素矛盾与冲突的熔炉(melting pot)，是维护社会共同准则的文化武器(cultural arms)。[①] 而当社会中的某一组织或个体出现异常，打破人们普遍认可的事实议程和价值秩序时，媒体的共识再造机制便会启动：监测异常组织或个体，督促甚至强迫其重归共识轨道，或者干脆凭借自身和舆论的力量将其毁灭。

媒体是朋友吗？是的。媒体可以成就你的品牌形象，扩大你的知名度和美誉度。媒体是敌人吗？是的。如果共识缺失，甚或走向对立，媒体可以使你恶名远播乃至积毁销骨。媒体拥有独特的社会功能和作用机制，很难简单以“朋友”或“敌人”命名其角色。亦敌亦友，非敌非友，媒体乃是“挑战者”。在西方国家，媒体被认为是行政、立法、司法之外的第四权力，中国亦视媒体和舆论监督为促进社会发展不可或缺的力量。如是而观，媒体简直是现代社会中被刻意安排的无时无处不在的挑战者。

1. 发现危机

对于媒体而言，更准确的说法也许是瞭望者。现代社会之“灯塔”、“雷达”和“探照灯”，皆是人们对媒体角色和功能的经典比喻。互联网尤其是微博、微信、Facebook、Twitter等自媒体的发展，进一步扩大、延伸了媒体对社会生活的覆盖领域：媒体不仅站在高处瞭望，而且全面渗透到个体和族群的生活路线图之中。如今，即使发生在社会生活细微处的“反常”和危机，媒体也可以敏锐地捕捉和迅即放大。由于媒体的瞭望和渗透，一切危机都像发生在众目睽睽之下一般。至今仍有很多组织未能省察于此，拒绝公开透明地处理危机，试图躲避、打压媒体，结果多是徒劳，甚至适得其反，终为刀笔所戮。

2. 偏爱危机

毫无疑问，媒体偏爱“坏消息”。对反常和危机孜孜以求是由媒体的瞭望者角色和新闻价值取向所决定的。“狗咬人不是新闻，人咬狗才是新闻”，反常性是媒体进行新闻价值判断的基本指标之一。因此，媒体对危机事件的高度敏感、大规模报道和深层次挖掘纯属“天性”使然。倘若没有主观干预，绝不会存在对危机不感兴趣的媒体。“几乎所有危机都是媒体的机遇”，这样的说法未免夸张和缺少道德考量，但不是一点道理也没有。

3. 干预危机

媒体并非简单呈现和转述危机，而且是强势的介入者、干预者。换言之，媒体不只是危机中的镜子，还是危机画面的一部分。正如本章第一节所述，媒体客观上是权力的场域，各种权力透过媒体展开或明或昧的博弈。媒体之所以把矛头指向某一社会主体，很可能因其卷入了权力较量，并被挑拣出来接受舆论的“审判”和“规训”。同时，媒体自身也有利益追求和价值偏向，有的“无良媒体”甚至会

> 媒体并非简单呈现和转述危机，而且是强势的介入者、干预者。换言之，媒体不只是危机中的镜子，还是危机画面的一部分。

① 参见李正良：《传播学概论》，396页，北京，中国传媒大学出版社，2007。

逼迫一些危机管理者就范——花钱消灾。

4.“审判”危机

媒体致力于创造社会共识和开展舆论监督，被奉为社会公器和公共利益的代言人，因而在危机中总是以“合法挑战者”的身份出现。即使媒体对危机的报道出现了错误——不管这些错误是由媒体的主观故意（如为扩大自身影响力而蓄意挑衅、造谣）还是客观失误（如现实条件所限造成报道偏差、失真）引起的，人们往往还是先入为主地认为这是一种“合法”的挑战。换言之，危机当事主体和媒体之间实际存在着一种道德上的落差或不对称。媒体经常占据道德高地，以查证真相、关爱弱者、促进公平正义之名，挟民意而“审判”当事主体。大量危机个案表明，媒体审判甚至可能压倒司法审判，导致舆论上“大快人心”，而司法则举步维艰。

媒体的强势表达可能导致危机舆论的“沉默螺旋”效应（spiral of silence）。沉默螺旋是由德国女学者纽曼在20世纪60年代提出并逐步完善的，这一假说主要有如下主张：

第一，个人意见的表达是一个社会心理过程。人总是从周围环境中寻求支持，避免因孤立而陷入不安的境地或受到惩罚，此乃人之“社会天性”。因此个人在表达意见之际，一般都会观察身处的“意见环境”，当发现自己属于“多数”或“优势”意见时，就会积极大胆地表达出来；而当发现自己属于“少数”或“劣势”意见时，就可能屈从环境，转向附和或沉默。

第二，意见的表达和沉默的扩散是一个螺旋式的传播过程。一方的沉默显然会促成另一方意见的更加强势，循环往复，便形成了一方音量越来越大，而另一方则越来越沉默的螺旋现象。

第三，大众媒体拥有特殊的社会地位和强势表达力量，代表和影响着“意见气候”。人们倾向于认为媒体代表了多数人的意见，这些意见是社会“大气候”的反映，因此容易选择与媒体相同或接近的立场，即使内心存疑，也可能放弃质询而保持沉默。需要强调的是，尽管新媒体赋予普通人更多的表达资源和机会，但并未从根本上改变沉默螺旋现象的生成机制。

沉默螺旋现象在危机舆论中体现得更为明显：媒体通过最具表现力和号召力的传播方式唤起社会对危机的关注，人们开始做出判断，选择自己的立场。鉴于媒体的地位优势和意见优势，越来越多的人渐渐向媒体靠拢，形成舆论力量的聚合；另一些人保持沉默，成为意见的“空白地带”；还有少数人持有异议，然而“劣势”使他们总是被忽略。正是因为沉默螺旋机制的存在，造成了危机中“舆论的一边倒”和组织形象的“雪崩”。

> 最终的舆论“景观”是：危机当事主体如果大声疾呼，会被视为托辞辩解；倘若沉默无语，又被当作俯首认罪。人们卷入媒体和“主流意见”制造的狂欢，即使有人同情和支持危机当事主体，为了明哲保身也只有选择沉默。

最终的舆论“景观”是：危机当事主体如果大声疾呼，会被视为托辞辩解；倘若沉默无语，又被当作俯首认罪。人们卷入媒体和“主流意见”制造的狂欢，即使有人同情和支持危机当事主体，为了明哲保身也只有选择沉默。

案例 7—2

美国埃克森油轮泄漏事件

美国的埃克森油轮泄漏事件，全面展现了媒体在危机中是如何向组织发起挑战，并深刻影响危机舆论的。1989 年，埃克森公司的一艘油轮在桑德王子港口的封闭水域搁浅，造成很多鱼类和植物死亡。公司首席执行官劳伦斯·罗尔（Lawrence G. Rawl）在事发六天内没有露面，但是他并没有躲起来，而是做了大量工作化解危机。

在事发后第十天，埃克森公司在媒体上发布了整版广告，通报事件经过和处理措施。不幸的是，罗尔和他所领导的公司缺乏有效的媒体应对机制，致使媒体的挑战几乎将他们所做出的努力化为乌有。这突出表现在如下三个环节上：

1. 媒体反复强调油轮泄漏带来“巨大灾难”，是“不可饶恕的罪行”，而对埃克森公司的补救措施则置若罔闻。最终，几乎所有公众都认为“罗尔在消极怠工”，“埃克森在逃避责任”。

2. 罗尔接受了哥伦比亚广播公司的采访，当被问及“如何清除水中的油污”时，他回答说“我不清楚油污处理的技术细节”。显然，罗尔是诚实的，作为首席执行官的他的确不甚了解技术细节。但是，媒体却抓住这一点不放，评论罗尔的回答是“麻木不仁、盛气凌人”的。节目播出不久，公众认定罗尔是“一个高傲、不负责的家伙”。

3. 法院对埃克森公司做出了初审判决：支付 9 亿美元民事赔偿费、1 亿美元罚款。罗尔对外宣称：“这些赔偿对公司财政影响不大，对公司收益和运营无足轻重。”结果，媒体立即指责埃克森公司缺乏悔改之意，法院则以“埃克森公司可以消化更多的罚款”为由收回原判，要求提高赔偿费用。

实际上，除了前文所列举的四个方面（它们皆属媒体角色逻辑的客观反映）外，在危机中的组织还经常面临媒体主观上造成的诸多困局。主要表现如下：

一是含糊其辞、似是而非。在很多情况下，当事主体和媒体都会抢着对危机“事实”下定义。仅就危机的紧迫情势而论，记者和每个人一样，起初都是凭着主观感受做出判断，偏见偏颇、失误错误在所难免。此外，记者多是“杂家”出身，无论采访经验多么丰富，都有可能是特定危机领域的业余观察者。加之采访时间紧、任务重，媒体之间竞争激烈，最终的新闻报道很可能含糊其辞、似是而非。然而记者有意或无意的某个措辞，可能恰恰影响、决定了当事主体的生死存亡。所以，记者可谓笔下有千秋，笔下有生死。

二是以偏概全、耸人听闻。在危机管理研究领域，有一条“100－1＝0”法则：一个人、团队或组织，即使殚精竭虑做对、做好 100 件事，只要一件事导致危机，则此前种种努力尽数化为乌有。一些媒体对此“功不可没”：捕风捉影，断章取义，片面放大，煽动情绪，强化偏见，只攻一点、不及其余，如是等等，皆可毁灭当事主体于顷刻。

三是穷追不舍、刻意刁难。从现场发难到街头拦堵，从乔装打扮到突然袭击，从同行刺探到巧施连环套，媒体在危机中的采访手段层出不穷。这既保障了媒体能够最大限度获取真相，也可能扰乱危机处理的进程和秩序。1987 年，美国西伯格渡口发生灾难事故，消息刚刚传开，大量记者迅速赶到。他们有的拦住正争分夺秒抢救伤员的急救人员，有的登上运送急救队伍的船只，有的冲破警戒线将现场秩序搞得混乱不堪，有的无休止地跟踪和骚扰受害者亲属，最后有关部门不得不叫警察来“威吓”他们，而他们马上又报道说“当局封锁消息、殴打记者……”此类事例国内亦屡见不鲜，在某些重大公共危机中，有媒体记者不顾医护人员劝告，反复逼问虚弱的伤员：请问你的亲人死了，你的心情怎么样?

第四节 危机中的媒体政策

正视媒体作为挑战者、瞭望者的表达逻辑，善用媒体的议程设置功能，乃是危机传播管理的基本任务。随着民主法制的进步，即使强权机构也越来越不能任意管控和支配媒体。危机管理者应当制定开放性的媒体政策，与媒体充分对话、有效协商，从而引领议题、达成共识。

> 危机管理者应当制定开放性的媒体政策，与媒体充分对话、有效协商，从而引领议题、达成共识。

所谓开放性的媒体政策，是指在危机状态下，组织基于媒体的社会角色和表达逻辑，所确立的开放地与媒体打交道、协商报道议程的观念、原则和对策。实际上，本书此前各章对危机传播管理观念与原则、对话范式及其多级路径的论述，已经充分体现了传播和媒体政策的开放性。以下重申、补充危机媒体政策的部分原则。

一、及时、主动、公开

及时、主动、公开看似老生常谈，实则怎样强调都不为过。这些原则乃是“堵不如疏”之传统智慧的现实应用。危机洪流翻江倒海，简单围堵必遭决堤之险，不如疏之导之，顺势而为才是有所作为。这些都是不证自明的常识。在一个不缺少胆识，以至于无所敬畏，更不缺少见识，以至于信息成灾的时代，于变幻莫测、光怪陆离的社会图景中守护常识反倒弥足珍贵。

一些危机管理者经常抱怨媒体“无中生有”、“煽风点火”，其实首先应该责怪自己未能及时、主动、公开地成为媒体的首要消息来源。在危机爆发后，当事主体如果不挺身而出充分告知真相，面临“无米下锅”、“无料可爆”之困的媒体将不得不“自力更生”寻找、转述和建构真相。减少媒体蓄意挑衅或客观失误的最好办法，不是避之而后快，而是让自己成为媒体的首要信源。当危机管理者拒绝了媒体，也就放弃了为自己辩护的权利和机会。同时，及时、主动和公开也是为了避免或削弱其他权力主体（如竞争对手）过度影响媒体议程，对危机管理者造成一边倒的舆论打压。

> 当危机管理者拒绝了媒体，也就放弃了为自己辩护的权利和机会。

二、合作、服务、对话

如本书第六章所述，合作非对抗是危机管理的一项基本原则，当事主体应尽量避免同媒体发生直接、剧烈、难以调和的冲突。希斯等诸多危机管理研究者都曾指出，尖锐地指控媒体——譬如批评媒体存在报道倾向上的偏差或公报私仇，可能促使所有媒体团结一致，捍卫行业整体的尊严和利益。大量危机个案表明，把媒体逼成一个与己对立的联盟，是危机中最糟糕的后果之一。即使最终证明你是清白无辜的，“真理就在自己手中”，也不宜冒犯所有媒体。

为媒体提供尽可能周到、妥帖的服务是必要的，这既是配合记者采访工作的过程，也是调和当事主体与媒体情感、关系的过程。在决定“说什么”和“怎么说”之前，优秀的对话者会首先调整、设计好自己与对方的言说语境。语境是空间与时间、情感与地位、内容与关系等多重变量构建的话语场域，良好的情感和关系显然有利于进一步沟通。当你为记者创造了必要的工作条件，哪怕是克服了报道流程和技术细节上的一个小障碍，他们都会对你抱以感激之心，并可能因此改变看待危机议题的视角和态度。当然，这并非“拉拢”、“收买”媒体——它们只能加剧危机或引爆新的危机，而是为了创造最充分的对话条件。

> 语境是空间与时间、情感与地位、内容与关系等多重变量构建的话语场域，良好的情感和关系显然有利于进一步沟通。

案例 7—3

北京奥运会期间的媒体政策与媒体服务①

在某种意义上，现代奥运会既是体育和文化盛会，也是媒体盛会。已故国际奥委会主席萨马兰奇说，奥运会成功与否，是由媒体最终做出评价的。对中国来说，媒体事务是筹办、举办北京奥运会过程中最重要、最复杂、最敏感的事务之一。在北京申奥成功后，有人一度非常担心北京能否兑现自己的承诺，按照国际惯例实行开放的媒体政策，即“外国记者采访报道奥运会的活动将不受限制”。

2005 年 5 月底，国际奥委会协调委员在北京举行第四次全会，敦请北京奥组委协调政府有关部门尽早公布奥运会期间外国记者在华采访报道的“公开、透明”的管理制度，以便为外国媒体便捷地报道奥运会提供政策和法律保障。这是国际奥委会依据北京申办承诺和主办城市合同，第一次正式将奥运会媒体政策提上议事日程。北京奥组委面临着具体而迫切的政策性抉择。

同年 9 月，北京奥运会第一次世界转播商大会在京召开。北京奥组委主席刘淇代表中国政府重申了信守国际合同义务、遵循国际惯例、满足媒体需求的承诺。针对国际社会的疑虑，他表示：“如果我们的有关规定、做法与奥运会惯例及我们的承诺有任何冲突，我们都将服从国际奥委会的要求和奥运会的惯例，满足媒体服务的需要。”

2006 年 8 月，在外交部、国务院法制办和北京奥组委的努力下，《北京奥运会及其筹备期间外国记者在华采访规定（草案）》正式进入立法程序，并于 2007 年 1 月 1 日起正式实施。在此基础上，《北京奥运会及其筹备期间外国记者采访服务指南》于

---

① 参见孙维佳：《北京奥运会与媒体政策的历史性变革》，见冯惠玲等：《北京奥运的人文价值》，北京，中国人民大学出版社，2009。

2007年5月出台。《采访规定》确立了北京奥运会开放的媒体政策，《服务指南》则保障为媒体提供一流、专业的采访报道服务。

譬如，凡持有国际奥委会颁发的奥林匹克身份注册卡的媒体人员，可凭护照和正式旅行证件，在奥运会期间及前后不超过一个月内，多次入出中国；对外国媒体因采访奥运会而携带入境的器材、物品，只要在奥运会期间用尽或奥运会后合理时间内复运出境，将准许免税入境、使用和出境；外国媒体在中国境内拍摄、制作，并用于境外播放的奥运会资料出境，将不受任何限制……

北京奥组委为37个竞赛场馆、媒体村、奥运村和主新闻中心及国际广播中心搭建起了专业化的媒体工作平台。同时，奥组委考虑到媒体记者的压力——他们是奥运会期间最紧张、最疲劳、最敏感、最易抱怨和有最多需求的群体——推出了大量周全、贴心、个性化的媒体服务。这些服务使国际媒体消除了成见，加深了对中国的理解。

不仅如此，北京奥组委实际上最大化地满足了媒体的普遍需求：理解和尊重媒体的采访权利、工作特点、行为模式和专业诉求；创造开放、宽松的政策法规环境；提供标准化的工作设施；发布客观、真实、及时、充分的信息；提供快捷、高效、细致、个性化的服务；等等。

三、底线、战线、界线

在危机管理中，危机管理者要守住两个信息传播底线：一是媒体的信息需求底线，即满足媒体最起码的信息采集和报道需求；二是当事主体自身的信息输出底线，即对媒体和公众传达最基本的事实和意见。两个底线未必总是协调一致，危机管理者要寻找二者的最大公约数，尽量避免错位表达——鸡对鸭讲，更应舍弃无效表达——对空气说话。

在复杂的权力博弈和话语交锋中，一旦危机管理者身处弱势或陷入胶着，就要寻求外部支持、构建话语同盟。那么，应该与谁站在同一战线？如本书第六章指出的那样，要团结有影响力的人——专业意见领袖、公共意见领袖和“草根”意见领袖，以形成合力影响媒体和舆论议程。但是，危机管理者理应铭记，最终的立场其实只有一个，那就是公共利益和公共精神。坚守公共利益，引领公共精神，大抵不会在媒体和公众面前犯大错。

当站在公共利益和公共精神的立场上，立场实际上就消失了，危机管理者不再受立场和界线所限。这是危机传播管理的最高境界：当事主体以共同体的眼光，将危机中的自己和对方看成矛盾的“一体两面”，冲突、分裂的“两面”通过对话回归“一体”。回归意味着双方突破界线和防线，穿越真相的黑洞和价值的鸿沟，超越式地再造共同体。

案例7—4

不列颠电信公司危机议题管理

不列颠电信公司是英国最大的电信商，几乎垄断了全英所有的电话业务。公司投入巨资对通信设备进行了更新，但社会仍然表示不满。英国电信管理局和媒体一直指责它未能实现改善服务品质的承诺。1987 年 1～2 月，公司又接连发生两起怠工事件，媒体将其描述为“全英最令人痛恨的公司”。公司士气低落，股票下跌，名誉扫地。

公司公共关系部通过分析媒体报道和街头民意调查，了解到社会批评的议题主要集中在公共电话服务上：一是来自官方的批评，官方认为公司对公话基础设施的投资太少，公话的数量太少，可使用率太低；二是来自公众的批评，人们指责说许多公话遭到损坏，不能正常使用。据此，公司形成了一套议题管理策略：

一是成立用户沟通小组。小组负责规划营销策略，处理广告、促销以及公关事务。小组的一项基本职能就是了解公众关心的议题，制定针对性的对策。

二是引进新型管理程序。公司引进了“全面质量管理程序”，并专门成立了一个管理计划推进小组。小组成员包括公关顾问、新闻发言人、政府关系顾问，以及其他广告、展览事务人员。小组负责“全面质量管理程序”的贯彻执行，并协调用户沟通小组，对媒体和公众发布管理计划的进展信息，使之成为媒体和公众关注的一个话题，重塑公司形象。

三是制作公众意见录影带。公关部制作了街头调查录影带，内容是公众对电信服务提出的种种改善意见。公司要求员工观看录影带，以真正了解民意。

四是改善与员工的沟通。针对员工士气低落的状况，公司积极开展内部公关，及时告知员工公司的发展战略，营造良好的劳资关系。对外改善公话服务，对内与公司一同进步，成为全体员工关注的议题。

五是制造新闻议题。公司更新了全部公共电话机，同时换掉了旧的红色电话亭。公司决定策划一个新闻事件，以引起媒体和公众的关注。这一事件最终确定为：公司将最后一个淘汰下来的老式电话亭捐献给格拉斯哥人民宫博物馆，以显示公司在改善基础设施、提升服务品质方面所做的积极努力。BBC 等媒体对这一事件进行了广泛报道，民心为之一振。

六是发起反破坏联盟。公司认识到，单靠自身力量难以解决公话设施破坏问题。于是，公司联合警察机构，共同打击恶意破坏行为。与警方联动，吸引了媒体和公众的眼球，在社会上产生了强烈反响。不列颠电信公司趁势而上，借机发布了大量广告，同时争取专题报道，以期赢得公众的理解和支持。公司还在 1987 年 12 月策划、组织了一场保护公话设施海报大赛，引起了广泛关注。一时间，保护公话成为社会公众的焦点话题。1988 年 6 月，公司联合官方及相关行业共同举办了“全英反击破坏大会”。会议得到了不列颠铁路公司和伦敦运输公司等其他面临同样困扰的机构的响应，各行业签署了《反破坏联合声明》。由此，“反破坏”成为一个全国性的公共议题。

不列颠电信公司的议题管理策略成效显著：官方、媒体和公众改变了对公司的看法，公司形象得以重塑；公话设施破坏行为被有效治理，公话服务品质全面提升；全国掀起了“反破坏”运动，推动了社会风尚的改善；内部员工士气重振，上下团结一心。

【本章延伸阅读】

1. 卜正珉. 公共关系——政府公共议题决策管理. 台北：扬智文化事业有限公司，2003

2. Ray Eldon Hiebert. Courtier to the Crowd：the Story of Ivy Lee and the Development of Public Relations. Iowa State University Press，1966

3. Edward L. Bernays. Crystallizing Public Opinion. New York：Liveright Publishing Corporation，1923

4. ［美］E. M. 罗杰斯. 传播学史. 上海：上海译文出版社，2006

5. ［美］阿瑟·阿萨·伯杰. 通俗文化、媒介和日常生活中的叙事. 南京：南京大学出版社，2000

【思考题】

1. 什么是议题？什么是议题管理？

2. 议题管理的基本内容和任务有哪些？

3. 什么是议程设置？简述媒体中心论、消息来源中心论和消息来源—媒体协商论，分析它们之间的联系和区别。

4. 媒体在危机中扮演着什么样的角色？请举例说明。

5. 在危机状态下，组织应采取何种媒体政策？

第八章 危机修辞与信息发布

CHAPTER 8

修辞是人类希望灵动地表达自我、表达世界、促进相互理解的一种追求。在危机中，修辞替代不了应急救困、价值救赎和利害补偿，但可以提升它们的效率和质量。优秀的修辞不一定能够拯救危机，但糟糕的修辞一定会恶化危机，甚至自取灭亡。

本章进一步收拢研究视野，聚焦危机情境下的言说策略，重点探讨三个问题：危机修辞的理念与原则、危机信息发布、发言人和领导者的修辞技巧。第一节将古典修辞思想和新修辞理论应用于危机情境，总结危机修辞的理念和原则；第二节探讨危机新闻发布会的策划与实施、危机发言人的素养与技能；第三节简要介绍新闻话语的叙事结构，以及危机中接受媒体采访、写作新闻稿等相关文本的技巧，探讨危机中领导者的修辞与形象塑造问题。

第一节　危机修辞的理念与原则

提到修辞，大多数人的第一反应是如何使用诸如比喻、类比、夸张、借代、引用、双关、幽默、讲故事等手段，以及各种非语言符号，来增强表达的生动性和说服力。这些手段一般被称为“修辞格”，属于修辞实践中的技巧部分。在技巧之上，尚有一些重要的修辞理念，影响着人类表达自我和构建世界。

语言是人类创造的表达工具，同时语言也反过来建构表达者。所谓修辞，即对语言表达自我和建构世界之可能性的运用。修辞是人类希望灵动地表达自我、构建世界、促进相互理解的一种追求。也正是在这一意义上，自古希腊起，西方文化就把修辞视为公民的一种基本素养：造就有能力参与公共讨论、介入公共事务的合格公民。

语言是人类创造的表达工具，同时语言也反过来建构表达者。自古希腊起，西方文化就把修辞视为公民的一种基本素养：造就有能力参与公共讨论、介入公共事务的合格公民。

亚里士多德是世界上第一本修辞学专著的作者，他在《修辞学》一书中将修辞定义为说服术，即运用语言来说服别人的技术和艺术。在他看来，有效的修辞具有四种功能：维护正义和真理并压制其反面，教化普通民众，全面分析和评判问题，自我辩护和防卫。

亚里士多德认为修辞存在三个基本要素：逻辑、信誉和情感。逻辑即透过"事实之所以如是"的理性论证实现说服；信誉指向了表达者的基本资质——可信度，有信誉的人才能说服别人；情感是指表达者与聆听者之间的心理状态，表达者若能触动、引发聆听者积极、正面的情感，而压抑、安抚消极、负面的情感，就有可能在"心灵共振"中达成说服目的。

以今日的眼光看，亚里士多德提出的修辞功能和要素无不与危机情境紧密相关。在危机中，良好的修辞有助于发起和维系利益各方的对话，循证真相和真理，解释和解决问题，促进危机管理者与利益相关者的共识和互惠。修辞固然替代不了应急救困、价值救赎和利害补偿，但可以提升它们的效率和质量。事实上，良好的修辞未必拯救危机，而糟糕的修辞一定恶化危机。

总体言之，危机管理者应善用修辞，以激发、召唤如下几种力量：

1. 信誉的力量

信誉是表达者以其权威、可靠和诚实累积的形象财富。正如亚里士多德和古罗马时代的修辞家昆体良（Quintilianus）所指出的，人们愿意相信"好人"。危机之下更是如此。合格的发言人应该首先是一个品德坚贞、心怀善意的人，其次才谈得上聪明智慧、反应机敏。同时，信誉是双向的——以信自立，为人所信，是自信和他信的统一。我们所能获得的全部哲学知识和生活经验都表明，信誉缺失的言说和行动即使机关算尽也是徒劳，甚至反受其害。

先哲早有训诫："修辞立其诚"（《易传》）；"人而无信，不知其可也"（孔子）；"信则人任焉"（孔子）；"不精不诚，不能动人"（庄子）；"诚者天之道也，思诚者人之道也"（孟子）；"人面无真实诚心，则所言皆妄"（朱熹）。

2. 情感的力量

情感也是修辞有效与否的前提条件之一，包括情绪、意志和各种关联的人格要素。亚里士多德将人的情绪划分为七组二元对立关系：恼怒—温和、友善—敌意、恐惧—无畏、羞愧—无耻、感激—忘恩、嫉妒—倾慕、怜悯—憎恨。此外，亚里士多德还分析了人的欲望（appetite）、激情（passion）、希望（wish）等意志，以及富贵、谦卑、英勇、修养等人格因素，它们也是修辞所应利用的情感力量。[①] 危机导致人的情绪偏向上述二元对立关

① 参见［古希腊］亚里士多德：《尼各马可伦理学》，廖申白译注，北京，商务印书馆，2003。

系的负向一极，欲望强烈、祈盼无门，平日的修养和体面也可能一扫而光。因此，危机修辞就是召唤人的正向情绪，激发克服危机、协力进取的意志，恢复常态生活中的修养和尊严。

昆体良也认为演讲中的情感调动是必需的：一方面情感可以增强逻辑的力量；而另一方面，有时听众并不理会逻辑，或者干脆什么也没记住，却被充沛的情感所打动。在今日任何一次危机事件中，我们几乎都可以为昆体良找到支持这一观点的证据。

3. 道德的力量

在古典修辞学中，亚里士多德把道德归入信誉证明，认为道德是信誉资质的一部分。我们将道德问题“单拎”出来，是因为危机之复杂性和特殊性：在危机情境下，修辞中的道德元素不只是言说者的资质问题，还包括贯穿整个对话、协商过程的基本准则和核心内容：有道德地表达、表达道德。

> 在危机情境下，修辞中的道德元素不只是言说者的资质问题，还包括贯穿整个对话、协商过程的基本准则和核心内容：有道德地表达、表达道德。

有道德地表达意味着诚实不欺、平等对话，即强调言说的道德性；表达道德意味着道德本身即是危机对话的重要内容，强调危机管理者要激发利益各方的宽容、尊重、慈悲、团结等道德情愫。在危机中，引发危机的当事主体往往被视为“道德上的矮子”，媒体和公众则身居道德高位发起舆论审判。对当事主体而言，通过自我救赎做好道德“加法”，进而借由道德的感召力增强说服力，乃是平安渡过危机的必由之路。对于危机中的公众尤其是弱势群体而言，道德言说既是与强者斗争的武器，也是自救、互助所依凭的力量。

4. 理想的力量

在失落、伤痛、绝望的危机情境下，良好的修辞应当表达共同的理想，构建共同的意义。《时代》（*Times*）周刊在评论“9·11”事件中纽约市长朱利安尼的表现时说：“每次朱利安尼讲话，几百万人就感觉好受一点，因为他的话里充满了悲痛和坚毅，鼓舞着纽约人民，进而激励整个美国”，“他让人们确信，双子星大厦倒了，但纽约还在，美利坚还在”。

即使遭遇再大的危机、再深的苦难，人们也不应放弃理想、磨灭信念。危机纵然夺去财产、健康乃至生命，但不可带走共同体的尊严、希望和信念。“吾人不仅靠面包而生存，也靠理想而生存。”① 如是而论，当事主体在危机中表达和构建共同的理想与意义，不是一个策略问题，而是一种责任。

5. 逻辑的力量

事实上，任何修辞过程都是对证据（evidence）、事实（fact）、论点（arguments）和推理（reason）的逻辑化。危机修辞在逻辑上必须是合理的，不为荒谬辩护，不为漏洞遮掩。这不仅是一个如何在具体事务上以理服人的问题，而且还关乎怎样在混乱的危机状态下凝聚公共理性。越来越多的危机事件表明，一旦公共理性缺失，舆论就会沦为非理性的

① 祝基滢：《政治传播学》，25页，台北，三民出版社，2007。

狂欢和“多数人的暴政”。非理性的众生喧哗可能导致失范失败、虚耗无功的社会对话，导致“无责旁观”、“绑架司法”或者“反对一切”的畸形社会性格，从而造成危机中双输的局面：政府失去信任、企业断送基业、公众则被夺去尊严和权益。

以上五种力量，实际上也是危机修辞所应坚持的基本理念。这些理念来源于修辞实践和语言规律，反映了人们在危机中的普遍心智、理性和向往。因此，危机修辞实质上就是危机情境下以人为本、合乎理性的公共表达。不同于日常的秩序化、制度化语境，组织在危机时刻要“对人讲话”、“讲人话”，要以事实为基础，依循逻辑和理性，同时重视情感、道德、理想和信念力量的感召。《尚书》云：“嘉言罔攸伏，野无遗贤，万邦咸宁”。可见，嘉言被认为是国家和社会长治久安的重要前提之一。① 所谓嘉言，即应天道、合人道之言。

“讲人话”也意味着鼓励个性表达和灵动表达。危机修辞自然应该是庄重、不亵慢的，而这并不排斥个性化的言说和行动。在危机情境下，没有人会耐心倾听陈腔滥调和“正确的废话”，人们需要个性鲜明、有情有义、敢于担责的人和自己对话。尤其是在重大危机、千钧一发之际，四平八稳的“周全表达”往往不如发自内心、张扬个性的振臂一呼有效。

> 不同于日常的秩序化、制度化语境，组织在危机时刻要“对人讲话”、“讲人话”，要以事实为基础，依循逻辑和理性，同时重视情感、道德、理想和信念力量的感召。

言之无文，行而不远。灵动表达是指使用那些能够增益文采和理解的言词和句式，以及象征、引用、讲故事等合宜的技巧，灵活、生动地传递意义。之所以追求灵动表达，是因为它既可以激发理性思考，也可以产生强烈的情感共鸣。在喧嚷的危机舆论场域，人们能够认真倾听、清晰记忆的话语并不多见，因此一两句堪称灵动表达的核心话语便显得弥足珍贵。核心话语要么是对危机事实生动、有力的概括，要么是对危机中天道和人道价值之深切、流光溢彩的概括。譬如 2008 年汶川地震期间，中国总理温家宝在北川中学黑板上写下的“多难兴邦”；又如 2008 年美国总统奥巴马在竞选中——正值全球金融危机之际——利用一切表达渠道和机会，反复强调的“希望”(hope)、“变革”(change)、“我们能做到”(we can)。

言及修辞与天道、人道的关系，就需要引入美国语言学家伯克（Kenneth Burke）的本体认同概念。伯克被认为是 20 世纪最重要的修辞学者，是自亚里士多德以来在修辞领域最有建树的思想家。他的杰出贡献在于将传统修辞学与戏剧理论结合起来，开创了新修辞学派，“旧修辞学的重点在说服力建设，强调审慎的设计，而新修辞学则主张靠近本体层面的认同，并且重视来自本能和表达场域的无意识因素”②。

伯克提出，修辞应立足并促进表达者与聆听者之间的本体认同。本体认同有两个来源：一是表达者与聆听者的身份认同，二是宗教意义上直觉、本能和无意识的认同。身份认同的要素包括身体特征、职业、角色、背景、性格、天分、信仰和价值观，表达者与聆听者在这些要素上的交集越大，彼此认同感也就越强。伯克显然更在意直觉、本能和无意

---

① 参见李学勤主编：《十三经注疏》之《尚书正义》，87 页，北京，北京大学出版社，1999。

② Kenneth Burke, “Rhetoric Old and New,” in Martin Steinmann, Jr (ed), *New Rhetorics*, New York, Scribners Sons, 1967, p. 13.

识层面的认同。在他看来，认同就是“去异求同”（consubstantiation），这个术语偏向于宗教意义上的天道、人道层面的共鸣和认同。修辞的价值正在于他所宣称的“去异求同”，倘若抛开直觉和本能，单纯追求表达技巧和说服力，是舍本逐末的表现。

2011年5月2日，美军成功突袭基地组织并打死本·拉登。奥巴马就此发表了电视讲话，这篇讲话基于美国政治和文化立场，充分体现了前述修辞理念、人本和理性原则。

案例8—1

奥巴马在基地组织头目本·拉登被剿灭后的电视讲话（节录）①

今晚，我可以向美国民众和全世界宣布，美国已经完成了消灭基地组织头目本·拉登的行动，此人是屠杀数以千计无辜男女老少的恐怖分子。

将近十年前，9月一个阳光明媚的早晨，美国民众遭受了历史上最严重的袭击。“9·11”袭击的一幕幕在我国民众记忆中挥之不去。

然而我们知道，最惨痛的是那些未向全世界播出的画面：餐桌旁空空如也的椅子、失去父母的儿童们、再也无法体会孩子拥抱的父母们。将近3 000名公民离开了我们，同时在我们心中留下巨大空洞。

在那一天，不管我们来自何处，不管我们向哪一位神灵祈祷，也不管我们属于哪一个种族，我们都团结在一起，整个美国就像一个大家庭。我们有着共同的决心，即矢志保卫我们的国家，并把那些发动了这场邪恶袭击的人绳之以法。

我们很快查明，发动“9·11”袭击的是基地组织，该组织以奥萨马·本·拉登为首，他们早已公开对美国宣战，并在我们国家和全球其他地方杀害无辜人民。为了保护我们的公民、我们的朋友以及我们的盟友，我们展开了针对基地组织的战争。

本·拉登的死并不意味着我们工作的结束。毫无疑问，基地组织将会继续对我们实施攻击。因此，我们必须并且继续对国内外的情况保持警惕。

如我们做的那样，我们还必须重申美国没有也绝对不会对伊斯兰发动战争。正如小布什总统在“9·11”事件之后曾经明确表示，我们的战争并非针对伊斯兰。本·拉登并非一个穆斯林领袖，相反，他屠杀了大量的穆斯林。事实上，基地组织在包括美国在内的很多国家都屠杀了许多穆斯林。

美国人民清楚战争必然会有伤亡，知道战争必然要我们付出代价。但是作为一个国家，我们更是绝对不能容忍有人威胁我们的安全，也不能看着我们的人民被杀害而坐视不管。我们将坚持不懈地保护美国公民、朋友和盟友。我们将永远坚持那些我们所认可的价值。这个晚上，让我们对那些因基地恐怖分子而失去亲人至爱的家庭说：正义终于得到了伸张。

我们要感谢那些情报和反恐界的专业人士，正是他们孜孜不倦的工作才促成了今天的胜利。美国人民看不到他们的工作，也不知道他们的名字。但是在这个晚上，这

① 参见信莲、杨洁：《奥巴马在基地组织头目本·拉登被剿灭后的电视讲话》，见 http://www.chinadaily.com.cn/hqgj/2011-05/02/content_12430368.htm。

些人能够真切地感受到付出得到回报、正义得以伸张的满足。我们还要感谢那些参与了这次行动的军人，他们是所有为国尽忠的士兵们的代表，展现出了专业、爱国和无可比拟的勇气。他们在"9·11"之后承担了最重的责任。

最后，我还要对那些在"9·11"恐怖袭击中失去至亲至爱的家庭说：我们从来没有忘记过你们的损失，我们也从来没有动摇所做出的承诺，那就是竭尽全力让国家免遭新的袭击。

我们要牢记，做这些并不仅是为了财富或者权势，而是因为我们生来如此，我们生来要为所有人争取自由和公正。

第二节 危机新闻发布会与发言人

危机信息发布是危机传播管理全部策略的出口。本书此前各章论及的观念、范式和路径，大多要落实到发布环节上：通过有效发布干预危机信息流、引导影响流、消解噪音流；通过有效发布与利益相关者形成双向、均衡对话，在事实层面促进真相查证和利益补偿，在价值层面推动信任重建和意义再造；通过有效发布引领危机议题，设置媒体议程，参与新闻话语叙事，寻求理性、建设性的危机解决方案。

危机信息发布有多种形式，譬如召开新闻发布会，接受记者采访，向媒体提供新闻稿、致公众公开信，在官方网站以及微博、微信、Facebook、Twtitter 上发布公告，等等。以下介绍新闻发布会的策划和组织，而后探讨接受采访和提供新闻稿等发布形式。

一、危机新闻发布会的策划与组织

与其他发布形式相比，新闻发布会的优点是主题明确、效率高、影响大、成本低。但是，新闻发布会也可能遇到严峻的挑战：主题如何确定？流程如何设计？媒体如何邀请？发言人能掌控发布会吗？怎样才能达及预期的传播效果？一般来说，新闻发布会的策划和实施主要包括如下八个步骤。

1. 确定主题

主题来自问题。发布会的主题要明确反映危机诱因和事态，准确回应利益相关者关切，有效统领整个新闻发布会的内容。每一条、每一组危机信息发布，皆应围绕主题展开，发布会不宜回答与主题无关的问题。从发布会主题出发，组织应预估、设计问题和答案，但这并不意味着发言人可以照本宣科。预估不过是蓝本，尚应灵活作答。组织还要根据发布会主题撰写新闻通稿，准备新闻通稿的背景材料。在必要的情况下，组织者应针对不同媒体"量身定制"新闻稿和信息素材，还要向有特别要求的媒体提供图片和影音资料。

2. 选择时机

组织者要综合考虑自身需求、媒体意愿和外部环境等多种因素，以选择最佳时机召开发布会。此时是否有其他发布手段比发布会更有效？能否引起媒体和公众关注？是否有助于总体危机管理战略的实施？此外，发布会时机的选择还要考虑天气、交通、场地、竞争、媒体需求、舆论环境等多种因素的影响，譬如不要和比自己更重要的新闻事件撞车，善用媒体的截稿时间以尽快或相对延迟报道。说到底，时机选择要有利于还原真相、补偿利益，有利于重建信任和分享意义。

3. 设计流程

新闻发布会要设计一个周全、可控的操作流程。每一次发布会的时间都不可能太长，因此每浪费一分钟都意味着浪费宝贵的表达机会。要把那些最有价值的信息，以最合理的程序，通过最合适的人传达给媒体和公众。同时，发布流程必须是可控的，不能造成“喧宾夺主”、“反客为主”乃至局面失控下的“六神无主”。因此，内容资料要完备，程序安排要严密，不要让发布会本身变成危机。

> 要把那些最有价值的信息，以最合理的程序，通过最合适的人传达给媒体和公众。

4. 启用发言人

在新闻发布会上，发言人扮演着主持人和调度者的角色，直接影响发布会现场的内容、气氛和秩序，以及发布会后的传播效果。发言人要熟悉发布主题，掌握相关背景知识，了解组织的整体战略和目标，能够站在媒体和公众的角度进行思考和表达，个人风度和气质能够体现所代表组织的形象和气质。本章随后将专门论述新闻发言人的基本素养和表达策略问题。

5. 邀请参会者

参会者主要包括两类人群：记者和嘉宾。记者的邀请应重点考虑三个问题：一是根据媒体属性（如综合类媒体、财经媒体、行业媒体、新媒体等）、分布地域及其目标公众等因素确定邀请范围；二是务必平等对待所有媒体和记者；三是在一些重大危机中，应在发布会前便与有关媒体进行充分沟通，以了解提问和报道需求，并针对一些敏感问题提前答疑解惑，如是可以提前释放发布会现场的压力。嘉宾出席有利于增强发布会的号召力和权威性，邀请的标准是看他们能否以合适的身份和方式，从不同的角度传达发布会的主题。

6. 布置现场

现场布置要与主题相适应，并满足具体流程的需要。从签到席、提问席到发言席，从新闻稿装帧、素材包装到背景板设计，从设备存储到多媒体布线，在前期筹划中要一应俱全，在执行中要切实到位。危机新闻发布会的现场应简单庄重，不宜铺张奢华。在某些危机情境下，新闻发布会是在事故或灾害现场召开的，更应就地取材，不必造作，不可造次。

7. 实战彩排

在危机中，新闻发布会往往具有仪式性效应，人们期待当事主体在发布会上对过去给出说法、对未来指明方向，让人安心且有信心。因此，发布会上的任何意外、偏差和纰漏都可能被媒体和公众放大解读。即使话筒偶尔出现故障、个别字词印刷错误之类的差谬，也会被描述、理解为“一片混乱”、“能力不足”和“缺少诚意”。因此，在发布会正式召开前，最好组织专门的彩排，以熟悉现场和流程，排查和纠正所有问题，特别是前期策划中未能意识到的细节问题。

8. 稿件"落地"

新闻发布会召开后，组织尚有如下几项工作需要认真完成：一是对与会记者表示感谢，同时督促发稿，以确保预期的发稿"落地率"；二是对报道出来的稿件或节目进行收集和整理，制作新闻剪报；三是对媒体报道情况和公众反馈效果进行评估，以总结新闻发布会的得失成败。

二、危机发言人的素养与技巧

新闻发布的主角是新闻发言人。与一般新闻发言人相比，危机发言人往往面临着更加严峻的业务能力和人格素养的考验。

> 危机发言人不仅是信息"出口"的把关人，也是信息"入口"和信息生产、加工过程的主导者。如是而观，危机发言人既是前台的"戏中人"，也是幕后的"导演者"，穿越于"剧本"和现实之间。

在业务能力上，危机信息发布是在有限时间和有限信息的条件下进行的，除了尽量依靠团队的力量外，发言人自身的分析能力和应变能力显得更加重要。在危机信息的采集、加工、分析等诸多环节，在危机预警、危机处理和危机恢复管理等不同阶段，发言人始终担负着调研、策划、沟通和发布等多重任务。因此，危机发言人不仅是信息"出口"的把关人，也是信息"入口"和信息生产、加工过程的主导者。如是而观，危机发言人既是前台的"戏中人"，也是幕后的"导演者"，穿越于"剧本"和现实之间。

同时，危机发言人必须具有强大的心理素质和良好的人格修养，能够承受巨大的压力和冲击。在危机中，发言人往往是舆论的洪流汹涌而至后组织派出去的第一个人，堪称勇士，也随时会成为"烈士"。发言人遭受质疑、谩骂和攻击乃是平常之事，恐惧、受辱之下尚能保持冷静、不辱使命实属不易。伯内斯在《舆论的结晶》一书中引用了一位新闻学者对媒体的评价："不论是扮演世俗中的先知约奥迦南，还是扮演新闻的贩卖者，他们的首要目的都是取悦公众并为他们献上一出好戏，他们演这出好戏的首选方式，就是挑中一个罪有应得的牺牲品，然后极尽可能地折磨他。"[①] 不幸的是，发言人就是经常被挑中的那个"牺牲品"。

有时，发言人还会陷入内外交困的窘境：媒体和公众认为他是传声筒，是利益集团的代言人，是损害公共利益的吹鼓手；组织认为他有负众望，爱出风头，表现平庸，表达低劣，甚至"出卖"了组织。更普遍的情况是，发言人未必是组织中的"实权派"，一般只负责"怎样说"，无力支配"怎样做"，而媒体和公众却习惯性地将"说"与"做"的全部希望都寄托在他身上。如是，发言人在不经意间被赋予了危机情境下仪式化、象征性社会互动的"祭司"角色，人们期待他的出现能够扬善止恶、解除系缚，使人于急难中离苦得乐。

---

① Edward L. Bernays, *Crystallizing Public Opinion*, New York, Liveright Publishing Corporation, pp. 81-82.

为了应对上述考验，危机发言人必须掌握熟练的业务技巧。从经验层面看，这些技巧主要包括：

1. 坦诚关爱

发言人的态度即组织的态度，发言人的形象即组织的形象。在危机信息发布中，发言人必须真诚坦率，最大限度赢得媒体和公众的善意，唯此才能建立信任。而失去信任，也就毁掉了对话的基础。坦诚同时也意味着悲悯和关爱，要恰如其分地表达对遭受危机损害的利益相关者的同情和理解。为此，发言人应和颜悦色、理直气“平”地讲话——即使有理也要让三分，嗓门一高，人就矮了；在现场要与倾听者保持亲切的目光接触，同时辅以必要的肢体语言。当然，最重要的还是内心澄明而悲悯，由内形外而非表演。

> 发言人在不经意间被赋予了危机情境下仪式化、象征性社会互动的“祭司”角色，人们期待他的出现能够扬善止恶、解除系缚，于急难中离苦得乐。

2. 沉稳持重

危机发言人应当处乱不惊、条理分明地传达自己掌握的信息。危机发言人可能出现两种糟糕的“症状”：一是沟通恐惧症，在发言中顾虑重重，手足无措，狼狈不堪；二是沟通无畏症，在发言中自高自大，盛气凌人，不容人质疑。克服“恐惧症”，主要靠平素的有效训练和发布会召开之前的充分准备。发言人很难完整预判媒体可能提出的问题，但是一定要掌握危机事态的大局——譬如全球金融海啸和技术变革导致行业衰落与企业不景气，也要了解其细微处——譬如一位工人的妻子正在遥远的乡下等待参与罢工的丈夫平安归来。克服“无畏症”，自然要抱持敬畏之心。危机之下无小事，总是关乎特定人的身家性命，情真意切、庄重表达才能让人们相信组织在严肃地处理危机。

> 危机之下无小事，总是关乎特定人的身家性命，情真意切、庄重表达才能让人们相信组织在严肃地处理危机。

3. 有效回应

再好的修辞形式也无法弥补贫乏的内容。对于媒体和公众的提问，危机发言人要做出明确、有效的回应和解答。发言人应当抓住问题的主旨——提问者最大关切之所在，尽可能提供最有价值的信息。有时左顾而言他、打打“太极拳”也是必要的，但不可视“推脱”为高明。推脱意味着把难题甩给了别人，或者让危机持续发酵，导致问题越来越复杂。

事实上，新闻发言人在危机中比较难以回应的一个问题是要不要道歉。哈佛大学教授科勒曼（Barbara Kellerman）曾专门研究领导者在危机中的道歉行为，她提出：“公开道歉始终是一种高风险的举动”，“在危机中随意致歉，反而可能扩散危机”①。沃顿商学院教授卢斯（Mary Frances Luce）也认为：“道歉虽然可以缓解消费者的愤怒，但同时也加强了品牌与问题之间的负面联系。”② 我们的看法是，虽然道歉未必能够拯救危机，并且可能强化组织与问题之间的负面关联，但是发言人在危机中仍有必要代表组织公开道歉。在危

---

①② Barbara Kellerman, “When Should a Leader Apologize-and When Not?” *Harvard Business Review*, 2006 (4).

机情境下，道歉不只意味着事实上的补救，还可能出自恐惧、责任、内疚和爱等价值上的动机，尤其是可以修复被冒犯者的面子。同时，道歉也意味着人与人关系的重构，以“最大限度地恢复到过错发生前的状态，即道歉者的形象、道歉双方的关系得到修复”①。

4. 处理棘手问题

在面对媒体和公众时，对方可能会提出一些复杂、敏感、尖锐甚至是基于错误资讯的问题，发言人必须审慎应对。对于冗长复杂的提问，发言人要仔细倾听，以领会题中义和话外音，有时还可以礼貌地请求对方重复一次。对于那些敏感、尖锐的问题，则需采取灵活策略：选择相对容易的部分回答；公布已经做出的改善和取得的进展；确实无解或无法披露的信息，则表明态度；在必要且可行的情况下，干脆把难题抛出来，请媒体和公众设身处地为组织出主意——即按照此前各章所述，组织应拿出足够的勇气和智慧，扩大危机处理过程中的公众参与。

> 道歉不只意味着事实上的补救，还可能出自恐惧、责任、内疚和爱等价值上的动机，尤其是可以修复被冒犯者的面子。

对那些基于错误资讯的问题，发言人首先要及时纠正提问者，然后再根据情况提供答案。发言人不要在没有把握的情况下做出主观臆断，否则很可能自食其果。理智的做法是，明确拒绝记者的臆断或有关臆断的怂恿，告诉他们这样做毫无意义，没有什么比扼制危机、降低损害更值得投入时间、精力和资源。在“9·11”事件中，朱利安尼面对媒体要求官方给出死亡人数估算的逼迫时断然回绝，他坦白告诉媒体：“人命关天，岂能拿来当猜谜游戏？无论最终确认的数字多少，都将远非我们所能承受。”②

5. 赢得多数人

在新闻发布会上，发言人不必取悦所有记者，而要努力赢得多数人的好感、理解和支持。对个别怀有偏见、恶意挑衅的记者应不卑不亢，既不能无原则妥协，也没必要因之动怒。否则，发言人的愤怒本身就成了组织的丑闻。在发布会结束后，发言人可以找到这样的记者进行专门沟通，以深入了解情况，寻求冰释前嫌的可能性。事实上，真正的“大多数人”并非记者，而是记者和媒体背后的广大公众。发言人应不断提醒自己：我在和记者讲话，因此要尊重、满足他们的职业需求和习惯；我不单单是在和记者讲话，而且要通过他们向公众发布信息，因此心里要装着公众，如同公众就在眼前。既然如此，发言人就不必为了回击某一位记者及其所在媒体而冒犯不在场的大多数人——公众。

6. 追求正面效果

“正面效果”并不等同于追求绝对化的“正面报道”。片面地追求正面报道，既不符合新闻传播规律，也不适应多元化的社会现实，很难起到创造共识、增进信任的作用。不留余地的赞美往往是可疑的。正面报道未必产生正面效果，正面效果也未必来自一律化的正面报道。屏蔽了批评意见，并不意味着终结了危机，相反还可能加剧危机。

---

① A. J. Meier, “Passages of Politeness”, in *Journal of Pragmatics*, 1995 (24).
② ［美］鲁迪·朱利安尼：《领导：纽约市长朱利安尼自述》，23页，南京，译林出版社，2005。

前文探讨了危机发言人的业务能力和专业技巧，比这些更重要的是价值观修炼问题。发言人必须是可靠的人，可靠不仅意味着对组织忠诚、心系大局，而且意味着尊重公共利益、坚守公共精神。一个心胸狭隘、自私自利的发言人会给组织带来重大灾难。

发言人必须是可靠的人，可靠不仅意味着对组织忠诚、心系大局，而且意味着尊重公共利益、坚守公共精神。一个心胸狭隘、自私自利的发言人会给组织带来重大灾难。

此外，发言人除了熟悉自己的岗位职责外，还要拥有丰富的历史、社会、文学、哲学知识。所谓工夫在平时，精雅修辞和有效表达绝非一日之功；唯有日积月累、琢磨润色，才能出言有章。“日常生活养成的智慧，遇到危机时将扮演前锋角色。”①

第三节　新闻叙事与话语建构

作为现代社会最常见、最显著的话语类型之一，新闻话语有其“约定俗成”的叙事结构。无论召开新闻发布会、接受媒体采访，还是向媒体提供新闻稿、发布声明和公开信，组织皆须了解新闻叙事的基本章法。所谓章法，既包括新闻话语的结构设计，也包括呈现新闻事实和新闻价值的修辞技巧。在危机中，除了以发言人为主角的新闻发布会、以组织名义开展的信息发布活动外，另一类重要而特殊的危机话语建构是由组织的领导者承担的。本节主要讨论新闻叙事结构、媒体采访与文本写作、领导者的危机修辞与形象塑造。

一、新闻叙事结构

荷兰学者梵·迪克（Teun A. Van Dijk）用树形图描绘了新闻叙事的基本“假设性范畴”，对危机管理者具有直观的学习和借鉴意义（见图 7—1）。②

梵·迪克模式完整地反映了新闻话语的叙事结构，我们甚至可以套用它来“速成”一篇标准的新闻稿。结合危机中的媒体议程设置问题，我们对图 7—1 做出如下三点解释：

1. 概述与故事

一篇典型的新闻报道由两大部分构成：概述与故事。前者是对新闻事件的概括和描述，后者则相对详细地呈现故事的情境和评论。危机管理者若欲影响媒体报道危机议题的新闻文本，首先要从概述和故事入手。

一是设置新闻报道的标题和导语，成为危机的“初级界定者”。在危机爆发后，当事主体要为危机下一个定义，向媒体提供核心解释，确定事件基调，最好能让自己的话成为标题、进入导语。譬如，“9·11”事件刚刚发生后，纽约市长朱利安尼首次面对记者时说：“这是珍珠港事件后美国本土遭遇的最严重的袭击。”这句话立即成了美国众多媒体的新闻标题，外国媒体也至少将之纳入了新闻导语。

---

① ［美］鲁迪·朱利安尼：《领导：纽约市长朱利安尼自述》，5 页，南京，译林出版社，2005。

② 参见［荷］托伊恩·迪克：《作为话语的新闻》，57 页，北京，华夏出版社，2003。

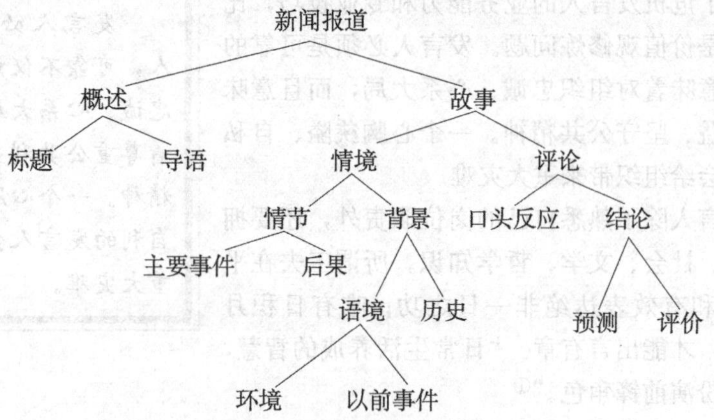

图 7—1　新闻话语的叙事结构

二是提供危机故事的标准版本，包括具体情境和必要的评论。缺少这一层面的考量，媒体就可能按照反对意见、边缘意见的说法或自己的需要“创造”出该事件的另外版本。故事的版本是可以篡改的吗？2008 年 10 月，一段哈尔滨市六名警察与一名林姓大学生“打架”的视频在网上广为流传。该事件起初被媒体和舆论描述为“六恶警打死大学生”，随后因完整视频公布而发生逆转，故事版本又变成了“六提辖拳打林衙内”。

2. 情境与评论

在图 7—1 中故事这一范畴下存在两个新闻要素：情境与评论。前者由情节和背景构成，后者则细分为口头反应和结论。

> 危机当事主体一方面要向媒体提供事实层面的情节和背景，一方面也要输出价值层面的反应与结论。

情境与评论的区分，正是本书第五、六章有关事实—价值“二分法”的论述在新闻话语建构方面的体现：新闻文本涵盖了事实和价值两个向度的内容——事实之维的情境描述和价值之维的意见表达，即评论。令人困惑的是，按照新闻专业主义原则，新闻报道只应呈现事实，为何会承载意见、情绪、态度等价值信息？

评论范畴之下的两个次级要素回答了这一问题：媒体通过受访者的口头反应和对事件做出结论实现了价值议程的建构。特别是在危机事件报道中，媒体记者通常会邀请当事人或显要的政治人物、商业精英、专家学者发表评论。选择什么样的人、“截取”他们的哪些话，往往是记者“别有用心”、“善用其心”之处。

这意味着危机当事主体一方面要向媒体提供事实层面的情节和背景，一方面也要输出价值层面的反应与结论。就后者而言，除了自己的意见表达外，还要寻求第三方的话语支持，为媒体提供“口头反应”和可能的“结论”。很多组织在日常公关工作中即重视建立和维护意见领袖关系，一个重要目的就是创造良好的“意见气候”。一旦遭遇危机，这些组织在自己做好消息来源的同时，也能够影响权威的“意见来源”。

3. 背景与预测

背景与预测看似新闻叙事结构中的边缘要素，实则不可轻视，而且在危机报道中尤显重要。前者指向了现实语境和历史表现，后者指向了未来预测和评价，二者关乎事件的合法性解释和发展趋向。这要求危机管理者做到如下两点：

一是搜寻、储备足够丰富的危机背景信息，既要对现实语境展开描述和判断，也要对历史问题进行必要的重温和解释。本书第四章强调了危机知识管理的重要性，这些背景信息和知识是危机管理者做出科学决策的重要依据，也是危机新闻发布、引导媒体议程的基本素材。现实判断应围绕本书第一章提出的“人为与非人为”、“内在与外在”两个尺度展开；历史重温则应在参照和对比中做出合理解释。按照这一思路，有关背景信息的标准的表达模式是：这是一起人为（或非人为）内在（或外在）原因造成的危机，历史地看……总之，人是第一位的，我们诚意致歉、心怀感激……

当事主体面对媒体和公众对危机做出理性、建设性的预测，实际上是一种公开承诺：在危机困厄之下，于无水时寻秋水，届有光处觅春光。

二是做出理性、建设性的预测。预测要客观、专业、理性，尽可能准确地反映危机发展趋势和结果，尽可能引导利益各方朝着议题管理的目标——寻找问题解决方案、优化决策、改善立法而努力。在此基础上，预测尚应观照利益相关者的多元诉求和主张，做好信心、信任和信念“加法”，许以适度的承诺和希望。值得一提的是，当事主体不应报喜不报忧，不应做不切实际、欺上瞒下的预测。当事主体面对媒体和公众对危机做出预测，实际上是一种公开承诺：在危机困厄之下，于无水时寻秋水，届有光处觅春光。

二、媒体采访与文本写作

基于对新闻叙事结构的了解，以下简要介绍接受媒体采访、写作新闻稿等相关文本的基本技巧。在危机中，组织的领导者和发言人接受媒体采访往往是不可避免的。如是说法未免显得被动。对组织而言，每一次接受媒体采访都意味着赢得主动表达、自我辩护和引领议题的机会。接受采访需要注意如下原则和技巧：

第一，牢记接受采访目的，这决定着你说话的内容和方式。作为受访者，你对访问过程的把握首先体现在对目标和主题的驾驭上。采访中完全可以即兴发挥，却不应节外生枝。

第二，真诚对话，不做秀，不出丑，不自作聪明。你要真实、真诚地面对媒体，以充分的事实、关切的态度、理性的意见回应提问。永远不要向记者说谎。对于很多无解的问题来说，真诚本身就意味着答案。而做秀不但是多余的、拙劣的，而且可能把问题复杂化。无论在采访过程中发生什么，你都要保持清醒、冷静，不发怒，“不雷人”，不轻薄，不刻薄，不忘乎所以。不管你多么有经验且准备充分，都不要在镜头和公众面前显得太聪明，这会激发人们的进攻欲。

永远不要向记者说谎。对于很多无解的问题来说，真诚本身就意味着答案。而做秀不但是多余的、拙劣的，而且可能把问题复杂化。

第三，掌握必要的表达技巧。以下列举五项常用技巧。

一是简洁。丘吉尔认为，“短词最好，常用的短词更好”①，简化是吸引听众注意、强化记忆的最佳方式。

二是谨慎选择代词。一般来说，要把自己所在的组织称为“我们”而不是“它”，要把利益相关者称为“你们”而不是“他们”。“我们”体现了你与组织的同一性，“你们”则显得亲切，强调彼此之间乃是对话关系。

三是尽量不要用否定词。由于注意力分散和选择性聆听，人们很容易忽略否定词。比如“我们不歧视农民工”，到了听众耳朵里极有可能变成“我们歧视农民工”。“以下五种情况不得退货”和“以下情况可以退货（排除五种情况后）”可能会带来迥异的接受心理。

四是多用主动句式。“政策法规要求我们必须做出赔偿和改善”和“我们严格按照政策法规做出赔偿和改善”语义相同，但是前者之被动和后者之主动所反映出来的组织价值观也分殊鲜明。

五是不必回答假设性问题。

接下来探讨危机中新闻稿、声明、公开信等文本的写作。有关新闻写作和声明等公文写作的著述汗牛充栋，我们仅着重强调一个原则：坚持利益相关者本位。

所谓坚持利益相关者本位，就是组织在写作新闻稿、声明和公开信时切忌自说自话，而应换位思考，基于利益相关者的反应和需求呈现事实、表达观点。自说自话往往被认为是漠然、骄傲、不负责任的表现，哪怕成百上千家媒体刊发了组织的稿件也是徒劳的，甚至会导致传播越强势、敌意越强烈的糟糕后果。“单一的声音什么也结束不了，什么也解决不了，两个声音才是生命的最低条件，生存的最低条件。”② 自说自话也正是很多组织在危机中“开口即错”的症结所在——只道自家得失，只见一己利害。

实际上，不止文本写作如此，当组织在危机中全面陷入进退维谷的困局时，换位思考常有“融冰”之效：换成利益相关者的角度，或许可以发现更大的余地和更多的可能性。如是而观，危机管理者宜“日三省乎吾身”，不要掉进自我利益的深井难以自拔。

坚持利益相关者本位其实就是守护以人为本的危机传播管理原则。新闻稿、声明和公开信等文本内容不应过度纠缠“事”之是非、“物”之得失，而要关心“人”之权利和尊严。举例而言，在一场医疗事故中，医院的公开声明不可只谈论病理药理，只说明流程疗程，因为对患者来说，事故首先意味着伤痛、尊严、对未来生活的信心以及对生命意义的理解。新闻稿、公告等体裁在写作要求上都强调真实性、客观性，看似价值无涉，实则不然。尤其是在危机情境下，来自当事主体的任何文本都会被理解为带有立场的辩辞或檄文。既然如此，当事主体可以明确地表达对利益相关者的关爱、悲悯，亦可按照第七章所述的“铺垫底色”来营造危机中的情感基调和价值场域。

三、领导者的修辞与形象塑造

在危机中，组织的领导者未必是最早、最频繁面对媒体和公众的人，但却是人们最期

① 英文原文为“Broadly speaking, the short words are the best, and the old words best of all.” See Winston Churchill, *The Times Literary Award Presentation*, Nov. 2, 1949.

② ［苏联］巴赫金：《诗学与访谈》，见钱中文主编：《巴赫金全集》，第5卷，340页，石家庄，河北教育出版社，1998。

待的对话者。本章第二节和本节此前部分阐述的修辞理念和策略大多也适用于组织领导者，以下补充介绍三个有关领导者修辞和形象塑造的标准框架。

1. 角色—功能框架

角色—功能框架重在表达领导者的角色、职责及其胜任程度。所谓在其位、谋其政，危机修辞首先要塑造和强化领导者名副其实、胜任本职的形象。在危机中，媒体和公众会放大对领导者角色扮演和社会表现的期待。“危机发生的时候，人们体验到恐惧……感到孤单无助，甚至绝望……人们需要有人站出来领导。”① 良好的角色扮演和责任履行可以缓解、消除危机带来的恐慌，避免人们陷入更大的混乱、沮丧和消沉。朱利安尼说：“我处理危机一向遵行两个原则：亲临现场和以身作则。”他的办公桌上有一句座右铭：“我来负责。”②

相反，一个领导者如果回避或无力担当危机责任，无论怎样讨好讨巧、奔走游说，终将遭人唾弃。我们经常会看到一些反例，譬如有的领导者在危机发生后先是“走为上”，随后不得不站出来时，又闪烁其词、搪塞责任：“当时我不在……”，“这件事不是我主管……”，“这是一个体制问题，客观上讲……”；再如有的领导者虽然直面危机，但更多的是做秀、空谈、制造“语言暴力”或遮掩是非，表现在修辞上就是铺张扬厉、谲诈多变。

2. 情感—道德框架

在危机旋涡中，公众的感性诉求可能会大于理性判断，在得与失、生与死面前，他们不希望看到冷冰冰、戴着面具的领导者。人们需要有血有肉、个性鲜明、品德高尚的“英雄”、“偶像”和“领袖”，而不是权力的机器和利益的传声筒。就修辞而论，领导者往往需要讲述或亲自“上演”一个令人赞叹、向往的故事，而故事的主题自然应与危机情境下的情感与道德相关，以渲染和铺垫危机舆论的情感和道德底色。这当然不只是一个方法问题，所谓历史和文化不过是以人为主角的故事集合。

3. 文化—信念框架

文化—信念框架指的是领导者的修辞和形象塑造要充溢时代精神，同时也要表征文化传统。尤其是在危机中，领导者的言行要体现当下时代的文化主题和组织自身的文化追求，并且契合、扣应传统文化及其承载的精神信念。为此，无论公开演讲、接受采访，还是参与、主持危机中的一些仪式化活动，领导者要善用那些代表风尚、承载信念、产制意义、召唤族群认同、象征共同体精神的符号。尤其是在重大危机中，领导者应精心设计、主动出席那些能够输出纪念、勉励、感恩、哀悼、团结、进取等价值的场合和活动。

这又涉及另外一个话题——作为修辞的仪式。在必要且可能的情况下，危机中的领导者和发言可以借由仪式召唤人们共同的情感体验，重构利益关系，重建社会信任。无论怎样定义仪式，它总是一个与符号、象征、神话和“前逻辑”相关的表达过程。所谓“前逻辑”，即超越逻辑、无须论证、不言自明的意义。从根本上讲，仪式最大的效用在其“转渡”：从当下转向历史，激活古老的信念；从当下转向未来，启示值得憧憬的明天。同时，

---

① 孙玉红、王永、周为民：《直面危机：世界经典案例剖析》，69页，北京，中信出版社，2004。

② ［美］鲁迪·朱利安尼：《领导：纽约市长朱利安尼自述》，4页，南京，译林出版社，2005。

仪式让人们从平庸、琐碎的日常生活中摆脱出来，获得勇气、力量和意义，并因此带来超越具体利益纷争的爱、宽容和团结。

如是而论，仪式乃是人们从不完美、不确定乃至破败的事实世界，转渡、超拔至价值世界的一条通路。在价值世界，道德、审美和信念之灯火长明不灭。

仪式乃是人们从不完美、不确定乃至破败的事实世界，转渡、超拔至价值世界的一条通路。在价值世界，道德、审美和信念之灯火长明不灭。

案例 8—2

“5·12”地震中的纪念仪式

2008 年 5 月 12 日，中国四川发生里氏 8.0 级大地震，69 227人遇难、17 923人失踪，紧急转移安置1 510万人。大地崩裂，举国震恸。在政府动员和民间自发行动下，全国举行了各种庄重的纪念仪式。

1. 官方仪式

哀悼日：中央政府宣布，2008 年 5 月 19～21 日三天为地震全国哀悼日。

降半旗：哀悼日期间，国旗降半旗。

全民默哀：全民默哀既是对死难者的悼念，也是对默哀者自身的公民教育——国民认同感教育、人道主义教育、爱国主义教育。

鸣笛、鸣响：在悲怆的轰鸣声中，人们进入仪式状态。

国家荣誉、英模报告会：抗灾结束后，向为抗灾做出突出贡献的集体和个人颁发国家级奖励，传播先进事迹。

博物馆：筹建“5·12”地震博物馆。

2. 民间仪式

网络公祭、网上纪念馆：5 月 19 日 14 时 28 分起，各大网站共同发起“汶川大地震遇难同胞网络公祭活动”，主要内容包括向遇难同胞敬献虚拟鲜花、给遇难同胞家属写信留言、倡议全国网民暂停娱乐活动一天等。

网友点击一度造成网络拥塞。截至当天17 时，各网站公祭专题访问量达 1 000 多万人次，献花和留言达 700 多万条。

蜡烛、灯火：全国数百万大学生为地震遇难者点燃蜡烛，放飞孔明灯，相约守夜。

绿丝带行动：全国传递绿丝带，号召人们加入抗震救灾志愿者行列：“绿丝带在行动，每个你都在抗灾最前线！”

【本章延伸阅读】

1. ［古希腊］亚里士多德. 修辞术、亚历山大修辞学、诗论. 北京：中国人民大学出版社，2003

2. ［荷］托伊恩·迪克. 作为话语的新闻. 北京：华夏出版社，2003

3. 赵启正．向世界说明中国——赵启正的演讲谈话录．北京：新世界出版

社，2005

【思考题】

1. 简述危机修辞的基本理念。
2. 简述危机新闻发布策划和组织的基本流程和主要步骤。
3. 简述危机发言人的基本素养和修辞策略。
4. 简述新闻叙事的基本结构。
5. 简述在危机中接受媒体采访的要点与技巧。
6. 简述在危机中写作新闻稿、声明、公开信等文本的原则和技巧。
7. 简述危机中组织领导者的修辞与形象塑造框架。

第九章 新媒体与危机传播

CHAPTER 9

在新媒体语境下，危机传播管理应当致力于培育合意空间，而未必是谋求所有人在所有议题上都达成共识。合意空间并不要求各方意见完全一致、各种欲望完美对接，它承认、容纳和珍惜意见的多样性，而不以众声喧哗为理由否认它的进步性和历史价值。

在20世纪90年代初，互联网基本上还是科学家和专业机构的实验品、大玩具；在2000年初，互联网为我们带来了某些工作便利和生活享受，它是好用好玩的新工具；进入新世纪的第二个十年，互联网已经变得和这个世界上的道路、水、电、空气一样重要，深刻改造了社会发展图景。互联网引发了宏大、普泛的变革，譬如通过突破时空边界加剧和拓展了全球化，通过制造观念、技术和社会关系上的更多不确定性助推和强化了风险社会。同时，互联网也在个体生活方式和生命价值层面实现了精细、纵深的“元创新”和“微变革”，并因此可能在最彻底的意义上影响政治、经济和文化的发展轨迹。

一个以互联网为标签、被互联网强势改造的人类生活场域正在形成。在这个场域中，互联网让每一个角落发生的危机都以最快的速度“公开上演”，它暴露危机、放大危机、制造危机，同时也蕴含着借由多元对话以克服危机、重构人类共同体的巨大潜能。

第一节　意见竞争

> 互联网让每一个角落发生的危机都以最快的速度“公开上演”，它暴露危机、放大危机、制造危机，同时也蕴含着借由多元对话以克服危机、重构人类共同体的巨大潜能。

变革在web1.0时代就已经发生，最直接的效应是信息爆炸。人们用无量无边的“海洋”来形容自己身处的信息世界，前所未有的信息接收便利和巨大的选择困境同时降临。在迅猛的聚变和裂变中，web2.0时代轰然而至。以Facebook、Twitter、微博、微信为代表的社会化媒体（social media，也称社交媒体）获得爆炸式增长，完全由精英和专业人员主导信息生产和传播的时代一去不复返，用户贡献内容成为新的潮流。

当普罗大众获得信息生产者和传播者的地位时，人类社会的信息传播秩序必然发生重大转变：一是在信息量上做“加法”，用户贡献扩充了信息海洋，加剧了信息飞沫化状态；二是对政治、财富、知识精英以及专业人员的传统表达优势和权力做“减法”，大众的崛起造成了传统精英在公共空间、舆论场域的“去中心化”，相对的“减法”使精英不再是真相和真理的绝对垄断者；三是信息飞沫化、去中心化形成了多元意见的激烈竞争，避免徒劳虚耗、分崩离析的众声喧哗，基于多样性寻求对话的可能性成为互联网时代的重要课题。

一、信息飞沫与去中心化

如前所述，精英和普罗大众基于web2.0平台生产了汪洋如海的信息。面向公共空间的信息传播，越来越像在大海中注入一滴水，若欲唤起人们的注意和关切可谓难矣。我们正在亲历这样的事实：所有消息都越来越不堪为值得关切的新闻，除非人神共愤的“坏消息”和人天欢喜的“好消息”——尤其是前者。信息量激增改变了传统的传受关系：在信息严重不对称的时代，听者要努力寻求、辨识言者的信息，而今，言者要在信息海洋中定位自由游弋的听者，并且要千呼万唤对方的注意。即使基于严密调查和精准定位，传者的信息也极易飞沫化，弥漫空中，瞬时消散。在很多情况下，传者的真实处境是：在亿万人中孤独地表演，除非太精彩或演砸了，一般情况下，少有人侧目。

在21世纪之初，新媒体所许下的最乐观的承诺，便是在生活世界、公共领域和国家系统提供“人人皆可发言”的机会。当互联网时代的大幕全面拉开，我们看到了如是承诺的另一面：一个“所有人对所有人说”的时代，大抵也是一个人人难得倾听的时代。舞台上的表演者想唱一首皆大欢喜的歌，讲一个喜闻乐见的故事，制造一场普天同庆、奔走相告的奇观，当真越来越难。舞台不再是唯一的中心，观众自导自演，哪里有奇观、故事和危机，哪里便是中心。

每一种技术都有自己的哲学。实际上，新媒体对于“人人皆可发言”的承诺有其技术支撑和技术哲学的指引：互联网在核心技术和元代码设计上所依循的原则正是开放、平等、交互和去中心化。亿万网民很快就产生了将这种技术民主挪用、复制到现实社会交往领域的冲动，渴望依循互联网上的技术和沟通原则重构现实社会关系。当人们可以在线上、线下自如地穿越，虚拟和现实的边界变得模糊时，虚拟空间便不再是现实空间的简单投射和延展，而是反过来按照乌托邦式的虚拟社会价值准则“格式化”现实社会。

在后现代主义者看来，去中心与反权威、反宰制、反秩序、反大一统一样，乃是对现代性的一种反抗和解放。现代性抱持由低级到高级、由简单到复杂、由落后到发达的线性进步观，强调中心、权威、秩序，希望通过统一的规治、稳定的结构实现因果明晰的宏大叙事。新媒体加剧了去中心化趋势，使现代性与后现代性之间的转渡和互动变得更加复杂。这种趋势动摇了现代性所设计的结构和秩序，使一些尚处于现代化进程之中的国家和社会受到严重冲击，譬如2010年发生的“阿拉伯之春”等民众运动和社会革命。

同时，去中心未必自然而然地形成理性、建设性的多中心。按照后现代主义者的预期，去中心将带来多元化、多样性，个性得到舒展和张扬，人成为自己命运的主人。然而，自从20世纪六七十年代西方先于中国等后发展国家进入后现代社会（或呈现后现代性特征）以来，泛化的去中心似乎并未带来“美丽新世界”。后现代主义者强调“反～”、“去～”的解放叙事，“玩弄碎片就是后现代主义”，并因此滑入了虚无主义。后现代性的解放运动未必带来自由自在，而往往陷入无依无靠；去中心之后未必走向多中心，而可能遭遇碎片化、无中心的风险和灾难。

> 狂飙突进的新媒体既加剧了现代性的秩序危机——将现代社会推向局部失序乃至整体无序，也放大了后现代性的碎片化、无中心和虚无主义困境。

显而易见，狂飙突进的新媒体既加剧了现代性的秩序危机——将现代社会推向局部失序乃至整体无序，也放大了后现代性的碎片化、无中心和虚无主义困境。在新媒体的冲击下，现代性的结构、规治和秩序遭到批判、戏谑。伴随市场经济、消费文化和全球化兴起的后现代主义同样危机重重，获得了话语权的个体要么被淹没在众声喧哗之中，要么依旧“一个人孤独地打保龄球”。在怀疑一切、反对一切，不满和不信任肆意蔓延后，人们一时获得了批判的快感和幸福感，却承受着碎片化、虚无主义和不确定性所带来的长久孤独、焦虑和倦怠。

案例 9—1

“我爸是李刚”事件

2010年10月16日晚，一辆黑色轿车在河北大学校区内撞倒两名女生，致一死一伤。司机不但没有停车，反而继续到校内宿舍楼接女友，后被学生和保安拦下。据称，有现场目击者说，肇事司机态度冷漠且嚣张，高喊“我爸是李刚！”后经证实，司机李某的父亲李刚是保定市某公安分局副局长。

事发当晚，在人人网、天涯、豆瓣、猫扑等各大知名论坛上，陆续出现了有关“两女大学生河大校园内被车撞飞，肇事司机无悔意口出狂言”等帖子和照片，这些帖子随后被火速分享和转发。

10月17日凌晨4时左右，猫扑网最先发起了“我爸是李刚造句大赛”。仅一天，该帖点击量就达143万次，此后更是几何级增长。“我爸是李刚”很快成为最火的流行语，如“人生得意须尽欢，因为我爸是李刚”、“人间正道是沧桑，我的爸爸是李刚”。这些话也在一定程度上使“官二代”的形象被定格。

网友强烈要求李刚站出来公开道歉。10月21日下午，李刚接受中央电视台采访，向受害人、家属和公众道歉，并深深鞠躬。采访中李刚多次哽咽，不能自已。但是，网友完全不买账。舆论如洪水一般一浪高过一浪，很多网友开始人肉搜索李刚的家庭住址、家世背景。网上造谣说李刚的岳父是省级领导，后虽被证实为谣言，但仍有人信以为真，或“不可不信”。

在整个事件中，人们几乎忘记了真正的肇事者的名字，对死伤者也未给予足够的关切和同情。

二、话语权再分配

在新媒体和去中心化浪潮的冲击下，传统上由精英主导、定于一尊的信息传播格局必将遭遇重组、震荡乃至倾覆。尽管政治、商业和知识精英仍然掌握着占优势的传播资源，而信息由不对称转向相对均衡、价值由一元转向多元的变局乃是浩浩荡荡的天下大势。在变局中，公共空间和舆论场域的话语权将实现再分配。而当话语权得以重新分配，普罗大众就会产生再分配政治、经济和文化等各种现实权力的强烈愿望和意志。

话语最初是一个语言学概念，是指“语言应用之功能的对应物”，静态的对应物即词汇、句子或文章，动态的对应物即语言应用之实践和行为。正如符号学家托多罗夫所说，“语言根据词汇和语法规则产生句子，但句子只是话语活动的起点，这些句子彼此配合，并在一定的社会文化环境里被陈述。它们彼此变成言语事实，而语言变成话语”①。20世纪20年代，葛兰西（Antonio Gramsci）提出了“文化领导权”问题，他意识到工农在夺取政治和经济统治权之前，尚应完成一场知识、文化和道德的革命，武力之外还要付出“说服”和“认同”上的努力，亦即借由话语构建统治的“合法性”。

及至20世纪70年代，福柯（Michel Foucault）进一步探讨了话语和权力的关系问题，明确提出了“话语权”概念。在他看来，话语并非一个名词或一个范畴，而是在“言语”和“语言”之外相对独立的第三者。“人类的一切知识都是通过话语而获得的。任何脱离话语的事物都不存在，人与世界的关系是一种话语关系。”② 话语承载着意义，“而对意义的阐释牵涉到冲突和权力”③。社会学家布迪厄（Pierre Bourdieu）也指出，话语“并非单纯的‘能说’，更意味着有权利说，即有权利通过语言来运用自己的权力”④。

在传统时代，话语权的行使通常有两种形式，一是政治权力所赋予的“天然正当”的话语权，即自上而下的官方话语体系；二是公众通过游行、示威、抗议、集会等形式行使话语权，即自下而上的非官方话语体系，或曰公民话语体系。两种话语体系相互博弈，构

---

① ［法］托多罗夫：《巴赫金，对话理论及其他》，17页，天津，百花文艺出版社，2001。
② 王治河：《福柯》，159页，长沙，湖南教育出版社，1999。
③ 林莺：《话语权成因之哲学反思》，载《中州学刊》，2008（6）。
④ 转引自杨善华：《当代社会学理论》，76页，北京，北京大学出版社，1999。

筑了彼此冲撞、交错的“双重话语空间”。[1] 报刊、广播、电视等传统媒体一直宣称或追求“第三方话语”立场，但事实上，它们不可避免地成为某一方的拥护者和传播管道。更进一步，官方话语体系显然对传统媒体的影响、引导和控制能力更为强大，普罗大众特别是其中的弱势群体往往几无可能获得对等媒体话语权，也缺少充分的公共表达训练。

新媒体的出现显著地改变了这一状况。一方面，官方话语权、传统媒体话语权不断受到挑战和威胁；另一方面，公众以数量优势和道德优势——动辄成百上千万网民以“人民”的名义对官、商、知识分子和其他传统权威进行全景围观和舆论审判。“历史上从未有哪一个时代，如今天这样，能让普通个体拥有如此之大的话语权。”[2] 类似的看法已然成为共识和现实，“传统意义上的受众如边缘弱势群体、NGO组织、民间压力团体，凭借新媒体获得话语权，形成了多级化的传播格局，原来处于绝对‘支配’地位的政府从‘单级’转化为‘多级’”[3]。

> 当公众本应拥有、已经拥有的话语权遭到排拒或压制，社会危机便不再是单纯的是非、得失、进退问题，而是直接消解统治精英的合法性。

当新媒体建立了社会对话机制，并赋予公众充分的话语权时，一项根本性变革便悄然发生：凡是未经公共讨论的议题、决策都可能被认为是可疑的。推而广之，凡由一元话语建构的合法性也会遭到挑战。话语权再分配所带来的危机，从根本上讲是统治精英的合法性危机。譬如，以今日之信息发达程度和教育水平计，公众了解“PX项目”对于国计（产业转型和升级）民生（增加收入和就业）的重要性并不困难，却仍然起而抗争，那么反对的根本理由就只能是项目的合法性问题。这样一个关乎人们切身利益、安全和尊严的重大决策，未经公共讨论、协商就已决定上马，显然存在合法性不足问题。换言之，项目的实用性（产业、就业）固然是重要的，而更重要的是决策在公众那里是否拥有合法性。一些政府部门和企业未能绕出如是认知和权力上的迷障，反反复复地强调产能、利税、就业等实用性，而忽略了自己乃是在合法性缺失的前提下采取了行动。

当公众本应拥有、已经拥有的话语权遭到排拒或压制，社会危机便不再是单纯的是非、得失、进退问题，而是直接消解统治精英的合法性。这也在一定意义上解释了为什么在一些危机事件中，当事主体虽然做到了是非分明、得失有度、进退合理，而公共舆论仍然不依不饶、无休无止地纠缠——人们渴望当事主体针对合法性问题而不只是事实本身做出有效辩护。合法性危机还有一些极端表现，比如人们“为反对而反对”，乃至完全不顾事实、不惜造谣、不计法度。

这并不奇怪，所谓合法性危机，实质上是对当事主体的核心价值、存在理由和权力正当性的根本性挑战和颠覆。当下的问题是，政府、企业和公众都远未做到善用新媒体。政府、企业尚未习惯去中心化、话语权再分配所带来的权力关系转换，一旦合法性遭到冒

---

① 参见何舟、陈先虹：《双重话语空间：公共危机传播中的中国官方与非官方话语互动模式研究》，载《国际新闻界》，2010（8）。

② 《聚焦网络舆论生态系列访谈》，载《人民日报》，2011-10-25。

③ 史安斌：《危机传播研究的“西方范式”及其在中国语境下的“本土化”问题》，载《国际新闻界》，2008（6）。

犯，有时会退守、遮蔽，有时还会报复式地还击；公众一时也谈不上善用技术可能性和话语权，而是动辄狂怒或狂欢。

三、意见竞争与合意空间

与信息飞沫化、去中心化、话语权再分配相伴而生的是意见竞争。多元社会主体之间的复杂博弈原本被时空边界所遮蔽，或被权力之幕所覆盖。新媒体逐渐突破时空阻隔、揭开权力之幕，多元意见的竞争和交锋越来越公开地呈现在前台。精英与大众之间，代表不同利益的精英之间，大众的不同社群、个体之间，每一方都获得了发声的机会，意见竞争成为这个时代最盛大的景观。我们的观点是，意见竞争既是问题，也包含着解决问题的答案。

如今，在几乎所有公共议题上，人们都会表达多样的意见。意见的多样化无疑是了不起的历史进步，但是其进步性最终要体现在社会各方就如何达成共识而确立的科学和民主原则上，否则众声喧哗本身并不值得追求。意见竞争的价值在于促进科学决策和民主协商，一旦背离“赛先生”和“德先生”，公共舆论就会沦为非理性狂欢和“多数人暴政”的场域。近年一些公共事件表明，非理性的众声喧哗可能导致失范失序、虚耗无功的舆论混战，导致“无责旁观”、“绑架司法”或“反对一切”的畸形社会性格。在很多情况下，人们卷入意见竞争的情绪化旋涡而浑然不觉，滥用了技术和社会进步提供的话语平台，错失了解释和解决问题的关键机遇。在这个意义上，意见竞争是新媒体带给我们的大麻烦、大问题。

> 意见的多样化无疑是了不起的历史进步，但是其进步性最终要体现在社会各方就如何达成共识而确立的科学和民主原则上，否则众声喧哗本身并不值得追求。

然而，政府、企业以及每一个社会成员皆应习惯意见的多样性，习惯自我意见、反对意见和边缘意见之间的竞争，习惯在对话和辩论中成就自身的合法性。尽管意见竞争可能一时造成社会失序，却在战略上有助于长治久安，有助于群策群力、平稳通过共同体发展中一些复杂、艰险的历史关隘。因此，对待意见多样性的正确态度，乃是让意见更充分、更合理地竞争，而非取消意见的多样性。充分、合理的意见竞争正是走向信任、共识和认同的通途。在这一意义上，意见竞争本身就是解决新媒体时代信任、认同与合法性危机的钥匙。

与之相应，危机传播管理的重点亦非打压、取消意见的多样性，而是基于多样性寻求对话的可能性。对当事主体而言，要承认和顺应意见多样性时代的到来，将众声喧哗转化为理性对话，以发现、确立和巩固不同利益相关者之间的底线性共识。如是，当事主体应放弃简单、粗暴对待舆论的观念和做法，特别是取消、剪除意见多样性等不切实际的努力，以及屏蔽、封杀所有负面意见的“舆论洁癖”；相反，要把精力、资源和智慧投入到构建多元化时代的对话体系

> 充分、合理的意见竞争正是走向信任、共识和认同的通途。在这一意义上，意见竞争本身就是解决新媒体时代信任、认同与合法性危机的钥匙。

上来。

需要强调的是，对话并不许诺人们在所有议题上都找到确凿的证据和有效的答案，但是它至少具备如下三重价值：

一是选择对话意味着放弃对抗。这不仅是一个策略选择问题，而且意味着端正有方的价值观。

二是对话的目的在于让多样的意见进行比较、协商、融合，以实现新的创造和超越。此中也会给“有害的观点”提供表达的机会，这固然值得警惕，却不必恐惧。现代政治、商业、文化合法性的一个重要来源乃是程序理性，或曰程序正义——在对话中，正确的观点说服、化解有害的观点。否则，有害的观点即使暂时被压制下去也会“春风吹又生”，正确观点的正当性也会遭到怀疑。

三是对话的不对抗观念、不压制原则，意味着培育不同社会主体之间的合意空间。合意空间是以各方意见的最大公约数为基石砌造的，边界之外乃是法律和暴力机器的治域，边界之内则多样共生、彼此依存。

> 一旦开阔的合意空间得以建立，人们就获得了有关如何讨论公共议题、如何实现共同利益、如何创造公共福祉的底线性共识。

在新媒体语境下，危机传播管理应当致力于培育合意空间，而未必是谋求所有人在所有议题上都达成共识。合意空间并不要求各方意见完全一致，各种欲望完美对接，它承认、容纳和珍惜意见的多样性，而不以众声喧哗为理由否认它的进步性和历史价值。一旦开阔的合意空间得以建立，人们就获得了有关如何讨论公共议题、如何实现共同利益、如何创造公共福祉的底线性共识。这些共识至少包括如下范畴：以对话的方式解决问题，人们能够获知充分真相，在利益上互蒙其惠，在价值层面彼此信任，共享意义。如是，我们又重返了本书的主线——对话范式与“事实—价值”模型。

第二节　关系管理

第一节探讨了新媒体带来的信息增量和权力关系变革问题，如是变革主要表现为信息飞沫化、去中心化、话语权再分配、合法性危机和意见竞争等方面。在此基础上，本节重点分析新媒体信息传播与社会行动之间的如下几个问题：社会关系重构、意见领袖动员、从表达到行动的转换机制。

一、信息流与关系网

自2010年前后社会化媒体兴起以来，全球信息传播技术革命又进入了一个新阶段：互联网的核心价值由海量信息生产、沟通社会成员转向重构社会关系、组织社会成员。在此背景下，危机传播管理的功能定位要从单一的信息管理过渡为信息管理与关系管理并重。信息管理以信息的生产、加工和传播为核心任务，关系管理则围绕关系的建立、维护和改善展开工作。

> 互联网的核心价值由海量信息生产、沟通社会成员，转向重构社会关系、组织社会成员。在此背景下，危机传播管理的功能定位要从单一的信息管理过渡为信息管理与关系管理并重。

在本书第二章，我们引入了传播学中的“信息流”概念，并据此提出了危机传播管理的“3F”假设和如下两个基本结论：信息流——信息由传者经由特定渠道流向受者——是传播实践的基本过程，也是传播学研究的主要内容；所谓传播管理，实际上就是传播主体对信息流进行设计、干预和控制的过程。这样的理解在新媒体时代已经变得片面和表面，前述之信息飞沫化、权力去中心化、话语权再分配、意见竞争等现象使信息流的干预和控制变得十分困难。在新媒体语境下，信息流得以存在和流通的前提是，传者与受者之间已然建立或可以建立开放、平等的对话关系。

在古代社会，信息传播的速度与传者行走的速度是同步的，传者的社会关系半径决定了信息传播的范围——关系承载或决定信息；近代报刊出现之后，信息传播加速至与汽轮、火车同步，及至电报、广播和电视普及，交通和通信开始分离，信息传播再次加速，但传者与受者的关系开始走向疏离和断裂；新媒体特别是微博等社会化媒体的发展则在促进信息提速的同时，推动传者与受者之间旧关系的复合与新关系的建立。以微博为例，在信息层面，微博对人际传播、群体传播和大众传播进行了前所未有的整合，它所主导的是一种融合性的信息流；而在关系层面，微博博主和“粉丝”之间则生成了一种典型的关系共同体。

在这两个层面的互动中，如果把信息传递比喻为流水，那么微博所构建的社会关系即为流水的管道网络。这昭示了一个新趋势：没关系，没传播。换言之，如果不建立、维护有效互动的关系网络，信息流动便失去了通畅的管道，很难到达终端并形成回流。更形象的说法是，如果传者未能将信息纳入特定的关系网络，信息也就成了泼在自己脚下的废水。

这并不是说信息流完全被动地依附于关系网——它自然也在介入和构建关系网，而是强调在二者关系中，关系网具有基础性、优先性地位。事实上，这种基础性和优先性地位在新媒体时代的公共讨论和社会对话中已经全面显现。如前所述，新媒体带来的真正变革不是信息量的激增，而在于旧关系的复活和新关系的创造。关系不仅承载信息，而且往往决定着信息的内容和样态。也正因为如此，我们在提出信息流、影响流和噪音流“3F”（flow）假设的同时，也提出了基于关系共同体考量的信息共同体、利益共同体和价值共同体“3C”（community）假设。

> 没关系，没传播。新媒体带来的真正变革不是信息量的激增，而在于旧关系的复活和新关系的创造。关系不仅承载信息，而且往往决定着信息的内容和样态。

在危机中，缺少与利益相关者的关系网络建设，传播就会沦为听众缺席的独白。人们往往还对关系网或曰共同体之外的表达者抱有敌意，要么忽略、无视其表达，要么在特定议题上戏谑、消解其话语体系。举例而言，有些政府部门、企事业单位由于平时未能进入微博等社会化媒体“编织”的社会网络，所以经常被排除在微博议程之外，每逢“雷人事件”、公共危机爆发，就可能遭遇狂欢式的戏谑。

在新媒体时代，话语权理应是一种双向建构的权力机制。当某一社会主体宣称自己拥有话语权时，就意味着该主体应与利益相关者共享一套话语体系、共处同一意义空间，建立和维护共同体关系网络。否则，表达的调门再高，亦不过是众声喧哗下的自说自话，倾听尚且谈不上，遑论话语权。就此而言，危机管理者的主体地位和话语权，成就于自我与利益相关者之间开放、平等、互惠关系的建立，而不是对自我利益的单边辩护。大量失败的危机管理案例都证明了这一点：有些危机管理者在已经伤害、切断自己与利益相关者关系的情况下，仍过度纠缠于信息内容的是与非——譬如规章、技术、数字等。以医患关系为例，有的医生在冒犯了患者的情感、面子、尊严后，还试图围绕医学常识、医院规定与患者争论，最终导致矛盾加剧。

从信息流到关系网的转换和拓展，直接挑战了单向灌输的宣传，并呼唤着对话时代的到来。宣传的价值在于高效地将信息传播给尽可能多的陌生人，而新媒体则召唤多元社会主体真实、立体、人格化地相遇，展开双向、平等的对话。公众不再是抽象的“他们”，不再是李普曼所说的无面孔的“幻影”，而是逐渐成长为公共讨论和社会行动的主体。

危机管理者的主体地位和话语权，成就于自我与利益相关者之间开放、平等、互惠关系的建立，而不是对自我利益的单边辩护。

二、意见领袖与社会动员

当网民规模达到数亿时，其中必然涌现数万、数十万乃至更多意见领袖，而他们每一个人又都可能拥有数十万、上百万、过千万“粉丝”——远远超过一般报纸的发行量。传统时代自然也存在意见领袖，只是他们受限于传播资源，即使一个著名学者也难以时时处处表达自己的意见。而今以新媒体为平台，意见领袖在公共讨论和社会关系网络中占据了节点位置，扮演着信息中转站、意见放大器、情绪渲染者和社会行动组织者的角色。他们“常作为消息源或者是公众事件的发起者，一呼百应地引导舆论、发起活动”①。

在官民之间、企业与消费者之间，一个活跃的意见领袖群体正在形成和“上升”，这是新媒体带来的社会结构上的一个重要变革。Twitter出现不久，美国两万名“精英”用户就以不到用户总量0.05%的比例吸引了差不多50%用户的注意力。中国的微博也出现了类似情况，据统计，80%的微博内容由不足用户总量1%的意见领袖级别的活跃用户所贡献。② 人民网对此评论说：“‘意见领袖’群体的异军突起，改变了过去由政府和官方媒体主导新闻宣传和社会舆论的格局。随着市场经济的发展，中国社会逐渐分化为不同的利益群体，利益表达和博弈走向透明化和规则化。”③

① 庄园、麻皓博：《微博视阈下意见领袖概念的变迁》，载《新闻传播》，2013（1）。

② 数据引自人民网舆情监测室：《人民网评：对话“意见领袖”》，2011-07-13。

③ 人民网舆情监测室：《人民网评：对话“意见领袖”》，2011-07-13。

> 危机管理者要善用而非滥用意见领袖。善用即借助意见领袖的客观、专业和权威身份，引导公共讨论走出简单、粗暴的情绪冲撞和道德审判，走向理性、建设性的对话和协商。

显然，意见领袖为危机中的利益表达和博弈同时带来了挑战和机遇：他们的一条言论可能引爆一个社会话题、点燃一种社会情绪、发动一起公共事件；而危机管理者若能与意见领袖进行有效沟通，他们亦可引导危机舆论良性发展。当然，危机管理者要善用而非滥用意见领袖。滥用即寻租、收买意见领袖，利用其社会影响力文过饰非、欺哄公众；善用即借助意见领袖的客观、专业和权威身份，引导公共讨论走出简单、粗暴的情绪冲撞和道德审判，走向理性、建设性的对话和协商。实际上，一些机构雇用意见领袖一边倒地为自己说好话，非但不能缓解危机，反而尽失公信力。意见领袖一旦偏离第三方位置，公众就会自动取消其领袖资格。

事实上，大众不可避免地投入领袖的怀抱。勒庞、塔尔德（Gabriel Tarde）和特洛特（Wilfred Trotter）等一批欧洲社会心理学者在19世纪末20世纪初提出，大众必然伴随工业生产和商业消费而觉醒和崛起。“现代科学和工业的各种发现，创造了一种全新的生存和思想条件……我们要进入的时代，千真万确将是一个群体的时代。”① 这些学者承认群体的力量，承认大众创造历史的可能性，但是对群体的低劣心智和破坏冲动心怀忧惧。譬如，群体往往偏执、狂躁、不负责任，有时激进介入，有时无责旁观。他们断言，群体并不需要理性、逻辑、复杂的理想和行动方案，他们只需要简单、有力、便于重复、感染和暗示的口号和信条。当然，他们还需要领袖。

新媒体在更广泛的意义上促进了大众社会的发展，并造就了活跃在大众之中的意见领袖。加之前述的政治权力、商业权力的去中心化，传统权威公信力衰微，于互联网空间自主成长起来的意见领袖便成为影响公共议程的重要社会角色。同时，面对越来越复杂的社会问题，获得了话语权的大众急于行动，却经常找不到方向和方法。在传统权威失语或不可信、真相不明、歧路纷然的情况下，人们更愿意相信自己选择的意见领袖。“公众中的既相当有见地又愿意出头表达意见之人，他们的意见假如符合众人之意，那么一俟表达即获公众应和并产生连锁反应。而倘若没有意见领袖出来表达意见，舆论就只能是众声一片喧哗。”②

不过一念之间，意见领袖就可以充当危机的催化剂，亦可成为共同体的黏合剂。合格的意见领袖应当忠实于自己的立场，关切公众的呼声，也会倾听危机当事主体的解释，致力于促进利益各方的对话、共识和信任。具体言之，意见领袖在危机情境下扮演着三重角色：

一是表达者，即意见领袖和其他所有介入公共讨论的社会主体一样，基于自身的事实判断、价值立场和专业能力参与意见竞争。

二是代言者，即扮演社会良知的守望者、辩护者角色，代表公共利益、大多数人、弱

---

① ［法］乌斯塔夫·勒庞：《乌合之众：大众心理研究》，6页，北京，中央编译出版社，2000。

② 丁柏铨：《新媒体语境中重大公共危机事件舆论触发研究》，载《新闻大学》，2012（4）。

势群体发声；在必要的情况下，尚可发起改善公共福祉的社会运动。

三是居间者，即在公共讨论中发挥主持人、协调者角色，对公共讨论的目标、程序、秩序和伦理负责，确保意见竞争在理性、建设性的轨迹上推进。“意见领袖在很大程度上决定着中国互联网的论辩伦理和交往伦理，尤其是在网上可否推行有效的对话。”①

> 一念之间，意见领袖就可以充当危机的催化剂，亦可成为共同体的黏合剂。合格的意见领袖应当忠实于自己的立场，关切公众的呼声，也会倾听危机当事主体的解释，致力于促进利益各方的对话、共识和信任。

如是三重角色要求意见领袖不可滥用影响力，不可辜负社会期待，在成就个体价值的同时更应增益公共之善。用伯内斯的话来说，舆论精英和意见领袖要做“安抚和铸造大众意志，并且为一个因科技发展而失去控制、旧秩序亦随之瓦解的世界重构意义的专业人士”②。

案例 9—2

2010年南京“梧桐树事件”

从20世纪20年代起，南京市开始广种梧桐，梧桐被视作南京的“城市名片”。2010年，为建设南京地铁3号线、10号线，南京市政府决定将主城区部分梧桐树移栽。当年3月，3号线动工之后，沿线49株梧桐树被砍去枝干，移植到某苗圃。按照市政府计划，随后还将有至少600棵梧桐树被移走。

在发现梧桐遭到砍伐后，有网友将相关消息发至微博，并配有砍伐梧桐树前后的马路对比照片。越来越多的南京市民开始在网上关注此事：“你不是一棵梧桐树，你和我们一样，是个南京人”；“对于中国来说，国之命在人心；对南京来说，城之魂在梧桐”；“料得年年肠断处，金陵城，梧桐殇”。③随着江苏卫视著名主持人孟非、著名电影导演陆川等意见领袖的加入，“拯救南京梧桐树”活动的线上参与者很快过万。

3月14日，在民间环保组织“南京绿石”的号召下，南京市民走上街头，在梧桐树上系上了“绿丝带”，号召市民“找一棵喜欢的树，看护它，照顾它”。“绿丝带行动”再次引爆舆论，并将“拯救南京梧桐树”从线上议题转化为线下活动。

3月16日晚，拥有上百万粉丝的足球评论员黄健翔在微博上说：“除了一遍一遍地在微博里说话，我确实也做不了别的什么。所以，我就不停地说。……离开南京25年了，但是，那里依然是我的故乡，梧桐树是故乡不可或缺的美丽元素。”自此，南京梧桐树事件变成全国性公共事件。

3月19日下午，上千南京市民在南京图书馆前集会抗议政府砍伐、移栽梧桐树，“抗议人群与事先来到现场的警察并未发生大的冲突”。3月20日，南京市副市长陆冰称，地铁三号线的移树工作已全面停止，政府将公开征集民意，以进一步优化地铁建设方案。南京梧桐树风波就此平息。

---

① 胡泳：《我们需要什么样的网络意见领袖》，载《新闻记者》，2012（9）。

② Larry，Tye，*The Father of Spin*：*Edward L. Bernays& The Birth of Public Relations*，NY，Crown PublishersInc.，1998，p. 244.

③ 参见《南京梧桐》，载《新京报》，2011-03-18。

三、从表达到行动

在新世纪开元十年，新媒体促进了话语解放，推动普罗大众由沉默的“受话者”转变为围观者、议论者，并形成了游离于官方语文的民间语文，构造了与传统媒体舆论场相映照的新媒体舆论场。而在被称为“微博元年”的2010年之后，社会化媒体消解了虚拟空间和现实社会之间的二元对立，大众成为穿梭于虚拟和现实之间的行动者。这在“阿拉伯之春”、“莫斯科之冬”、伦敦街头骚乱、“占领华尔街”等国外抗争和革命运动中被反复印证，也在“免费的午餐”、“乌坎事件”、“PM2.5数据公开”、全国多地“反对PX项目”等国内公民运动中得以充分体现。

从话语解放到行动解放，意味着“人人皆可发言”正在升级为“人人皆可行动”。大众何以由“喧哗”的表达者转变为积极、彪悍的行动者？这一变化可以从两个方面做出解释：社会化媒体打通了虚拟空间与现实空间的边界，将线上表达与线下行动联结为一体；社会化媒体统合了“纵向尽知”和“横向共知”，为共同行动提供了技术便利。这两个方面分说如次：

第一，虚拟空间与现实空间融合。这一过程主要包括三个环节：首先，人们在社会化媒体平台上分享信息、交换意见，围绕共同关心的议题形成公共讨论和无所不在的“全景式围观”——大众尚为表达者；其次，因该议题而汇聚在一起的人们通过社会化媒体建立或重构真实的社会关系，虚拟空间的交往被转移到现实社会，从而消解了虚拟和现实之间的隔阂与对立；最后，一旦该议题高度关涉切身利益和公共福祉，业已缔结为关系共同体的大众就可能采取积极行动——大众成为行动者。近年发生的“大连PX项目事件”、“江苏启东事件”、“宁波镇海事件”、“微博打拐”等公共事件都呈现了这种“分享信息——缔结关系——发起行动”的公共传播和社会参与图景。

第二，纵向尽知与横向共知融合。社会化媒体缩减、填充了表达和行动之间的鸿沟，为言说转化为行动提供了巨大的技术便利和极低的社会成本。一般来说，大众自发采取共同行动需要满足一个前提，即对行动的目标和内容有共同认知。而共同认知又往往需要一纵一横两个传播过程来实现：

一是纵向传播，即信息从传者发出，通过特定媒介纵向传递给目标受众。这一过程追求“纵向尽知”，接收到信息的目标公众越多越好，目标公众对信息的了解、理解越充分越好。以传播效果论，纵向尽知其实是中间或曰过程效果，而非最终效果。因为它只实现了人们分别知道同一信息，即“我知道”但并不确信“你知道”、“他知道”，而共同行动则要仰仗“我知道你也知道，你知道他也知道，我们都知道对方知道”。

二是横向传播，即目标公众在各自获得传者的信息后，还能够在彼此之间横向交流、分享这些信息。通过这一过程中，信息在目标公众中平行流通，彼此确认对方也知道相同信息，以达成“横向共知”。当“人所共知”得以确认，人们就不再是孤立、分散、弱小的原子，共同行动的种子就会发出萌芽。从来没有一个时代像今天这样，大众可以如此便利地横向联系，彼此对话，相约行动。

在大数情况下，传统媒体只能实现“纵向尽知”，报刊、广播、电视皆缺少在公众中横向打通信息壁垒、建立平行关系网络的机制和能力。社会化媒体则融合了一纵一横两个传播过程，为在短暂时间、广阔空间内实现共同认知、激发共同行动提供了最大化的技术便利。当每个人都确认所有人共知同一信息，个体层面的卑微、焦虑和无力感就会在一定程度上消退，群体的自信、勇气和理想将得以伸张。如是，"说说而已"将在特定条件——譬如意见领袖的组织和动员——的刺激下转化为"起而行之"。人们"摆脱了当前交易代价相对高昂的公共参与，而可以快捷方便地拥有强大的信息传播力、活动号召力、政治运作力"①。

> 当每个人都确认所有人共知同一信息，个体层面的卑微、焦虑和无力感就会在一定程度上消退，群体的自信、勇气和理想将得以伸张。

统观本节内容，我们可以得出如下结论：新媒体在传统媒体之外为大众提供了崭新的表达平台，人人皆是表达者，个体之间可以迅速形成信息共同体；微博、微信等社会化媒体不仅通过传递信息联结大众，而且围绕特定议题建立或重构大众之间的社会关系，使之成为临时或稳定的利益共同体；当分散的个体汇入信息共同体和利益共同体时，线上的表达和线下的行动就会形成彼此呼应和协同促进之势。及至特定行动的目标和内容达到了纵向尽知和横向共知，大众便可能在现实空间发起共同行动。此间，意见领袖在传播信息、凝聚共识、动员大众上扮演着重要而敏感的角色。

以下导入2013年美国波士顿爆炸案中的公民互救案例，说明新媒体沟通、组织社会行动的情况。

案例9—3

"波士顿爆炸案"的公民行动

2013年4月15日下午3时许，正在进行中的美国波士顿马拉松比赛终点线附近突发两起炸弹爆炸，造成至少3人死亡，176人受伤。有媒体称这是美国本土在"9·11"事件后遭受的最严重的袭击。面对突如其来的灾难，波士顿并未陷入恐慌和混乱。

在爆炸案发生后，波士顿环球报网站第一个宣布暂停新闻阅读收费，向非订阅用户全面开放。《纽约时报》、《华尔街日报》等媒体也在Twitter上表示，有关波士顿的新闻免费。

《波士顿邮报》迅速在Google上发起了"I have a place to offer"（我可以为你提供住所）的志愿签名活动，近万当地人留下了自己的电话、地址和邮箱，为滞留在波士顿的马拉松选手们提供食物、住宿。

随后，Google为波士顿爆炸案特别推出寻人搜索服务（Google Person Finder: Boston Marathon Explosions），为用户提供具体人和具体位置的搜索服务。

美国红十字会网站迅速开设了专门入口，受爆炸影响的人们可以在网站上登记、说明自己的当前状态，使其亲人可以通过访问网站查询家人情况。

在新媒体的充分报道和有效动员下，有不少波士顿居民赶往事发地点为惊恐的参

---

① 王文：《微博时代，主流意识形态要有所作为》，载《求是》，2011（12）。

赛者提供帮助。更多人直接在 Twitter 上加注标签（#bostonhelp 或 #bostonmarathon），发布自己愿意提供帮助的内容。

有牧师拿着《圣经》走上街头，为需要的人祈福。NGO“光之旅”在建筑上用灯光打出了“和平与爱”，“并非只有悲剧才能让我们走到一起”，“黑暗不能驱赶黑暗，只有光明可以”。

第三节 价值排序

本节基于前二节对新媒体语境下传播与权力、信息与关系、表达与行动诸问题的考察，探讨新媒体如何构建危机叙事，如何设定危机管理者的价值排序，以及如何确立对话和协商理性。

一、二元对立与标准叙事

叙事是“人们将各种经验组织成为有现实意义的事件的基本方式”，它“既是一种推理模式，也是一种表达模式。人们可以通过叙事‘理解’世界，也可以通过叙事‘讲述’世界”①。前苏联学者普洛普（Vladimir Propp）认为叙事主要包括两个方面：一是事件、素材，也就是故事；二是组织这些事件、素材的方式，也就是情节。② 前者是由后者决定的，而后者一般拥有相对稳定的结构，普洛普将之定义为“路径”。

随后，法国语言学家格雷马斯（Algirdas Julien Greimas）将结构主义的二元对立思想引入叙事研究。他认为人类思维的基本方式就是二元对立，“世界”在根本上是以二元对立的方式被人类建构起来的。与之相应，作为人类对世界的讲述和理解，叙事在结构上也大抵是二元对立的。所谓二元对立或二分法，即人类认知和建构世界的各种矛盾和依存关系，譬如因果、得失、成败、兴衰、善恶、正邪、美丑、强弱、贫富、贵贱、新旧、疑解、希望与绝望、理性与感性、事实与价值，凡此种种。

> 故事中承载着人们最看重的一些是非观念、道德主张和价值尺度，正是它们之中的那些正向范畴——真、善、美等，构成了社会生活的基本规范，形塑了心灵上的“底层秩序”。

每一个历史悠久的民族都至少拥有成百上千个神话、传说、寓言和民间故事，现代社会更是生产了不计其数的电影、小说、电视剧。然而正如很多叙事研究者指出的那样，从结构和路径上看，所有这些叙事文本其实都是大抵接近且相对稳定的。成百上千乃至更多的叙事版本，不过是由若干固定基模锻造和衍生出来的。标准叙事结构主要包括如下要素：

第一，故事中承载着人们最看重的一些是非观念、道德主张和价值尺度，诸如经事之对错、理据之真伪、利益之公私、审美之雅俗、品性之善恶、信仰之忠诚与背叛等。正是它们之中的那些正向

① ［美］阿瑟·阿萨·伯杰：《通俗文化、媒介和日常生活中的叙事》，11 页，南京，南京大学出版社，2000。

② 参见肖锦龙：《语言的陷阱——试论西方的符号叙事学理论及思想范式》，载《文艺理论研究》，2005（1）。

范畴——真、善、美等，构成了社会生活的基本规范，形塑了心灵上的“底层秩序”。也正因为如此，有的标准或曰经典叙事乃是族群集体记忆、认同和合法性的来源，当这些叙事遭到质疑和瓦解时，族群的团结和合法性便难以维系。

第二，在讲述路径上，前述观念、主张和尺度乃是以二元对立的方式得以呈现的，代表和实践它们的行动主体也是二元对立的——君子与小人、弱者与强者、穷人与富人、平民与贵族、王子与灰姑娘、公主与布衣书生、“富二代”与“草根”，以及信任缺失情况下的官与民、商与民、医与患等。如是，标准的叙事结构就像一张被拉满的弓，弓与弦紧张对立，全部情节都围绕如是二元对立、一触即发之势展开。

第三，标准叙事的结局大多是确定的，即前述二元对立关系中的正向范畴战胜负向范畴。譬如，真善美打败假恶丑；正义压倒邪恶；穷人、平民、草根、卑贱者、灰姑娘、布衣书生以其道德、勤劳、智慧，征服他们的对立面，而有情人则“从此幸福地生活在一起”。诸如此类的结局未免俗套，却向人们许诺了美好：善恶有报，各得其所，皆大欢喜。有的小说和影视作品企图改变如是套路，故意在结局设计上善恶无终、情爱无果，往往招致一般受众的反对，人们难以承受“虐心”的结局。

我们之所以拿出以上篇幅介绍叙事结构问题，是因为新媒体语境下的危机叙事越来越“标准结构化”：好人打败坏人、弱者征服强者、民间话语胜过官商话语，而且这一预设的逻辑和结局往往不容冒犯。冒犯者将被认为缺少良知、权力寻租、贿赂媒体、雇用“水军”、官商勾结……2009年在杭州发生的“70码飙车案”、2010年在西安发生的“药家鑫案”等著名危机个案表明，即使是司法介入，如果法律审判的结局与标准叙事预设的结局不一致，那么舆论甚至会“绑架”司法。以下简要介绍杭州“70码飙车案”如何由一起普通车祸逐步演化为公共空间内的“标准叙事”。

案例9—4

杭州飙车案

2009年5月7日晚八时许，杭州。司机胡某驾驶一辆改装后的三菱汽车将一名行人撞飞，被撞者不治身亡。这位不幸的遇难者毕业于浙江大学。5月8日，杭州有关部门召开新闻发布会，提及“当时车速在70码（公里/小时）”，由此引发舆论的强烈不满和质疑。“70码”迅速成为网络流行词。

在汹涌的舆论浪潮下，这起车祸被逐渐讲述、演绎为：

- 车撞人
- 跑车撞飞人
- 跑车在市区街道撞飞人
- 富家子开跑车在市区街道飙车撞飞人
- 富家子开跑车在市区街道飙车撞飞优秀浙大毕业学子
- 纨绔富家子开跑车在市区街道飙车撞飞父母含辛茹苦养大的即将与恋爱多年的女友结婚的优秀浙大毕业学子
- 屡次超速违规的纨绔富家子开跑车在市区街道飙车撞飞刚看完爱国主义电影《南京！南京》的父母含辛茹苦养大的即将与恋爱多年的女友结婚的优秀浙大

毕业学子

最终，一起交通事故发展为举国关注的公共事件。有网友发起了“人肉搜索”，宣称肇事者系杭州富商之子，家中更有官方背景。人们在网上声讨肇事者胡某，要求公开他的家世。一些杭州市民和浙大学生走上街头为死者举行追思会。由于肇事者在拘留期间长胖了一些，当媒体播出他受审的画面时，很多网友怀疑他被“顶包”了，并且“已经偷渡出国”。于是，舆论的矛头又指向权力腐败以及“收钱的替身”。一个略像长胖后肇事者的出租司机被网友人肉搜索出来，并饱受舆论攻击。

后经证实，肇事者并非出身“大富之家”，母亲并非高官，他自己改装的汽车也算不上“跑车”，亦无“顶包”情况发生。

为什么新媒体偏爱危机中的标准叙事？原因并不复杂：

首先，符合成百上千万乃至更多网民“平均期待”的故事，必然以标准结构来讲述。在广大网民实时、遍在的围观下，某一特定议题在公共空间内最流行的叙事版本，应当符合大多数人的共同趣味、眼光、心理期待和传播基调。

其次，新媒体强化了后现代意义上的碎片化思考和碎片化表达，加之危机情境下真相不明、信任缺失，非黑即白、非此即彼的二元叙事最简单、最直接也最有力。一切事实都只是素材，所有素材都为既定的二元对立结构和不可冒犯的一元胜利结局服务。

最后，标准叙事往往是普罗大众向统治精英发起抗争的武器。人们未必认为标准叙事在事实上天然正确，但是它具有强大的道德正当性和情感召唤力，能够最大限度动员大众团结在一起，采取抗争行动。

如是而观，标准叙事有利于社会整合和社会认同，尤其是团结弱势群体、争取公平正义。问题也恰在此处，标准叙事及其承载的正义、公平、自由等价值经常被滥用，有人以之为旗帜遮蔽真相、误导大众、破坏秩序乃至绑架司法。这也是当前危机传播管理存在的一个现实困境：在危机事件变成标准叙事后，当事主体作为被认定的“反面角色”，注定要承受因果报应、道德审判和历史规训。自我辩护几乎是徒劳之举，甚或为人们提供发起新一轮批判的新素材。

因此，危机传播管理越来越表现为叙事版本、叙事结构的竞争。前述的意见竞争与此并不矛盾，意见只有嵌入二元对立、不容置疑的标准叙事之中，才能被有效传播和接纳。危机管理者应当及时、主动、公开地讲述危机事实，将理性、建设性的意见融入叙事，输出负责任的叙事版本。如是版本自然要守住大是大非的底线，占据道德高地，引领价值秩序。谁拥有标准叙事版本，谁就占据了二元对立关系中的正向阵地、不容冒犯结局中的必胜一方。

在某种意义上，历史其实就是胜利者讲述的标准叙事。在叙事中，胜利者占据了二元对立关系中的所有正向范畴，团结和带领人们走向“必然的胜利”，终结了敌人造成的不幸、屈辱和苦难。

二、价值排序与重建共同体

参与叙事竞争，占据道德高地，高蹈价值理想其实并不容易。在公众的全景围观下，危机管理者的任何道德伪善和价值虚弱很快就会被察觉。所以，若欲在意见和叙事竞争中获胜，危机管理者理应遵循那些人皆信守的价值尺度。而价值本身也是多元的，涉及取舍和排序问题。举例而言，孔子退朝还家，发现马厩烧毁了，就问“伤人乎？”而“不问马”。[①] 孔子在面对这场意外灾难时，以人为重，马在后。

在危机中，四组价值要素的排序乃是重中之重：得失、是非、公私、善恶。以下分而述之：

一是危机管理者以之为重、为急、为先的“得失”。在危机引爆后，当事主体的第一反应必然是自身的利害得失：有责任吗？要担当吗？需赔偿吗？应召回吗？会倒闭吗？会身败名裂、遭受重创吗？几乎每一个当事主体都会承认，危机应对其实就是一个千方百计降低自身损害的过程。

二是媒体最看重的“是非”。媒体以查证真相为己任：谁是谁非？前因后果何在？在此是非、因果逻辑之下，如何叙述利益各方的矛盾和冲突？如何重现人、事、物之间的复杂关系？如何比较、选择不同的解释和解决方案？

三是压力团体的底线性抉择——“公私”。在危机中，政府、司法、行业组织、NGO、意见领袖等压力团体所关心的是公利与私利、局部利益与全局利益、当下利益与长远利益的评判。一家企业可能把如何降低赔偿标准当作“最大问题”，而行业组织则从行业整体利益出发考量标准问题，政府则超越企业、行业之“私”保障公众消费权益、化解社会冲突，意见领袖会上升到社会良知、公共之善层面讨论企业的表达和行动。

四是公众抱持的“善恶”之念。无论作为危机的承受者还是旁观者，公众对当事主体总是抱有强烈的道德义愤，并可能据守道德高地展开质询和讨伐：你是诚实的吗？你是否护念人的生命、健康和尊严？大多数人都是靠朴素的善良观、道德感对生活世界做出直接判断，人们倾向于原谅那些被认为是“好人”的当事主体，而不甘放过“坏人”。

> 大多数人都是靠朴素的善良观、道德感对生活世界做出直接判断，人们倾向于原谅那些被认为是“好人”的当事主体，而不甘放过“坏人”。

以上四个方面存在明显的偏差和错位：危机管理者以得失为重，媒体关心是非因果，压力团体坚持明辨公私，公众所欲乃是扬善惩恶。如前所述，价值排序是“本”，任务安排和策略选择是“末”。如果危机管理者不能重置、优化自己的价值排序，使之与媒体、压力团体、公众等利益相关者的价值排序尽可能契合、共振，那么所有的任务安排和策略选择都可能宣告无效或适得其反。譬如，危机管理者围绕自身得失、功过的辩护即使精致完美、无懈可击，亦可能无助于化解危机，因为它们并非媒体、压力团体和公众所关切的首要价值。

所谓共同体，实质上就是在核心利益和重大问题上价值排序大抵一致的个体的集合。在一定意义上，危机管理就是当事主体按照利益相关者的期待来调整和优化价值排序，并以之为柱石重建共同体的过程。合理的价值排序，要求危机管理者首先放下一己得失之心，进而做到如下三点：

一要扬善止恶且相与为善，让人们见证自己于危机之下努力做出改善的诚意，以走出

① 参见《论语·乡党》之十二，见刘兆铭等编：《国学导读》，132页，台北，五南图书出版，2012。

道德洼地、攒足对话的道德资粮，重建信任。

二要对真相负责，实事求是地面对媒体及其影响的公众，还原语境，提供事实，以参与意见和叙事竞争。

三要捍卫公共利益和公共精神，增进压力团体对自己的了解和理解，以化解敌意、重构意义、重返公共话语空间。参见图 9—1 和图 9—2。

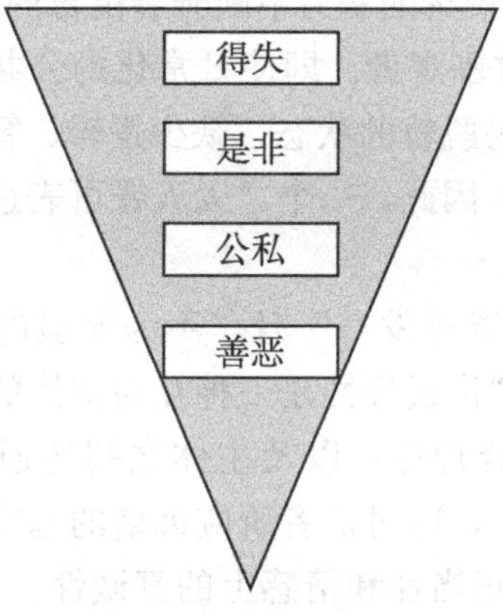

图 9—1　颠倒的价值排序

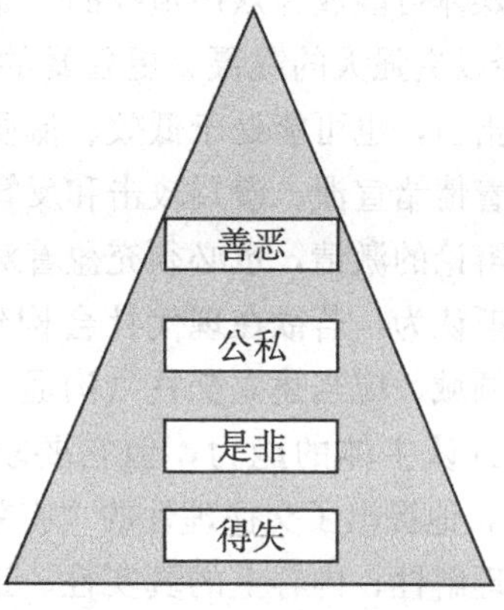

图 9—2　合理的价值排序

需要强调的是，放下自身得失，并非置安危进退于不顾，而是强调越是以公众、压力团体和媒体的价值需求为导向，越能够让自己少失多得。相反，一己得失之心愈笃，安危之念愈重，所失愈多。这既是价值理想层面的自明之理，也是危机实践中的价值游戏规则。仅从表达技巧看，大多数危机中的“雷人”话语都出于当事主体自我本位的价值观、思考定式和表达逻辑。

> 一己得失之心愈笃，安危之念愈重，所失愈多。这既是价值理想层面的自明之理，也是危机实践中的价值游戏规则。

案例 9—5

2011 年“7・23”甬温线特大铁路交通事故中的新闻发布

2011 年 7 月 23 日晚 20 时 34 分，甬温线高铁发生特大交通事故，造成 40 人死亡，200 余人受伤。24 日晚 22 时，铁道部召开新闻发布会，铁道部新闻发言人向媒体宣布“事故原因是由雷击造成的设备故障”。随后，在回应为何在已无生命迹象的情况下，又从车厢救出一位两岁半的小女孩时，发言人表示：“这是生命的奇迹，我只能说，事实就是这样，它确实发生了。”在回应车厢掩埋是不是为了掩盖证据时，发言人称：“为了施工车辆进入挖掘土方，并不是为了掩埋车厢，至于你信不信，我反正信了。”

“至于你信不信，我反正信了”显然“雷”到了媒体和公众。微博上掀起一轮又一轮批评浪潮，网民持续追问“救援行动为何早早宣布结束”、“发言内容为何如此雷人”、“相关部门负责人为什么不出面道歉”等问题。

三、危机传播与对话理性

危机情境下的传播、对话，理应确立一些价值前提和理性原则。对话理性缺失，会导致危机中的公共讨论和社会协商缺少价值统摄、道德约束和程序规治。如是，在最糟糕的情况下，新媒体可能成为众声喧哗的“斗兽场”，舆论的暴力不断奔袭倒霉的“猎物”，而“猎物”则会以更强大的震慑、更狂暴的力量反攻围观者。即使日常化的公共讨论，若无对话理性的指引，也可能处于低效、低质量和极易脱轨的状态，缺少逻辑、智慧、善意和美感，充斥着情绪宣泄、谩骂攻击和反智的狂欢。因此，一个“人人皆可表达”的时代不但要洋溢着辩论的激情，也必须充盈着对话理性。

哈贝马斯认为，若欲在现代社会构建“人人皆可发言”且“不为明显的荒谬添加逻辑”的公共领域，应当建立交往（沟通）理性。“沟通理性是一种互为主体的理性，它同实践理性都肯认主体的能力，但它要求行动的合理性，以及主体之间沟通批判的有效性。”① 为此，他提出了交往理性的“有效性宣称”，即对话者所应诉诸的基本原则：表达形式上的可理解性、内容上的真实性、道德上的正当性和情感上的真诚性。在实践层面，这些原则统一于“主体间性”，即主体与主体之间双向、开放、平等对话关系的建立与维护。“在哈贝马斯那里，语言则使历史恢复了秩序，向社会提供了意见一致的润滑剂，保证了道德的基础，配置了民主的要素，以及先天倾向于反对偏离真理。”②

哈贝马斯提出的交往理性原则，大抵符合吉登斯所称的“乌托邦现实主义”。他们二人都承认现代性危机，譬如现代性在追求秩序、统一和效率的过程中走向了自己的反面，制造了充满不确定性的风险社会；他们也都主张通过对话重建现代性或者说进一步释放现代性的潜能，而不是滑向后现代性的虚无。在对待风险社会和后现性冲击的态度上，吉登斯强调既要高蹈乌托邦理想也要脚踏实地，以“乌托邦现实主义”为指引，培育积极信任和对话民主。哈贝马斯提出的交往理性及其可理解性、真实性、正当性和真诚性诸原则，正体现了这种“乌托邦现实主义”——描绘了理想且理性的对话状态、秩序、规约和方式。

> 理性的协商程序应当保障信息公开、意见竞争、诚意沟通、公正平等、多元整合等协商原则，同时避免缺位错位、失序无序的讨论。

实际上，本书着力构建的对话范式与“事实—价值”模型，也是基于“乌托邦现实主义”统合危机情境下对话理性和路径的一种理论尝试。在对话范式中，卷入危机传播的利益各方应当遵循四项基本原则：有利于还原真相，有利于利益互惠，有利于建立信任，有利于重构意义。如是原则统一于对话实践，而对话既是一种达成共识和契约的手段，也自足为德性和目的。

除上述原则外，对话理性还应包括程序理性，即利益各方遵循共同约定的程序设计，理性交换意见，以期达成建设性的合作或必要的妥协。程序理性所蕴含的程序正义是现代社会认同、信任、合法性的重要标志和来源。理性的协

① 转引自黄瑞琪主编：《沟通、批判和实践：哈伯马斯八十论集》，370页，台北，台湾允晨文化实业股份有限公司，2010。

② 胡军良：《试论哈贝马斯对话伦理学的四重理论限度》，载《浙江社会科学》，2009（2）。

商程序应当保障信息公开、意见竞争、诚意沟通、公正平等、多元整合等协商原则，同时避免缺位错位、失序无序的讨论。从发达国家的经验看，越是社会转型时期越应加强公共讨论和社会对话的程序理性建设，并逐步将之内化为公民素养，外化为协商规则。当然，现代社会最大的程序理性乃是民主和法制。

【本章延伸阅读】

1. ［德］乌尔里希·贝克，［英］安东尼·吉登斯，［英］斯科特·拉什. 自反性现代化. 北京：商务印书馆，2001

2. ［英］齐格蒙特·鲍曼. 被围困的社会. 南京：江苏人民出版社，2005

3. 喻国明．微博：一种蕴含巨大能量的新型传播形态．新闻与写作，2010（2）

4. 丁柏铨．新媒体语境中重大公共危机事件舆论触发研究．新闻大学，2012（4）

5. 胡泳．我们需要什么样的网络意见领袖．新闻记者，2012（9）

【思考题】

1. 新媒体如何实现了信息化飞沫化、去中心化和话语权再分配？
2. 简要分析新媒体语境下信息流与关系网的关系。
3. 新媒体如何沟通和组织社会公众？
4. 什么是标准叙事？危机中的标准叙事是如何形成的？
5. 在危机决策中，如何做出合理的价值排序？
6. 理论联系实际，论述危机中的对话理性。

第十章 危机恢复管理

CHAPTER 10

经历危机之下的众苦煎迫，人们自当反省来路、检讨过往之失，以免侥幸渡过一劫，又入泥途险道。尤应返照内心的贪婪、嫉恨、执迷、粗鄙和褊狭，让内心光明朗阔起来，点燃价值的灯火。我们经常讲“化危为机”，并非因为在危机中总会遇到柳暗花明或利好的重大转机，而是由于危机带来了变革的契机，原罪得以暴露和救赎，一切都是崭新的。

危机事件的平息，并不意味着危机管理的终结。同危机事前预警、事中处置一样，事后的恢复管理也决定着危机管理的成败。

按照本书提供的危机传播管理“3F”假设、“3C”假设、对话范式、“事实—价值”模型，危机恢复管理是在危机紧急事态得到遏制后，组织通过持续的恢复策略重建事实契约，再造价值体系，重返共同体并实现新生和超越的过程。恢复管理既包括对危机所造成事实损害的补偿与修复，也包括对价值异化的弥合与救赎。因此在恢复管理阶段，组织应当超越“了结事端”的事功主义和自我本位主义，利用危机带来的变革契机和积极力量，实现自我提升，推动共同体进步。

第一节 危机恢复管理的框架

本节的主要内容是界定危机恢复管理，明确组织在这一阶段的基本目标和任务。

本书第一章曾介绍希斯提出的危机管理“4R”模式——缩减、

准备、反应和恢复，他认为恢复（recovery）是危机管理中不可或缺的关键范畴之一。在希斯看来，恢复即从危机造成的影响出发，采取必要措施，回归到危机之前的状态和秩序，同时对危机管理效果做出评估。

米特罗夫和皮尔逊将危机管理划分为五个阶段——侦测、预防、控制、恢复和学习，其中第四、五两个阶段皆属广义恢复管理的范畴。他们认为，在恢复管理中，组织的任务是尽快从危机伤害中复苏，实现正常运转；同时要把危机视为一个学习过程，汲取经验教训，实现新的发展和超越。

> 在恢复管理阶段，组织应当超越“了结事端”的事功主义和自我本位主义，利用危机带来的变革契机和积极力量，实现自我提升，推动共同体进步。

奥古斯丁认为危机管理主要包括时序上的六个基本范畴：规避、准确、确认、控制、解决、利用。他提出恢复管理任务是从危机中获利，即善用危机带来的契机，寻找新的可能性。

以上界定蕴含着两个共同的主张：回归常态，一如从前；寻求超越，直面未来。问题的关键在于：如何回归常态，如何实现超越？本书从传播视角切入危机管理研究，提出了“3F”假设、“3C”假设、对话范式和“事实—价值”模型，如是框架也为界定危机恢复管理的目标和任务提供了基本依据。

1.“3F”假设与恢复管理

基于“3F”假设，危机恢复管理的主要工作内容有三项：一是干预危机信息流，输出有关事态平息、恢复正常生产和生活的信息，在信息设计上重点强调告别危机、苦难和不堪的过往，强调新产品、新技术、新服务、新政策和新理念；二是引导危机影响流，组织直接发表对危机所暴露问题和解决方案的意见，对所有卷入危机中的利益相关者表达歉意和感恩，或通过第三方权威话语对组织在危机管理中的市场表现、社会表现、政治表现乃至在文化和价值观上的表现做出中肯、积极的评价；三是消除危机噪音流，淡化那些不必过度纠缠的偏差和偏见，澄清那些若不及时化解就会凝结为负面集体记忆的情绪、误会、谣言和攻击，使组织和利益相关者在危机结束后尚可打开心结，尽释前嫌。

2.“3C”假设与恢复管理

基于“3C”假设，恢复管理就是延续危机事中处置的沟通过程，着力重建组织与利益相关者共处、共持的信息共同体、利益共同体和价值共同体。危机破坏、损害了组织与利益相关者之间的沟通关系和利益关系，整个危机管理体系都是围绕如何修复和重建这两维基本关系展开的，恢复管理亦不例外。沟通关系的恢复，意味着在符号和意义两个层面重建良性的沟通机制；利益关系的恢复，意味着有形利益损害的弥补和无形利益——共同价值的再造。修复沟通关系的重点在于重塑组织形象——形象并不掌握在组织手中，而是利益相关者对组织的认知和评价的反映；修复利益关系的重点在于利益补偿和价值抚慰，构建组织与利益相关者可以持续互蒙其惠的利益、价值共赢机制。

3. 对话范式、“事实—价值”模型与恢复管理

基于对话范式和“事实—价值”模型，恢复管理的核心任务可以表述为：在危机结束后，组织启动新一轮与利益相关者的对话，让各方充分认知真相，获得利益补偿；进而重建相互信任，分享在危机中生发的新智慧、德性和信念，或弘扬因危机而更显弥足珍贵的

传统意义范畴。在新一轮对话中，“事实—价值”模型的多重路径依然适用。

> 在危机结束后，组织启动新一轮与利益相关者的对话，让各方充分认知真相，获得利益补偿；进而重建相互信任，分享在危机中生发的新智慧、德性和信念，或弘扬因危机而更显弥足珍贵的传统意义范畴。

在事实层面，组织应充分告知“转危为安”之真相，并做出革新和超越的适度承诺；进而引领复苏阶段的核心议题，团结第三方特别是意见领袖，避免再次堕入危机黑洞；协同核心利益相关者，推进被危机打乱的发展战略，转移人们对危机伤痛、阴影的注意力，淡化偏见和消解负面的集体记忆，鼓励人们转向积极、健康的生产和生活轨道。在价值层面，组织要倾听和契合利益相关者在情感、道德、审美和精神上的内在主张，最大限度加以配合、给予关爱，做好信任、信心和信念加法；巩固内部利益相关者的大局观念、强化外部利益相关者的共同体意识，尊重媒体和公众所持守的公共精神，并在可能的情况下增益公共精神；善用危机带来的机会，推动价值革新和再造，净化组织、团队和利益相关者的心性、文化与价值观，实现“涅槃重生”。

综上所述，恢复管理并非对危机事前预警和事中处置诸环节的简单衔接，它使危机管理的重心由遏制事态转移到对危机问题的根本解决上来。在恢复阶段，紧迫的情势和冲突逐渐平息，但诱发危机的问题可能并未彻底解决。危机的火种潜藏在组织及其生态系统之中，一旦遇到适宜机会，便可能死灰复燃。因此，恢复管理的重点在于危机诱因或者说“病根”的消除，以避免危机再次发生或升级。排除了沟通、利益、价值上的病根，新生的共同体将以更强健的灵魂和肌体迎接明天。

从“3F”假设、“3C”假设、对话范式和“事实—价值”模型出发，我们将危机恢复管理的总体目标一分为三：重建信息共同体、利益共同体和价值共同体。为了实现这三个目标，组织需要完成“补救—回归”和“改善—超越”两大类任务，每项任务又包括10项具体举措。达及如是目标和任务，大抵可以拔除危机诱因、“治病救人”了。参见表10—1。

表10—1　危机恢复管理的目标与任务

任务 / 目标	“补救—回归”型任务	“改善—超越”型任务
理顺沟通关系，重建信息共同体	1. 恢复沟通渠道 2. 恢复沟通理性 3. 还原真相、分享经验 4. 淡化认知偏差和偏见，消除负面集体记忆	1. 建立对话、协商机制 2. 扩大公众参与 3. 提升组织形象 4. 构建积极的集体记忆
调整利益关系，重建利益共同体	1. 减少和补偿利益相关者损失 2. 恢复常态生产和生活秩序 3. 革故：弥补管理、运营漏洞	1. 优化组织治理结构 2. 改善与利益相关者互惠机制 3. 鼎新：创新管理和运营体系
再造价值关系，重建价值共同体	1. 恢复信任 2. 顺应利益相关者的价值主张 3. 在合法基础上，对受损利益相关者进行合情、合理的道义补偿	1. 做好信任、信心和信念加法 2. 引领大局观念、共同体意识和公共精神 3. 价值体系再造

执行表10—1所列诸项任务，本书各章皆有所阐发。以下重点强调三个问题：

1. 秩序重建

重建常态生产和生活秩序需要坚持如下原则：一是由易至难，首先补救或改善那些能够立竿见影产生成效的领域或环节；二是由点及面，先实现重点突破，再谋求全局改善，除非有足够的把握，否则应放弃立即着手全盘恢复的幻想；三是边做边说，要及时把恢复、改善的努力和取得的成果通报给利益相关者，“光说不练”和“光练不说”皆不足取。这三项原则大抵一致，组织借此激发“正能量”，使人们在经历危机之“艰难时世”后，迅速疗治伤痛、走出忧郁，建立对自我和世界的信心。

秩序重建不只是一个经济上的损益问题，而且具有象征和救赎价值。在意义黯淡、消逝的现代社会，秩序往往是人们最重要的安全感的来源。

实际上，秩序重建不只是一个经济上的损益问题，而且具有象征和救赎价值。在意义黯淡、消逝的现代社会，秩序往往是人们最重要的安全感的来源，正如美国社会学家库利（Charles Horton Cooley）所说：“脱离了社会秩序，就没有人的存在。”[①]

2. 利益补偿

对利益相关者进行补偿要做到情、理、法相结合。组织首先应在法律框架内承担减损和补偿责任，在尚可承受的情况下，更应考虑道义原则。否则，组织即使在法律上被认定“无罪”，在道德上却可能被宣判“有过”。在大多数情况下，道义绝非单纯的重负，相反，它往往意味着各方给予组织进行自我救赎、实现自我超越的机会。在危机结束后，一些著名品牌正是由于未能及时承担道德责任、实现自我救赎，导致重返市场一线和公共空间之路道阻且长。

道义绝非单纯的重负，相反，它往往意味着各方给予组织进行自我救赎、实现自我超越的机会。

除了有形的物质补偿外，组织还要对危机给利益相关者造成的心理和精神伤害进行救助。心理辅导、精神抚慰的方法包括定期或不定期的座谈、走访、探望和专业的心理咨询等，鼓励人们离苦得乐，勇敢面对生活。一时的抚慰并不难，难能可贵的是长久不忘那些在危机中受伤害、受侮辱的人们。

3. 价值再造

恢复管理阶段的价值再造大抵可以区分为如下两个层次：

一是危机当事主体的自我反省与超越。世上并无抽象的危机，举凡灾祸皆由特定人或人群来面对和承受。经历危机之下的众苦煎迫，人们自当反省来路、检讨过往之失，以免侥幸渡过一劫，又入泥途险道。尤应返照内心的贪婪、嫉恨、执迷、粗鄙和褊狭，让内心光明朗阔起来，点燃价值的灯火。我们经常讲“化危为机”，并非因为在危机中总会遇到柳暗花明或利好的重大转机，而是由于危机带来了变革的契机，原罪得以暴露和救赎，一切都是崭新的。

二是增益共同体的价值信念。从价值层面看，危机恢复管理大有破镜重圆的意味，美好且艰难。对于任何组织而言，完全消除危机在情感、伦理和信念上给利益相关者造成的

① ［美］查尔斯·霍顿·库利：《人类本性与社会秩序》，26页，北京，华夏出版社，2000。

创伤和阴影都是艰难的。难为能为最可贵。能为者，不过是怀着赤子之心，抱定宗旨，砥砺精神，价值共同体亦可于精诚所至中重建。所谓信心如玉，也要养，也会碎。《菜根谭》有云：天运之寒暑易避，人世之炎凉难除；人世之炎凉易除，吾心之冰炭难去；去得此中之冰炭，则满腔和气，自随地有春风矣。

在明确危机恢复管理的目标和任务后，组织应着手设计一个科学、有效的恢复程序，以有计划、有步骤地推进沟通、利益和价值以及补救和改善等方面的具体工作。一般而言，危机恢复管理的程序主要包括：建立危机恢复管理小组，制定恢复管理计划，形成合理预算，按照既定的目标、原则和策略落实计划，边恢复边改善，评估危机管理效果。

> 对于任何组织而言，完全消除危机在情感、伦理和信念上给利益相关者造成的创伤和阴影都是艰难的。难为能为最可贵。能为者，不过是怀着赤子之心，抱定宗旨，砥砺精神，价值共同体亦可于精诚所至中重建。

下面以雀巢公司在20世纪七八十年代遭遇的“抵制雀巢运动”为个案，考察危机恢复管理的目标和任务。雀巢公司最初在应对这场危机时做法失当，赢了官司却留下诸多后遗症，公司形象持续受到冲击。当公司意识到这一点后，开始着手实施恢复管理，取得了显著成效。

案例 10—1

雀巢在“抵制雀巢运动”危机中的恢复管理

1977年，美国发生了一场“抵制雀巢运动”。当时，美国婴儿奶制品行动联合会提醒美国公民不要购买雀巢公司的产品，批评该公司在发展中国家有不道德的商业行为。面对如是批评，雀巢公司一味地为自己辩护，结果遭到了媒体和公众更加激烈的抨击。在双方的“辩护—批评”拉锯战中，这场危机竟持续了10年之久。

危机起因于瑞士一个社会运动组织对雀巢产品的批评。这家组织认为雀巢在发展中国家销售的婴儿奶粉品质标准偏低，因而是“杀婴”行为。雀巢公司以“毁谤罪”起诉了该组织并打赢了官司。然而，法律上的胜利并没有消除人们对雀巢产品的批评。欧美的一些社会活动家号召公众抵制雀巢产品，教会领袖和一些社会团体也加入进来，他们中的一些人把雀巢公司的行为看成是严重的社会政治问题。雀巢公司作为发展中国家婴儿奶制品的最大供应商，当时成了社会活动家批判商业社会的靶子，成了“以剥削来赚取利润”的反面典型。

雀巢美国分公司在这场运动中蒙受了巨大损失。在抵制运动初期，雀巢美国分公司未能很好地处理与批评者的关系，对人们所提出的问题也没有给予真正的关注。公司一味强调产品的科学性和合法性，有时还指责那些批评团体的政治动机。这些团体最终结成了联盟，发起了一个基金会，以“对雀巢公司进行毫不妥协的斗争”。自此，这起危机的焦点已经由单纯的产品质量问题，升级为“公司道德与社会责任”问题。

1980年底，雀巢公司终于意识到法律和技术手段并不能解决所有问题。公司真正的危机在于如何重建与各方关系，恢复品牌形象。1981年初，公司在华盛顿成立了雀巢营养问题协调中心，负责在北美开展一系列营养研究项目。中心汇集了公司管理骨干、公关人员、发展中国家营养问题专家、有政治经验和国际公共事务经验的专家，以及那些与宗教领袖、教师和卫生保健专家共过事的人。中心策划并实施了一系列恢复管理策略，主要包括：

1. 倾听与对话。第一项策略就是以真诚的态度倾听所有批评意见。雀巢公司发现，有两类群体对自己的批评最激烈，影响也最大：一类是政客，他们中的许多人拿雀巢问题当作政治斗争的砝码；另一类是宗教团体和那些关心社会问题的人们，他们反对把获取利润作为经营活动的首要目的，主张跨国公司应优先考虑解决发展中国家的贫困问题。在了解各方意见后，雀巢决定实施一项全新战略：与批评者合作。公司停止了与政治、宗教领域批评者的斗争，努力寻找对话机会，以重建信任。

2. 利益调整。1981年5月，世界卫生组织通过了《经销母乳替代品建议准则》。雀巢公司当即发表声明，支持该准则的宗旨与原则，愿意根据世卫组织的要求调整自身的产品。在一个月后的美国国会听证会上，雀巢公司重申了这一立场。利用这一契机，雀巢公司开始与美国最大的、最受人尊敬的社会道德组织之一——美国卫理公会教会联合会启动谈判。

3. 自我救赎。开诚布公。卫理公会教会联合会成立了一个特别工作组，专门调查雀巢公司的市场行为。雀巢公司认识到，有必要主动向工作组公开其市场行为并做出相应调整。公司向工作组提供了大量内部机密文件，以使对方确信公司正以积极态度对待批评意见。尽管这些文件为一些有敌意的批评家提供了新的证据，但雀巢早已准备好如何答复他们，并以自己的真诚换取了信任。1982年2月12日，雀巢公司的两个重要人物，新任执行总裁莫切尔和执行副总裁安斯特飞到夏威夷，与特别工作组进行会谈。会谈取得了成功，双方高层建立了良好的个人关系。这次会谈成为双方终结对抗关系最重要的转折点。

4. 恢复信任。1982年3月，公司给所有销售雀巢婴儿奶制品的国家的卫生部长写信，保证尊重其国家主权，遵守这些国家的法规。公司还采取了一项适合发展中国家的政策：即使一些国家的法定产品标准低于世界卫生组织制定的标准，雀巢也严格执行后者。雀巢公司认为，有必要在公司外部成立一个公正无私、受人尊敬的社会监察机构来检查自己的生产情况，因为这将极大地提升公众对公司的信任。同年5月，雀巢婴儿奶制品审查委员会宣告成立，委员会由教会领袖、科学家、教育专家组成，主席为美国前国务卿爱德蒙德·马斯基。这一举动被许多学者和记者描述为“企业发展史中一个真正的、史无前例的行动”。

5. 回归常态。1983年1月，抵制运动中的最大发起组织——美国卫理公会教会联合会决定撤销对雀巢产品的指控。此后，越来越多的抵制运动组织开始信任雀巢。1984年1月24日，雀巢公司和国际抵制雀巢产品运动委员会在纽约签署了一个联合声明，正式结束了双方长期的对峙。

第二节 形象修复与机会利用

组织形象是一个动态、复杂的认知和评价系统。谓之动态，是因为组织形象总是受到内外环境的影响而发生变化——尽管组织总是试图维护自身形象的稳定性；谓之复杂，是因为组织形象既是组织自身价值观、核心竞争力、关系网络和公共表现的综合反映，也是利益相关者对组织总体印象和评价的反映。良好的组织形象得之不易，却可能毁于旦夕之间。

20世纪90年代，班尼特（W. L. Benoit）提出了形象修复理论，他认为，修复受损的组织形象须以公众的认知和态度为前提：公众对组织责任的主观看法比危机事件的真相本身更重要。只要危机降临到组织头上，无论在法律、技术和事实上如何裁决，公众都会主观认定该组织乃是责任主体。班尼特进一步解释说：被指责的冒犯在事实上未必如此，冒犯与否完全由公众的认知和感觉来决定；组织的责任归属亦非基于事实做出判断，只要公众认为组织与此行为有关联，就会产生关联性问责。

简言之，公众的态度及其对组织责任的认定，是影响组织形象修复的前提条件。倘若组织忽略了这一前提，想当然地承担或拒绝自己"事实上"的责任，则很难修复和改善自身形象。前文导入的雀巢案例也证明了这一点。有鉴于此，班尼特提出了如下五种形象修复策略：

> 公众的态度及其对组织责任的认定，是影响组织形象修复的前提条件。倘若组织忽略了这一前提，想当然地承担或拒绝自己"事实上"的责任，则很难修复和改善自身形象。

否认事实（denial）。包括简单否认和转移批评——"没做"，"不是我做的"；"别人做的"，"与我无关"。

回避责任（evasion of responsibility）。包括申明系被挑战，无力为之或不可抗，纯属意外或无心之过，本意是良善的。

淡化处理（reducing offensiveness of event）。包括对事态轻描淡写；提供证据显示该事件带来的利益和好处，进行比较、寻找差异——"比其他类似事件好多了"；号召人们超脱对当下问题的纠缠——"有更要的价值需要考虑"；反击对手，降低指控者的信誉；补偿利益受损者。

修正行为（corrective action）。制定和实施解决方案，改善自身行动，避免此类事件再次发生。

诚意致歉（mortification）。表示遗憾和歉意。

在班尼特形象修复理论的基础上，库姆斯（W. T. Coombs）针对具体危机情境提出了七种危机沟通策略：否认、反击、行为正当化、自我辩解、妥协迎合、改善行动和诚意致歉。[①] 参见图10—1。

第一，针对自身偶发意外或行为失当导致的危机，组织可采取顺应、迎合型的沟通策略，信息发布的内容以诚意致歉、妥协迎合和改善行动为主。

> 无论顺应、引导还是抗击，都存在一个"度"的问题，管理者应牢记"过犹不及"的古训。

第二，针对天灾等不可抗力和谣言纷起等诱因造成的危机，组织可采取抗争、反击型的沟通策略，对那些无端质疑、指责和批评予以坚决否认，并想方设法击破谣言，还自身以清白。

第三，针对恶意破坏引发的危机，如竞争对手设下圈套、恶性收购，消费者无理取

---

① See W. T. Coombs, V. Hazleton, S. J. Holladay&R. C. Chandler, "The Crisis Grid: Theory and Application in Crisis Management," in L Barton (ed.), *New Avenues in Risk and Crisis Management*, Vol. 4. Las Vegas, NV, UNLY Small Business Development Center, 1995, pp. 30-39.

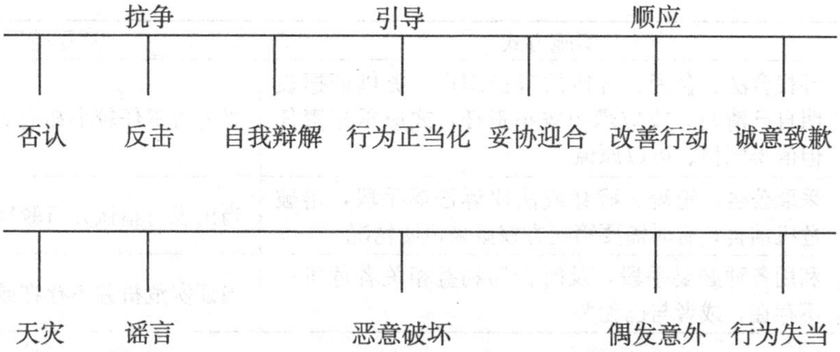

图 10—1 库姆斯对班尼特“形象修复理论”的改造

闹、蓄意生事，内部利益相关者“背叛”等，组织可采取控制、引导型沟通策略，信息发布内容以告知事实真相为主，使自身行为正当化。

实施上述策略，应注意如下几个问题：

一是策略的采纳问题。上述策略有时单独使用，有时则组合使用，不同的危机诱因和危机情境决定着取舍。顺应、引导也好，必要的抗击也罢，总之要争取信息发布的主动权。

二是策略实施“度”的问题。无论顺应、引导还是抗击，都存在一个“度”的问题，管理者应牢记“过犹不及”的古训。一味迎合会刺激利益相关者产生不切实际的期待和欲望；完全以自我为中心的引导，不利于对话和议题管理，不利于重归共识和修复契约；过分的抗争和反击会被认为缺少解决问题的诚意，可能招致更多的不满，引发更剧烈的冲突。如本书第三章所述，我们主张合作式对抗，即对抗的目的不是征服，而是更好地开展合作。

三是策略效果的把握问题。从诚意致歉、妥协迎合到自我辩护、坚决否认，“示弱”和“示强”在危机信息发布中都是必要的。示弱有利于赢得同情、理解和支持，示强旨在以正视听、维护正当权益，树立负责任的组织形象。示弱不是通过装可怜、装可爱来逃避、推卸责任，“示强”也不是为了一己利益而置对手于死地。

> 示弱有利于赢得同情、理解和支持，示强旨在以正视听、维护正当权益，树立负责任的组织形象。

以下策略清单可供危机信息发布实践参考。参见表 10—2。

表 10—2　　危机信息发布的内容策略及其适用范围

发布策略	实施方式	适用范围
诚意致歉	公开承认错误，主动承担危机责任，呼吁利益相关者的宽容和支持	当组织的主观性错误导致危机时
改善行动	宣布将尽最大努力弥补和消除危机带来的损害，并将采取措施预防危机再度发生	当组织的主观性错误或偶发意外导致危机时
妥协迎合	顺应、迎合利益相关者的认知、态度和行为，尽量满足他们的需求，退一步海阔天空	当利益相关者的需求正当、合理，唯迎合方能平复事态、重建信任时
行为正当化	传播真实信息，证明自身行为的正当性，摆脱恶意的破坏和纠缠；有时需要第三方权威来说明情况	当危机责任较小且主要由外部诱因引发时

续前表

发布策略	实施方式	适用范围
自我辩护	寻找合法、合理、合情的辩护理由，提供证据表明自己清白，或应承担较小责任，或应承担责任但值得同情、可以原谅	当危机责任较小却遭受牵连时
攻击谣言	采取公告、论辩、戳穿或法律诉讼等手段，击破危机谣言；有时需要第三方权威来说明情况	当出现可指认并可驳斥的造谣者时
坚决否认	利用各种必要手段，及时告知利益相关者危机并不存在，或者与己无关	当证实危机并不存在或与己无关时

美国爱斯兰德公司1988年处理莫农加西拉河漏油危机的过程，充分体现了上述策略。

案例10—2

1988年美国爱斯兰德公司莫农加西拉河漏油危机

1988年1月2日，爱斯兰德石油公司（Ashland Oil）400万加仑的石油因油槽破裂倾泻入莫农加西拉河（Monongahela River）。这场灾难使85万人失去了水源供应。

爱斯兰德公司立即向政府部门汇报了危机的发生，并请求给予全力支援。同时，公司召集媒体向公众通告了水源污染的真实情况，向公众道歉，并公布了下一步要采取的措施。

在为期半个月的危机中，公司随时向外界传达最新进展情况，为公众供水问题提供了尽可能多的帮助。危机结束后，公司向各方表达谢意，感谢各方携手并肩成功克服了灾难。

针对竞争对手和部分媒体传出的不负责任的谣言，公司以坚决的态度进行了回应，但同时又适可而止——确保与各方保持合作的大局，避免越搅越乱，使来之不易的危机管理成果付诸东流。

> 危机信息发布必须与危机处理行动结合起来——既要说得好，也要做得好；同时，危机管理者在任何情况下都应保持真实和真诚，不可说得太好而做得太差，或者粉饰太平、回避问题。

需要强调的是，危机信息发布必须与危机处理行动结合起来——既要说得好，也要做得好；同时，危机管理者在任何情况下都应保持真实和真诚，不可说得太好而做得太差，或者粉饰太平、回避问题。2010年4月，英国石油公司在美国墨西哥湾发生原油泄漏事故。事故情节与美国爱斯兰德公司在莫农加西拉河漏油危机几乎雷同，只是人们对英国石油公司最初投放的“美好”的道歉广告完全不买账，而是希望这家公司把更多的精力和成本花在付诸行动上。

案例10—3

2010年英国石油公司墨西哥湾漏油事故

2010年4月20日，英国石油公司（British Petroleum，BP）所属一个名为“深水地平线”（Deepwater Horizon）的钻油平台发生爆炸，导致11名工作人员死亡和

17 人受伤。爆炸同时造成了严重的漏油事故，墨西哥湾至少有2 500平方公里海水被污染，多种生物死亡。美国总统奥巴马表示这次漏油的影响如同“9·11”恐怖袭击。

事故发生一周后，英国石油公司据称投入5 000多万美元制作了道歉广告在全美播出：公司首席执行官托尼·海沃德（Tony Hayward）站在干净美丽的海边，天空有海鸟飞过。海沃德面对镜头说：“墨西哥湾漏油事故是一场不该发生的悲剧。我向受此影响的人们和家庭深表歉意。我们将尽一切努力不让悲剧重演。我们将妥善处理，我们将把事情做对。”广告中出现了志愿者手提垃圾袋清理海滩的画面，最后打出了公司网址。

广告在美国遭到了严厉批评。奥巴马批评英国石油公司不该把钱花在广告宣传上，而应用在堵住漏洞、清理污染、赔偿沿岸渔民和企业上。一名音乐家针对海沃德的宣传写了一首歌：“对不起”远远不够，不要再隐瞒真相；你们省钱，我们遭殃；我们不会答应，直到你们把这里擦干净。

6 月初进行的民意测验显示，73%的美国民众认为，英国石油公司在漏油事件发生 40 多天来的表现“很差”和“极差”，并且给外界留下了刻意降低危害的严重性并向公众隐瞒真实信息的印象。来自佛罗里达州的民主党籍联邦参议员比尔·内尔松说：“他们不断犯下一个又一个的错误，给人的印象是他们在掩盖真相。他们没有对公众负责、给公众一个交代的意识。”①

公司发言人只得紧急发表声明表示，堵住漏洞和赔偿受害者的预算一分也没被占用。6月中旬，英国石油公司董事长思文凯（Carl-Henric Svanberg）与奥巴马会晤，随后向美国人民道歉，并承诺照顾那些生活受到漏油事件影响的人，并将赔偿事故对环境造成的损失。思文凯面对记者时说：“今天我们同意了总统先生提出的基本解决方案，这应该可让美国人民确信我们将言出必践。”

2012 年 11 月，英国石油公司接受美国 12.56 亿美元罚款，另外提供 23.94 亿美元给野生动物基金会用于环境补救行动，3.5 亿美元支持美国国家科学院的相关研究。

2012 年底，英国石油公司在很多国家媒体上投放了道歉广告。12 月 10 日、14 日和 17 日，《人民日报》也刊发了英国石油公司针对墨西哥湾石油污染事件整版道歉广告。英国石油公司表示清理油污工作将进行到底，还承诺设置一项总额为 200 亿美元的专项基金，用于环境重建和其他赔偿要求。

综合班尼特、库姆斯等人的研究成果，我们可以总结出形象修复和改善的如下原则和策略：

1. 合理避责

在危机结束后，组织有机会在相对温和、平顺的情境下，从容地向媒体和公众分析、解释危机诱因和发展过程。譬如，组织可以强调危机的偶发性和不可抗，确实因出乎意外而导致措手不及；也可以告知公众自己有着良好的意图并且付出了努力，但仍然未能规避损害。这些方法可以在一定程度上唤起公众的同情和理解，以更冷静的态度对待组织的形

① 转引自任海军：《BP 让奥巴马政府满身油污》，见新华网，2010－06－22。

象和声誉。

2. 减少敌意

班尼特提出了减少公众敌意的六种方法：援助、最小化、区分、超脱、反击、补偿。援助是指组织为降低和消除利益相关者遭受的损害，而采取支援和救助行为；最小化是指减少或淡化自身的错误行为，以使负面影响降到最低；区分是指把自身的错误与社会大环境的深层次矛盾区别开来；超脱是指为人们描绘美好前景或新的发展机会，而非陷于危机阴影不能自拔；反击是指号召公众同自己一道向造成危机的错误发起挑战，以期赢得公众的参与，塑造主动、开放的组织形象；补偿是指在评估公众损害的基础上，提供前文述及的有形或无形补偿。

自责固然面临着极大的声誉风险，而“真理偏爱阳光”，只要组织在自曝家丑的同时尚能诚意改善，就会赢得认可和赞许。事实上，危机往往会给组织带来排毒拔刺、除黏解附、卸下原罪的机会。

3. 战略式自责

与“合理避责”和“减少敌意”中对自身责任的轻描淡写不同，组织还可以执行一个更坦诚、更大胆的策略：战略性、公开化地自责和救赎。这一策略包括公开道歉、忏悔和寻求公众的宽恕。如是自责固然面临着极大的声誉风险，而“真理偏爱阳光”，只要组织在自曝家丑的同时尚能诚意改善，就会赢得认可和赞许。事实上，危机往往会给组织带来排毒拔刺、除黏解附、卸下原罪的机会。

4. 重返公共空间

除了防守性策略外，组织还可以采取积极进取的建设性策略。建设性策略可使组织走出危机泥潭，洗净铅华，重返公共空间。这类策略包括：

媒体公关，即通过召开新闻发布会和记者见面会、安排媒体专访、投放新闻稿等形式，传播组织的发展理念和行动方针；事件公关，即参与、主持焦点事件和仪式化事件，通过出色表现向公众展示自身的原则、立场和能力；领导人公关，即设计领导人活动——包括推出新领导人，或通过其在公共场合恰如其分的言行举止，树立良好的公众形象；全员公关，即让每一位组织成员都认识到形象修复和改善的意义，加强与利益相关者对话，争取意见气候“回暖”；社区公关，即主动加入社区、行业建设，树立负责任的组织公民形象；社会责任公关，即主动发起公益、慈善、赞助活动，彰显和弘扬自己的价值主张；体验公关，即召集专家学者、公众代表，以及那些对组织成见最深、批评最激烈的人们，在危机结束后参观、考察、体验组织的管理和运营流程，通过扩大参与来加深理解、减少敌意、赢得信任。

5. 利用危机

“有目前即是机，转瞬处即非机者；有乘之即为机，失之即无机者。”[①] 危机二字，“危”、“机”相生相化。恢复管理不但要关注危机的负面影响，以求补救，也要着眼危机的正面影响，以求超越。危机可能引发组织结构的改变、社会关系和价值观念的重构，给

① （明）揭暄：《兵经百篇》（也称《揭子兵法》）上卷智部·机篇。

组织带来转型、升级的机遇。一个成熟、智慧的组织领导者会发现，危机提供了一个崭新的认识视角，使他更理性、深入地体察组织的生存处境；提供了优化治理结构、调整利益关系，尤其是前述价值再造的机会。

对政府而言，善用危机带来的革新契机，可以塑造关注民生、以人为本的公共形象；可以挽救、提升公信力；可以培育坚强、理性、成熟的公民心态和社会性格，激发众志成城、团结奋进的民族精神。同时，危机也为政府解决政治、经济和文化发展中的一些痼疾和敏感问题提供了转机——人们开始理性对待、公开讨论这些问题的存在，并在实践中探求问题的根源和可能的解决途径。

> 一个成熟、智慧的组织领导者会发现，危机提供了一个崭新的认识视角，使他更理性、深入地体察组织的生存处境；提供了优化治理结构、调整利益关系，尤其是价值再造的机会。

对于企业而言，危机可以扩大自己的知名度，倘若因势利导，赢得媒体和公众的理解、尊敬，更可增益美誉度和忠诚度。不仅如此，企业可以借由危机带来的压力和动力，摆脱一些不必要的重负，譬如在“9·11”事件后，华尔街的许多大公司都借机裁掉了那些不称职的员工，撤销了那些可有可无的部门。同时，危机促使企业对管理和运营机制进行全面检讨，弥补观念建设、战略规划、制度安排和资源配置上的缺陷。

下面介绍香港特别行政区政府在“非典”结束后重振旅游业的案例，以说明形象修复的基本思路和策略。

案例 10—4

香港特别行政区政府在“非典”危机后的恢复管理

2003年初“非典”爆发，香港旅游业遭受重创。根据香港旅游发展局（以下简称旅发局）资料，2003年5月，赴港旅游人数同比下跌68%，旅游收入减少了123亿港元，并且波及其他经济领域，严重打击了香港的零售业和消费服务业。美国三大投资银行纷纷下调了对香港2003年GDP增长率的预期，香港的失业率达到了空前的8%。香港市民对特区政府未能有效控制“非典”本就有所抱怨，对经济发展有重要影响的旅游业的不景气更使人们将矛头指向特区政府。在此背景下，香港特区政府在“非典”结束后开展了一系列危机恢复管理活动。

1. 政府“放水养鱼”救市。香港特区政府推出了一系列救市措施，涉及金额约118亿港币，尤其是针对旅游服务业推出了信贷补贴和减免税费政策，让有困难的雇主能按时发工资给员工，实行“放水养鱼”。

2. 行业“合作营销”自救。在旅发局主持下，香港航空公司代表协会、香港酒店业主联会、香港酒店业协会、香港旅游业协会、香港旅游事务署等机构联合推出了“同心为香港”（We Love Hong Kong）活动。旅游业精诚合作，共同推出了超过100项消费者推广活动。例如，旅发局通过其战略合作伙伴，向世界各地的消费者发出400多万封直邮信件推荐香港。国泰航空、港龙航空和其他往来香港的航空公司提供了超过28 000张免费机票，赞助旅游业和传媒考察活动；全港六家移动电话运营商也一起响应行动，向本地的客户发出短信，呼吁他们向各地的亲友传达香港从疫区除名的好消息，邀请亲友来港旅游。

这些合作在短时间内迅速发展成为一个振兴消费的全港行动，有 2 500 多家企业、商号参加了行动，推出了总价值近 7 000 万港币的优惠奖励，成功地掀起了香港市民的购物热潮，也吸引了大量境外游客。活动在缓解“非典”造成的经济压力、凝聚市民人心方面，取得了显著成效。

3. 推行“全球旅游推广计划”。2003 年 6 月 23 日，世界卫生组织宣布香港从“非典”疫区名单中除名的当天，香港经济发展局、劳工局、旅发局联合举行记者招待会，正式宣布激活“全球旅游推广计划”。这一计划专门针对消费者市场、会展市场和专业旅游机构，打消他们对香港安全方面的疑虑，重塑香港健康、美丽的形象。

6 月至 9 月期间，旅发局邀请了 586 位国际传媒嘉宾访问香港，让他们亲身感受恢复活力的香港。同期，旅发局组织了来自全球 17 个市场的 300 多家旅行社和 1 930 位旅游业务代表赴香港考察。旅发局还邀请了皇马球队、姚明和关颖珊等体育明星，为香港加油、喝彩。

自 9 月起，为了确保旅游业持续复苏，巩固香港作为亚洲首屈一指旅游目的地的地位，旅发局策划了全球广告宣传活动。活动以“乐在此，爱在此”为主题，由成龙担任全新电视宣传片的主角，在全球 30 多个大城市播出。旅发局还与国家地理频道的《亚洲自我挑战赛》节目成功合作，推广香港旅游。

据旅发局的统计，香港为了消除“非典”负面影响所进行的推广活动共花费约 5 亿港币。但是截至 10 月 10 日，通过这一系列推广活动为香港带来了总值 1 043 亿港元的效益。不仅如此，旅游业重振为香港经济注入了一剂强心针，让香港在最短的时间内得以浴火重生。香港作为国际大都市，作为亚洲首选旅游目的地和购物天堂的地位和形象得以恢复。政府的优异表现也得到了广大市民的认可，公众形象得到了改善和提升。

第三节 危机管理效果评估

当危机管理计划得以全面实施，危机渐趋消除后，组织便应着手危机管理效果的评估工作。所谓危机管理效果评估，是指按照特定的指标和方法，对危机管理的当期和长远成效进行检查和评价，以总结得失成败、提升危机应对能力的过程。效果评估既是一次危机管理活动的结束，也是下一次危机管理活动的起点。

一、危机管理效果评估的意义与内容

很多组织在危机管理效果评估方面存在误区：一是无视效果评估的作用，危机一旦结束便觉得万事大吉，恨不能再不提及此事。二是认为效果评估虽然有价值，但又要花钱费力，本已伤了元气，何必“雪上加霜”？三是缺少科学的效果评估标准和方法，心有余而力不足，抱有无从下手之憾。

危机管理效果评估是组织必须开展的一项工作，其意义在于：在整个危机管理流程中，效果评估承担着对其他环节进行审察、评价、反馈和指导的任务；同时，效果评估也是一个学习的过程，可以增强组织新一轮发展计划的科学性和可行性；效果评估还可以鼓舞士气、振奋精神，革新和提升组织文化。

效果评估既是一次危机管理活动的结束，也是下一次危机管理活动的起点。

既然危机管理评估如此重要，那么要评估哪些内容？哪些是重点？从哪些角度做出评估最有价值？

1. 对危机管理过程的评估

过程评估是对危机管理效果的动态考察，即从危机预警、计划制定，到计划实施与调整，再到恢复管理的全过程评估。“全过程”并不意味着评估内容要覆盖危机管理的所有细节，而应着眼重要问题和关键环节进行有效评估，它们包括：

危机根源。危机根源即危机产生的诱因或必要条件，包括根本诱因、挑战者、起因事件、导火索等。对危机源头的考察，要回答如下几个问题：危机诱因是如何产生的？当初对它的分析、判断和决策是正确的吗？今后如何规避危机诱因的再度出现？

危机预警。前期的预警工作是敏感、及时、准确的吗？后来影响危机演进和变化的重要信息在预警阶段是否被纳入监测范围？内部预警和外部预警的效果如何？基于预警的危机评估是科学的吗？如何改进和完善危机预警机制？

危机管理计划的研究与制定。计划被证明是合理的吗？不合理之处主要表现在哪些方面？为什么？计划中的关键性决策是正确的吗？正确或不正确决策的原因是什么？如何优化危机决策机制？

危机管理计划的实施与调整。计划确定的原则是否得到了有力贯彻？最大的难题是如何克服的？还有哪些缺憾？在面对计划外危机时，调整了哪些计划内容？调整的效果明显吗？

危机恢复管理。恢复管理的目标和任务是清晰的吗？程序和步骤是合理的吗？有无被忽略的利益相关者、问题和环节？

重大管理漏洞。在整个危机管理过程中，存在哪些明显的或潜在的重大管理漏洞？这些漏洞是如何产生的？当时是否觉察到？是否曾试图做出补救？失败的原因是什么？

2. 对危机管理主体的评估

管理主体评估，即组织对自身特别是危机管理团队的评价。这一评价既指向管理团队本身，也指向其行为结果，因此实质上是一个角色评估和绩效考核相结合的过程。主要评估内容有：

指挥者、决策层、管理者、执行者都尽最大可能履行了自己的职责吗？他们的权力是否曾被滥用？

鉴于发言人和领导者在危机中代表着组织形象，效果评估有必要专门考评他们的表现：组织的发言人是胜任的吗？组织的领导者在“角色—功能”、“情感—道德”、“文化—信念”等层面是否拥有良好的修辞和形象？

不同岗位、分工的集体和个体之间，是否实现了整合联动？不协调、不同步的现象存在吗？原因是什么？今后如何规避？

哪些人因其优异表现应该得到奖励和提升？哪些人因其失职和不作为应该受到批评和惩处？哪些人虽未能做出明显成绩甚至由于客观原因导致失误，却应该得到鼓励和安慰？

外部专家团队、意见领袖是否发挥了应有作用？如果未能发挥预期作用，原因是什么？是人员选择失当，还是由于组织内部给其带来了限制？

基于此次危机管理的经验和教训，如何优化组织的管理和运营机制？如何平衡危机管理中民主和集中的关系？如何改善危机中的权力配置机制？

3. 对利益相关者的评估

利益相关者在认知、态度和行为方面的变化，是危机管理效果评估的一项核心内容。无论危机管理过程如何“看起来很美”，如果未能与利益相关者重建事实和价值契约，都谈不上成功。正如本书多次提到的那样，组织切忌在危机中“摆平”了事件，却失去了人心。针对利益相关者的评估，主要包括如下内容：

> 无论危机管理过程如何“看起来很美”，如果未能与利益相关者重建事实和价值契约，都谈不上成功。组织切忌在危机中“摆平”了事件，却失去了人心。

利益相关者对危机的了解程度如何？是否充分接触到了组织发布的信息？是通过什么渠道获取信息的？

利益相关者获取组织的信息后，认知和态度是否发生了变化？这种变化是有利的吗？动因何在？

在危机中，利益相关者更愿意接受谁发布的事实信息？更愿意相信谁发布的意见信息？专业意见领袖、公共意见领袖和“草根”意见领袖在利益相关群体中发挥了怎样的作用？

利益相关者在危机不同阶段都采取了哪些行为？为什么？行为模式的改变是组织进行引导和控制的结果吗？

利益相关者如何看待自己在危机中遭受的损失？对组织做出的抚慰和补偿满意吗？

在事态平息后，利益相关者如何评价组织和这场危机？他们是否还存在心理上的障碍和阴影？如何消除？

经历一次危机的洗礼，利益相关者的规模有变化吗？增加了还是减少了？利益相关者的结构有变化吗？什么人走掉了？哪些人涌入了？

4. 对危机损益的评估

损益评估是危机管理效果评估中最受人关注的内容，它包括危机造成多大损害和可能带来哪些机会、效益两方面的内容。具体如下：

危机造成多少人伤亡？原因是什么？

危机给组织带来多少财产损失？主要是哪些环节造成的？其中危机管理的成本占多大比例？管理措施介入后，规避掉的损失有多少？

危机给利益相关者带来多少财产损失？主要是哪些环节造成的？如果当时采取有效措施，能够避免或减少他们的损失吗？如果能做到这一点，那么什么措施是有效的？采取措施的条件和代价是什么？

危机给组织的形象、声誉和品牌等无形资产带来多大损害？危机之后，品牌形象的知名度、信任度、忠诚度如何？

以上四个方面列出了危机管理效果的各个评估点。组织可从自身现实情况出发对这些评估点有所增减——不是每次危机都仅限于对这些点的评估，也并非每次危机都需要评估如此之多的内容。

二、危机管理效果评估的标准与程序

评估必须有标准。如何确定标准，确定什么样的标准，决定了评估的结论是否科学。危机管理效果评估的标准是依据评估内容而设的，不同的内容决定了不同的标准。

1. 传播标准

危机预警阶段的传播指标。包括预警信息的到达率，即有多少人接收到了预警信息；预警信息的行动率，即多少人按照预警信息行事。

危机管理中的大众传播指标。这类指标用以衡量组织通过新闻媒体所发布信息的传播效果，如受众规模与结构、信息到达率、受众的态度倾向和行动模式等。

危机管理中的组织传播、群体传播、人际传播指标。这类指标用以评价组织在危机中非大众传播的效果，如文件、会议、座谈、演讲、公告、电话和基于互联网平台的社会化媒体的传播影响。

危机结束后的形象指标。这类指标用以考察危机平息后利益相关者对组织形象的认知和评价，如前述的认知度、美誉度、信任度、忠诚度等，以及核心利益相关者、次级利益相关者和边缘利益相关者对组织形象的认知和评价。

危机传播中的议题数量与结构指标。在危机中，组织一共主动发布、被迫回应了哪些议题？包括哪些具体内容？结构是否合理？发布节奏是否得当？谣言等危机噪音是否得到了有效控制？

2. 效益标准

危机中人员的伤亡值。有多少人不幸身亡？有多少人伤残？伤残情况如何？

危机造成的组织损失数量。直接损失多少资产？危机的持续效应对未来还会造成多大损失？

危机管理的成本指标。为了化解危机，投入了多少成本？人力成本、现金成本和物资成本各是多少？计划成本占总成本的多大比例？

危机造成的利益相关者损失数量。直接或间接卷入危机的利益相关者有多大损失？

危机可能带来的财富指标。如果成功渡过危机，并且在危机中抓到了新的机遇，那么机遇带来的财富潜质有多大？能够做出定量预期吗？

3. 制度标准

与传播标准和效益标准的可量化属性不同，制度标准主要是从定性的角度评判危机管理的得失。这一标准的操作方法是：将组织管理规章和危机管理制度同危机管理实践进行对照，以发现其中的偏差。如果制度设计是合理的，那么需要对实践的偏差进行纠正；如果实践是正确的，那么则需要对制度的合理性进行重新论证，必要的情况下还应进行制度革新。这类指标主要包括：

决策制度。现有决策制度合理吗？危机管理实践中的决策是否是按制度行事？

管理制度。上下级间的管理制度科学吗？危机管理实践中上下级的互动关系是否符合制度要求？部门和个体之间的分工、协作制度完善吗？危机管理实践中的分工、协作是否背离了管理制度？

资源调配制度。常态的资源调配制度是否符合危机管理的需要？是否有必要制定专门的危机资源调配制度？危机管理实践中人、财、物的管理、审批和使用是否合理？是否做到了资源投入的效益最大化？

沟通制度。在危机中，沟通制度是否保障和促进了组织与媒体、政府、社区和其他广大利益相关者的有效沟通？如果未能达成预期的沟通效果，是制度存在缺陷，还是执行力度不够？

三、对话拯救危机

危机恢复管理和效果评估乃是一种战略性的回归。回归自然要重返原点，进而把危机经历化作财富，实现自我超越和共同体的繁荣。重返原点，意味着不退初心，以起步、肇基时的激情、赤诚、笃定寻找新的方向和方法；超越自我，意味着自利利他，自利以求进步，利他成就美好，不但要进步而且要美好；繁荣共同体，意味着开放、平等、自由的对话，意味着“利益的世界”要进化，“意义的世界”不退化。

> 重返原点，意味着不退初心，以起步、肇基时的激情、赤诚、笃定寻找新的方向和方法；超越自我，意味着自利利他，自利以求进步，利他成就美好，不但要进步而且要美好；繁荣共同体，意味着开放、平等、自由的对话，意味着“利益的世界”要进化，“意义的世界”不退化。

本书实际上提供了克服危机和实现超越的十组关键词：

第一章：危机、威胁、不确定性、情势、必然、偶然、在危机中、风险社会、可持续发展；

第二章：管理、传播、公关、修辞、信息流、影响流、噪音流；

第三章：危机管理者、危机利益相关者、信息共同体、利益共同体、价值共同体、双赢、合作、集体主义与社会统合；

第四章：风险管理、公共参与、危机监测、危机评估、危机预报、危机迷情；

第五章：宣传、说服、双向均衡、对话范式、事实与价值、利益与意义、真相与信任；

第六章：告知、疏导、转换、顺应、引领、重建；

第七章：议题管理、议程设置、框架协商、议程建构、媒体角色、媒体政策；

第八章：修辞、信誉、情感、道德、理想、逻辑、发布会、发言人、新闻叙事、危机文本、领导者的修辞与形象；

第九章：新媒体、飞沫化、去中心化、意见竞争、关系优先、标准故事、价值排序；

第十章：恢复管理、秩序重建、利益补偿、形象修复、价值再造、效果评估。

如果用一句话来统摄这十组关键词，那就是：对话拯救危机，重构共同体。稍加展开就是：对话以还原真相、成就信任，对话以补偿利益、重构意义。如是，对话不只是一种手段，也是一种德性，而且自足为目的。

作为手段的对话未必总是成功，而作为德性和目的对话则意味着人类命运共同体永远不可缺失的价值：爱与宽容。美国传播学者彼得斯在梳理了人类传播思想史后提出，人与人之间始终存在“无限遥远的距离”，每个人都渴望接触其实本就无法接触的他者——真正完美的沟通是难以实现的。“用对话的碎片思考和说话，这已经成为我们的命运”①。既然如此，值得追求的与其说是对话，还不如说是对话所涵化的德性和智慧：爱与宽容。

> 值得追求的与其说是对话，还不如说是对话所涵化的德性和智慧：爱与宽容。

【本章延伸阅读】

1. ［美］约翰·杜海姆·彼得斯. 交流的无奈——传播思想史. 北京：华夏出版社，2003

2. ［美］提莫斯·库姆斯. 危机传播与沟通. 台北：台湾风云论坛出版社，2003

【思考题】

1. 什么是危机恢复管理？

2. 危机恢复管理的主要目标和任务是什么？

3. 形象修复有哪些策略？执行这些策略的原则是什么？

4. 危机管理效果评估内容和指标是什么？

5. 结合本书的整个理论体系，联系社会发展现实，谈谈你对危机传播管理与社会进步之间关系的认识。

---

① ［美］彼得斯：《交流的无奈——传播思想史》，248页，北京，华夏出版社，2003。

参考书目

REFERENCES

A

W. L. Benoit（1995）. *Accounts, Excuses and Apologies: A Theory of Image Restoration Strategies*. Albany: State University of New York Press

B

［英］齐格蒙特·鲍曼．被围困的社会．南京：江苏人民出版社，2005

钟中文主编．巴赫金全集．第5卷．石家庄：河北教育出版社，1998

［法］托多罗夫．巴赫金、对话理论及其他．天津：百花文艺出版社，2001

Anthony Giddens (1994). *Beyond Left and Right: The Future of Radical Politics*. Stanford: Stanford University Press

C

郭庆光．传播学教程．2版．北京：中国人民大学出版社，2011

［加拿大］文森特·莫斯可．传播政治经济学．北京：华夏出

版社，2000

［美］罗杰斯．传播科技学理．台北：正中书局，1988

［美］斯蒂文·小约翰．传播理论．北京：中国社会科学出版社，1999

［美］E. M. 罗杰斯．传播学史．上海：上海译文出版社，2006

U. Rosenthal & M. T. Charles (1989). *Coping with Crisis: The Management of Disasters, Riots and Terrorism*. Springfield: Charles C. Thomas

Ian I. Mitroff & Christine M. Pearson (1993). *Crisis Management: A Diagnostic Guide for Improving Your Organization's Crisis-Preparedness*. New York: Jossey-Bass Inc.

T. C. Panchant (1988). *Crisis Management and Narcissism: A Kohutian Perspective*. Unpublished doctoral dissertation, Graduate School of Business Administration. University of Southern California, Los Angeles, CA.

E. M. Rogers (1986). *Communication Technology: The New Media in Society*. New York: Free Press

Laurence Barton (2001). *Crisis in Organization*. Cincinnati: South Western College Publishing

Edward L. Bernays (1923). *Crystallizing Public Opinion*. New York: Liveright Publishing Corporation

Ray Eldon Hiebert (1966). *Courtier to the Crowd: the Story of Ivy Lee and the Development of Public Relations*. Ames: Iowa State University Press

Regester Michael (1998). *Crisis Management: How to Turn a Crisis into an Opportunity*. New York: Hutchinson Business

D

杜维明．对话与创新．桂林：广西师范大学出版社，2005

杨善华．当代社会学理论．北京：北京大学出版社，1999

［美］德弗勒，［美］鲍尔-洛基奇．大众传播学诸论．北京：新华出版社，1990

E

［英］帕特里克·贝尔特．二十世纪的社会理论．上海：上海译文出版社，2005

F

王治河．福柯．长沙：湖南教育出版社，1999

［德］乌尔里希·贝克．风险社会．南京：译林出版社，2004

Erving Goffman (1974). *Frame Analysis: An Essay on the Organization of Experience*. Cambridge: Harvard University Press

G

胡百精．公共关系学．北京：中国人民大学出版社，2008

熊源伟．公共关系学. 3 版. 合肥：安徽人民出版社，2003

孙秀蕙．公共关系：理论、策略与研究实例．台北：正中书局股份有限公司，2005

卜正珉．公共关系——政府公共议题决策管理．台北：扬智文化事业有限公司，2003

黄瑞琪．沟通、批判和实践：哈伯马斯八十论集．台北：允晨文化实业股份有限公司，2010

［古希腊］亚里士多德．尼各马可伦理学．北京：商务印书馆，2003

［法］福柯．规训与惩罚．北京：三联书店，2004

H

［法］弗朗瓦丝·勒莫．黑寡妇：谣言的示意及传播．北京：商务印书馆，1999

［英］格拉斯哥大学媒介研究小组．获取信息——新闻、真相和权力．北京：新华出版社，2004

R. L. Heath (2001). *Handbook of Public Relations*. Thousand Oaks: Sage

I

T. Shibutani (1966). *Improvised News: A Sociological Study of Rumor*. Indianapolis: Bobbs-Merrill

Charles F. Hermann (1972). *International Crisis: Insights from Behavioral Research*. New York: Free Press

J

［美］约翰·杜海姆·彼得斯．交流的无奈——传播思想史．北京：华夏出版社，2003

K

［英］弗兰克·富里迪．恐惧的政治．南京：凤凰出版集团，2007

L

［英］戴维·伯姆．论对话．北京：教育科学出版社，2004

［美］鲁迪·朱利安尼．领导：纽约市长朱利安尼自述．南京：译林出版社，2005

［美］约翰·费斯克．理解大众文化．北京：中央编译出版社，2006

M

［美］马克·E·沃伦．民主与信任．北京：华夏出版社，2004

［美］丹尼斯·麦奎尔．麦奎尔大众传播理论. 4 版. 北京：清华大学出版社，2006

D. M. Dozier (1995). *Manager's Guide to Excellence in Public Relations and Communication Management*. New Jersey: Lawrence Erlbaum Associates Inc.

S. P. Banks (2000). *Multicultural Public Relations: A Social-Interpretive Approach*.

Ames：Iowa State University Press

Mark Fishman (1980). *Manufacturing the News*. Austin：University of Texas Press

N

Martin Steinmann (1967). *New Rhetorics*. New York：Scribner

P

Ivy Lee (1925). *Publicity：Some of The Things It Is and Is Not*. New York：Industries Publishing Company

M. Ferguson (1990). *Public Communication：The News Imperatives*. London：Sage

E. L. Bernays (1928). *Propaganda*. New York：Horace Liveright

Q

曹卫东．权力的他者．上海：上海教育出版社，2004

李惠斌．全球化与公民社会．桂林：广西师范大学出版社，2003

［美］阿奇·B·卡罗尔，［美］安·K·巴克霍尔茨．企业与社会：伦理与利益相关者管理．北京：机械工业出版社，2004

［美］劳伦斯·沙士堪，［美］派屈克·费尔德．群众公关．台北：稻田出版公司，1997

［法］塞奇·莫斯科维奇．群氓的时代．南京：江苏人民出版社，2006

R

［美］查尔斯·霍顿·库利．人类本性与社会秩序．北京：华夏出版社，2000

Philip Schlesinger (1990). "Rethinking the Sociology of Journalism：Source Strategies and the Limits of Media Centrism". in M. Ferguson. *Public Communication：the New Imperatives*. London：Sage

S

陈凌．说服传播：过程和实践．台北：五南图书出版股份有限公司，2005

［德］乌尔里希·贝克．世界风险社会．南京：南京大学出版社，2004

［美］希拉里·普特南．事实与价值二分法的崩溃．北京：东方出版社，2006

［美］特里·克拉克．说出真相．北京：东方出版社，2008

R. L. Heath (1997). *Strategic Issues Management：Organizations and Public Policy Challenges*. California：Sage

T

翁秀琪．台湾传播学的想象（上）．台北：巨流图书公司，2004

［美］阿瑟·阿萨·伯杰．通俗文化、媒介和日常生活中的叙事．南京：南京大学出

版社，2000

Otto Lerbinger (1997). *The Crisis Manager*: *Facing Risk and Responsibility*. New Jersey: Lawrence Erlubaum Associates

A. M. Lee (1979). *The Fine Art of Propaganda*. San Francisco: International Society for General Semantics

Gordon W. Allport & Leo Postman (1947). *The Psychology of Rumor*. New York: Henry Holt

Walter Lippmann (1925). *The Phantom Public*. New Jersey: Transaction Publishers

John Dewey (1927). *The Public and Its Problems*. New York: Holt

Larry Tye (1998). *The Father of Spin*: *Edward L. Bernays and The Birth of Public Relations*. New York: Crown Publishers Inc.

W

刘刚．危机管理．北京：中国经济出版社，2004

吴宜蓁．危机传播——公共关系与语艺观点的理论与实证．台北：五南图书出版公司，2005

［法］乌斯塔夫·勒庞．乌合之众：大众心理研究．北京：中央编译出版社，2000

［美］罗伯特·希斯．危机管理．北京：中信出版社，2001

［美］提莫斯·库姆斯．危机传播与沟通．台北：台湾风云论坛出版社，2003

［美］诺曼·R·奥古斯丁等．危机管理．北京：中国人民大学出版社，2001

［美］凯瑟琳·弗恩-班克斯．危机传播——基于经典案例的观点．4 版．上海：复旦大学出版社，2013

X

荀子·正名．上海：上海古籍出版社，1996

谢立中．西方社会学名著提要．南昌：江西人民出版社，2007

赵启正．向世界说明中国——赵启正的演讲谈话录．北京：新世界出版社，2005

［古希腊］亚里士多德．修辞术、亚历山大修辞学、诗论．北京：中国人民大学出版社，2003

［英］齐格蒙特·鲍曼．寻找政治．上海：上海世纪出版集团，2006

［德］马克斯·韦伯．学术与政治．北京：三联书店，2005

［美］詹姆斯·博曼，威廉·雷吉．协商民主：论理性与政治．北京：中央编译出版社，2006

［美］本尼迪克特·安德森．想象的共同体：民族主义的起源与散布．上海：上海人民出版社，2005

［英］安东尼·吉登斯．现代性的后果．南京：译林出版社，2000

Y

［法］卡普费雷．谣言．上海：上海人民出版社，1991

Z

胡百精．中国危机管理报告第一卷．北京：南方日报出版社，2006

胡百精．中国危机管理报告（2006）．北京：中国人民大学出版社，2007

胡百精．中国危机管理报告（2007）．北京：中国人民大学出版社，2008

胡百精．中国危机管理报告（2008—2009）．北京：中国人民大学出版社，2009

胡百精．中国危机管理报告（2010—2011）．北京：中国人民大学出版社，2009

［美］詹姆斯·格鲁尼格．卓越公共关系与传播管理．北京：北京大学出版社，2008

彭怀恩．政治传播与沟通．台北：风云论坛出版社，2002

祝基滢．政治传播学．台北：三民出版社，2007

孙玉红，王永，周为民．直面危机：世界经典案例剖析．北京：中信出版社，2004

［荷］托伊恩·迪克．作为话语的新闻．北京：华夏出版社，2003

［加］查尔斯·泰勒．自我的根源——现代认同的形成．南京：译林出版社，2006

［德］乌尔里希·贝克，［英］安东尼·吉登斯，［英］斯科特·拉什．自反性现代化．北京：商务印书馆，2001

［英］布莱恩·麦克奈尔．政治传播学引论．2版．北京：新华出版社，2005

图书在版编目（CIP）数据

危机传播管理/胡百精著．—3版．—北京：中国人民大学出版社，2014.1
21世纪新闻传播学系列教材·传播学系列
ISBN 978-7-300-18658-0

Ⅰ.①危… Ⅱ.①胡… Ⅲ.①大众传播-公共管理-传播学-高等学校-教材 Ⅳ.①D035②G206

中国版本图书馆CIP数据核字（2014）第014864号

21世纪新闻传播学系列教材·传播学系列
北京市哲学社会科学规划办“社会转型期的危机传播与社会认同”项目成果
危机传播管理
第三版
胡百精　著
Weiji Chuanbo Guanli

出版发行	中国人民大学出版社		
社　址	北京中关村大街31号	**邮政编码**	100080
电　话	010－62511242（总编室）		010－62511770（质管部）
	010－82501766（邮购部）		010－62514148（门市部）
	010－62515195（发行公司）		010－62515275（盗版举报）
网　址	http://www.crup.com.cn		
经　销	新华书店		
印　刷	天津鑫丰华印务有限公司	**版　次**	2009年4月第1版
开　本	787 mm×1092 mm　1/16		2014年2月第3版
印　张	14	**印　次**	2025年1月第14次印刷
字　数	310 000	**定　价**	39.80元

关联课程教材推荐

书号	书名	作者	定价	出书时间
978-7-300-11125-4	传播学教程（第二版）	郭庆光	49.90 元	2011-04
978-7-300-25074-8	公共关系学（第二版）	胡百精	45.00 元	2018-01
978-7-300-16372-7	中国危机管理报告（2010—2011）	胡百精　张迪	68.00 元	2013-05

配套教学资源支持

尊敬的老师：

衷心感谢您选择使用人大版教材！

相关的配套教学资源，请到人大出版社网站（www. crup. com. cn）下载，或是随时与我们联系，我们将向您免费提供。

欢迎您随时反馈教材使用过程中的疑问、修订建议并提供您个人制作的课件。您的课件一经采用，我们将署名并付费。让我们与教材共成长！

联系人信息：

地址：北京海淀区中关村大街 31 号 206 室　　龚洪训 收　　邮编：100080

电子邮件：gonghx@crup. com. cn　　电话：010-62515637　　QQ：6130616

如有相关教材的选题计划，也欢迎您与我们联系，我们将竭诚为您服务！

选题联系人：　　电子邮件：　　电话：

翟江虹　　zhaijh@crup. com. cn　　010-62515636

俯仰天地　心系人文

人大出版社网站 www. crup. com. cn

专业教师 QQ 群：259226416（全国新闻教师群）

欢迎您登录人大出版社网站浏览，了解图书信息，共享教学资源

期待您加入专业教师 QQ 群，开展学术讨论，交流教学心得